陝西師範大學優秀著作出版基金資助出版
陝西省社會科學基金古籍整理與研究項目

周易詳説

（清）劉紹攽　著
劉銀昌　點校

圖書在版編目(CIP)數據

周易詳說／(清)劉紹攽著；劉銀昌點校. — 北京：商務印書館，2023
ISBN 978-7-100-22637-0

I. ①周… II. ①劉… ②劉… III. ①《周易》—研究 IV. ①B221.5

中國國家版本館CIP數據核字（2023）第117657號

權利保留，侵權必究。

周易詳說

(清)劉紹攽　著
劉銀昌　點校

商　務　印　書　館　出　版
（北京王府井大街36號　郵政編碼100710）
商　務　印　書　館　發　行
三河市尚藝印裝有限公司印刷
ISBN 978-7-100-22637-0

2023年10月第1版　　　開本 787×1092　1/32
2023年10月第1次印刷　印張 12　1/8

定價：72.00元

前　言

關中儒家學派，自橫渠先生開宗以來，代不乏人，各有創見。張載以後，尤其是明清時期，關中儒學呈現出將程朱理學、陸王心學與張載之學融合創新的態勢，是對關學的繼承與發展。在歷代關中學者的著述中，對易學的闡發，不絶如縷，構成了關學思想重要的組成部分。關中易學，尤其是張載以後的易學論著，或紹續張載，或遠承程、朱，以義理爲主，兼顧象數，要皆歸本於人倫日用，與關學務實之風相爲輔翼，是關學寶庫中非常重要的文化資源。劉紹攽的《周易詳説》，就是在這種文化氛圍中産生的。

劉紹攽生平著述

劉紹攽的生平，《清史列傳》和《清儒學案》均有簡要記載。劉紹攽（1707—1778），字繼貢，號九畹，陝西三原縣人。雍正十一年（1733），拔貢生。當時易學大家李光地的高足王蘭生視學關中，舉薦劉紹攽博學鴻詞，劉紹攽因親老未就。王蘭生當時評點關中士人曰："關中人士，其刊落浮華，切實用力者，惟紹攽一人而已。"[①]劉紹攽的敦學務實可見一斑。其後劉紹攽因朝考第一，于乾隆元年

---

① 王鍾翰點校：《清史列傳》卷六十七，北京：中華書局1987年版，第5382頁。

（1736）出爲四川什邡知縣。乾隆六年（1741），調任南充知縣。乾隆十年（1745），以丁憂歸故里。乾隆十三年（1748）冬天，劉紹攽又入川。乾隆十五年（1750），被大學士史貽直、兩廣總督碩色薦舉經學，後補山西晉陽知縣。乾隆二十六年（1761），劉紹攽主講蘭山書院。① 劉紹攽博學通明，所治之處均能以經術融合吏治，遇灾振恤，活人無數。

劉紹攽之學，宗程、朱而斥陸、王。他認爲陸王之學，竊佛禪以入儒。他從周密《齊東野語》中發現張子韶曾經參宗杲禪師，陸九淵又參宗杲之徒德光，於是窮究陸學的佛禪思想淵源，著《衛道編》二卷，上編批駁異學，下編闡明正統儒學。張驥曾評價劉紹攽說："先生之學以程、朱爲主，而攻擊象山、陽明不遺餘力。爲文抒獨是之見，成一家之言。汪洋恣肆，粹然不詭於正，可謂根底深厚，學有本原者也。"② 由此可見其爲學主腦。對於朱熹之學，劉紹攽有自己獨到的體認，他說："世之叛朱者，非宗良知，則誦古注。然尊朱者，守其一說，不知兼綜衆說，非善學朱子也。"③ 劉紹攽認爲，當時的讀書人，違朱子者要麽歸於陽明心學，要麽記誦漢儒經注；可是尊朱子者却獨守朱熹一家之言，不能博采衆長，這不是善學朱子的表現。可知劉紹攽雖取朱熹之說，但却不固守一家，而是以朱子爲主，兼綜衆說之長。桐城方宗誠見到劉紹攽的著作，贊歎不已，認爲劉紹攽"潔净精微，平湖陸隴其外，未有如此之純粹者，可謂真儒"。潔净精微，爲學《易》之最高境界，語出《禮記·經解》："潔净精微，《易》教

---

① 劉紹攽：《九畹古文》，《清代詩文集彙編》第304册，上海：上海古籍出版社2010年版，第352頁。
② 張驥著，王美鳳整理編校：《關學宗傳》，西安：西北大學出版社2015年版，第485頁。
③ 王鍾翰點校：《清史列傳》卷六十七，北京：中華書局1987年版，第5382頁。

也。……潔净精微而不賊，則深于《易》者也。"方宗誠以"潔净精微"贊劉紹攽，從某種程度上説，是對其易學修養的肯定。正是因爲劉紹攽雖博學多識，但能守儒家之真，故被譽爲純粹"真儒"。

劉紹攽學識淵博，堂廡極大，深于經學，工于詩文，旁涉韻學、算學、掌故及術數卜算，有《四書凝道録》《周易詳説》《周易觀象》《皇極經世書發明》《書考辨》《春秋筆削微旨》《春秋通論》《衛道編》《學韻紀要》《經餘集》《九畹古文》《九畹續集》《于邁草》《三原縣志》等著作。著述之外，他又選編清代關中一百四十家詩人作品爲《二南遺音》，以保存鄉賢詩歌。正是因爲劉紹攽學有建樹，著述頗豐，李華春先生在所撰《皇清誥授朝議大夫湖南沅州府知府吳松崖先生傳略》中稱吳松崖"嘗與潼關楊子安、三原劉紹攽、秦安胡静庵，稱爲關中四傑"[①]。在四傑之中，尤以劉紹攽和吳松崖名聲最盛。

《周易詳説》及其思想

劉紹攽的易學著作以《周易詳説》十八卷爲主，另有《周易觀象》上下兩卷，不見著録，但民間藏家收有殘本。據劉紹攽寫於乾隆十三年的自序推測，《周易詳説》的撰寫工作，極有可能是在他出任四川什邡知縣的乾隆元年（1736）到乾隆十三年（1748）冬天再次入川期間完成的。該書定稿之後，劉紹攽即於當年爲此書撰寫序言。

從《周易詳説》所反映的劉紹攽易學來看，其主要特點爲尊奉程朱，貶斥漢易；歸於義理，不廢象數；人倫日用，學《易》寡過。由於劉紹攽所處之雍乾時代，官方科舉所倡，爲程朱之學，而當時士

---

① 吳鎮：《松花庵全集》卷首，宣統二年重刊本。

人，又有省思明代學問空疏之敝的學風，以至於倡漢學而辟宋學。劉紹攽擅長經學，對程朱之學了然於胸。他儘管宗朱子之學，却并不限於朱熹一家之言，而是宣導大家兼綜衆家。與清代漢易興盛的大環境不同的是，劉紹攽對漢儒之易學一一批駁，獨尊易學中的宋學，且不唯朱子是尊，顯得尤爲可貴。故《四庫全書總目提要》論此書曰："是書大旨以程《傳》爲宗，與《本義》頗有同異，於邵子先天之説亦不謂盡然，不爲無見。惟於漢儒舊訓掊擊過當，頗近於慎。"劉紹攽這種黜漢崇宋的易學主導思想，在《周易詳説》中顯得格外突出。在《周易詳説》卷一"論漢晉説《易》"部分，劉紹攽從焦贛、京房，一直到鄭玄、虞翻，均進行批駁，認爲他們的易學牽强附會，支離破碎。《周易詳説》理論之宗旨，正如劉紹攽《自序》所説："本之程、朱，參之諸儒。"其注解多以程頤《易傳》與朱熹《周易本義》爲主，所參考的諸儒易説，也多爲宗于宋學者。其論易圖，認爲"古《易》無圖，有之，自朱子始"。從朱熹開始，才將河圖、洛書等圖置於《易》之卷首，并以之解《易》。劉紹攽認爲河圖、洛書諸圖，誠爲道家之言，但并非如毛奇齡武斷所論與《易》無關，因爲易道廣大，包羅萬象。劉紹攽還吸收了張載的氣本論思想，以氣解《易》，顯示出對關學的自覺承繼。對於易學中的義理和象數兩派，劉紹攽堅持不廢象數，最終又能歸於義理。他在《周易詳説》的《自序》説："《易》所以難明者，漢儒主數，宋儒主理。……漢宋異論，統歸一致，易道無歧趨、無遺蘊矣。"由於漢學與宋學的割裂，導致《易》之象數與義理的分離，於是《易》之大旨難明。要昌明《易》道，必須消除門户之見，漢宋合一。對於《周易》占筮，劉紹攽認爲：學《易》首先要明卜筮，卜是龜卜，筮是易占；龜卜講究五行，易占講究陰陽；漢儒不明卜筮，混卜于筮，朱熹所總結的筮法又不合《左傳》所載先秦案例，以至於學者疑惑，易學混亂。

總之，劉紹攽《周易詳説》一書，思想内涵非常豐富，正如周長發《序》所説：劉紹攽於"進退消長、窮通得喪之旨，無不究其理，兼通其數，可不謂深于《易》者乎？""知君於承乘比應之外，深探淵微，本乎《程傳》之論理，復究朱子《本義》之論數。舉凡《河》《洛》律吕，以及納甲筮法，無不窮厥根柢，入其奥窔。而《左傳》諸書所引《周易》，疏通證明，瞭如指掌。安溪而外，得是説也，可以爲羽翼矣。"項樟《序》也極稱《周易詳説》曰："博而精，詳而核，總括百氏，辨析微芒，此四聖之功臣而易學之全書也。……以之修身則過寡，以之行政則化成，以之應事接物，彰往察來，則靡所投而不中，豈特爲經生呫嗶之具已爾哉？"《續修四庫全書總目提要》也認爲該書"引朱子先儒舊説，皆不可廢之語，皆能化門户之成見，非墨守一先生之説者所及"[1]。可見其學術思想價值爲學者所公認。

劉紹攽的《周易觀象》一書，未見完整傳本。四川省廣元市政協文史委員會主編，王振會、雍思政編注的《蜀道神韻——廣元名勝詩詞選注》上册選録劉紹攽《昭化早發》詩一首，書中的作者簡介曰："劉紹攽（生卒年不詳），字繼貢，號九畹，清代三原（今陝西三原縣）人。諸生，官南充知縣。乾隆間學者。著有《周易詳説》《周易觀象》《春秋通論》《三原縣志》《皇極經世書發明》《九畹古文》等。"[2] 其中説到《周易觀象》一書。筆者偶然從網上獲知，北京收藏家徐鼎一先生收有此書殘本。此書《凡例》曰："《易》之所重，辭、象、變、占。近世如《周易折中》《周易觀象》《周易通論》，所以玩

---

[1] 《續修四庫全書總目提要》（經部）上册，北京：中華書局1993年版，第62—63頁。
[2] 王振會、雍思政編注：《蜀道神韻·廣元名勝詩詞選注》上册，上海：上海三聯書店2015年版，第422頁。

辭者無遺蘊矣。惟略於言象，故余是編，專主觀象，期於羽翼《觀象》諸書。"又曰："此書專以明象，凡《十翼》之無關於象者，概不復舉。"可見此書以象解《易》，輔翼李光地之《周易觀象》，與其《周易詳說》互爲表裏。從《凡例》後署"乾隆十二年歲次丁卯秋九月朔五日九畹劉紹攽識"判斷，《周易觀象》與《周易詳說》當爲同一時期完成，兩書各有側重。

《周易詳說》的版本

目前所見《周易詳說》版本爲三種。據《中國古籍總目》："《周易詳說》十八卷，清劉紹攽撰，清乾隆間三原劉毓英傳經堂刻本，國圖、北大、中科院；《西京清麓叢書》（光緒刻）；抄本，國圖。"一爲乾隆年間劉傳經堂版本，藏於國家圖書館、北京大學圖書館和中國科學院圖書館；一爲收入《清麓叢書》外編中的光緒刻本；一爲國家圖書館所藏抄本。

所謂乾隆年間刻本者，所據爲書前劉紹攽於乾隆十三年（1748）冬十一月書于成都官舍的自序，此版本即今天所見《續修四庫全書》及《四庫存目叢書》本。《續修四庫全書》乃選用國家圖書館藏本，第一卷首頁右下方鈐有"國立北平圖書館珍藏"印章，題"三元劉九畹著"，"本衙藏板"，每頁10行，行20字，白口，四周雙邊，單魚尾。《續修四庫全書總目提要》（經部）以爲所用乃乾隆十三年刻本。[①]《四庫存目叢書》乃選用中國科學院圖書館藏本，《存目》以爲乃清乾隆刻本。杜澤遜先生《四庫存目標注》曰："中國科學院圖書

---

① 《續修四庫全書總目提要》（經部）上册，第62頁。

館藏清乾隆刻本，十八卷八冊，題'三原劉紹攽著'，半葉十行，行二十字，白口，四周雙邊。前有會稽周長發序，淮陰項樟序，乾隆十三年十一月自序。《存目叢書》據以影印。山西省圖書館亦有是刻。清同治傳經堂刻本，十八卷，《西京清麓叢書外編》之一，北京大學、北京師範大學、上海圖書館、甘肅圖書館藏。"①則將本衙藏板定爲乾隆年間刻本，傳經堂藏板者爲同治刻本，同治刻本後收入光緒時的《清麓叢書》。説明被《中國古籍總目》認爲是光緒年間刻的《清麓叢書》本，杜澤遜先生認爲乃同治年間刻本。這種看法，也與《陝西省志》的説法相同。《陝西省志·著述志》（上冊）第一編"哲學、宗教"第一章"哲學、易學"類曰："《周易詳説》18卷，清劉紹攽撰。清同治十二年（1873）劉氏傳經堂刻本，8冊，已收入《清麓叢書》中。"②則將傳經堂刻本的時間鎖定于同治十二年，亦認爲《清麓叢書》本即此版本。

經查，《清麓叢書》所收《周易詳説》，正是劉氏傳經堂刻本。故《中國古籍總目》所謂的光緒間所刻《清麓叢書》本，其實就是被《四庫存目標注》和《陝西省志》認定的同治間所刻劉氏傳經堂本。儘管《清麓叢書》晚出，但其所用版本爲劉傳經堂藏板。同時，查北京大學所藏《周易詳説》，其實也是劉氏傳經堂刻本，與《續修四庫全書》及《四庫存目叢書》所用版本不同，《中國古籍總目》認爲北大藏本爲清乾隆間三原劉毓英傳經堂刻本。

如前所言，《續修四庫全書》選用的國家圖書館藏本，第一卷首頁右下方鈐有"國立北平圖書館珍藏"印章，題"三元劉九畹著"，

---

① 杜澤遜：《四庫存目標注》第一冊，上海：上海古籍出版社2007年版，第104頁。
② 陝西省地方志編纂委員會編：《陝西省志》第71卷上冊《著述志》（古代部分），西安：三秦出版社2000年版，第14頁。

"本衙藏板";《四庫存目》選用的中國科學院圖書館藏本,第一卷首頁右下方鈐有"東方文化事業總委員會所藏圖書印"和"中國科學院圖書館藏"兩枚印章,題"三元劉九畹著","本衙藏板",二者均每頁10行,行20字,白口,四周雙邊,單魚尾,可知爲同一版本。此本前有三序,依次爲會稽周長發序,淮陰項樟序,乾隆十三年十一月劉紹攽自序。而北京大學所藏《周易詳説》,其內封鐫"周易詳説/劉九畹先生著/劉傳經堂藏板",卷首有淮陰項樟序、乾隆十三年十一月劉紹攽自序,但無會稽周長發序。考察這兩個版本,版式相同,每頁皆10行,每行皆20字,均爲白口,四周雙邊,單魚尾,字體相同;所不同者,一是內封鐫字不同,一是序言篇數不同。此外,對比內容可知,劉傳經堂藏板對本衙藏板有删節,個別文字有改動。

經筆者考證,"本衙藏板"中的周長發序,當作於乾隆十九年。考《周易詳説》劉紹攽自序,乃於乾隆十三年(1748)作于成都官舍。由此推斷,"本衙藏板"中周序與劉紹攽自序之間的項樟序,應作于劉紹攽自序以後、周長發作序之前,即1748—1754年之間。劉紹攽自序以後,索序于項樟,項樟作序後,又替劉紹攽索序於周長發。出於尊重,故刊行時將最後完成的周長發序置於卷首,其次爲項樟序,最後是劉紹攽自序。因此,"本衙藏板"當刊刻於乾隆十九年(1754)或以後,而非劉紹攽自序的乾隆十三年。從劉紹攽自序內容,也看不出乾隆十三年刊刻的信息。

"本衙藏板"的文字,亦透露出一些避諱信息。如其中《坤》卦爻辭與《象傳》中的"玄"字與"弘"字,均避康熙與乾隆的諱,末筆一點均缺筆;《觀》卦的注解中引劉炫觀點,"炫"字末筆一點作鉤處理以避諱;但《觀》卦卦辭、《象傳》與劉紹攽注釋文字中的"顒"字,均不做避諱處理。可見,"本衙藏板"避康熙、乾隆諱,不避嘉慶帝顒琰諱，當刊刻於乾隆年間而非乾隆後的嘉慶或更晚時間。

對比《四庫存目標注》與《陝西省志》所說的同治年間的"劉傳經堂藏板"，發現"玄"、"弘"、"炫"的避諱如出一轍，且"顒"字也不避諱。因此，"劉傳經堂藏板"應是在"本衙藏板"即乾隆年間刻本基礎上局部刪削而成。晚清賀瑞麟在編纂《清麓叢書》時，將《周易詳說》收在外編，所收即"劉傳經堂藏板"。

可見，常見的《周易詳說》版本有三種：較早者爲乾隆年間的"本衙藏板"，《續修四庫全書》和《四庫全書存目叢書》采用此版；稍晚者爲"劉傳經堂藏板"本；最晚者爲晚清賀瑞麟所收《清麓叢書》外編本（實即劉傳經堂藏板）。三種本子的内容以乾隆間的"本衙藏板"本爲最全；《清麓叢書》外編直接采用"劉傳經堂藏板"本，此本對"本衙藏板"個别誤刻錯字進行刊正，但亦有沿襲錯誤者。

除以上"三個"常見的刻本外，國家圖書館尚存一種抄本。《中國古籍總目》著録該本爲抄本，但國家圖書館網站對該本的描述却爲稿本："《周易詳説》[善本]：十八卷附論卜法一卷 / （清）劉邵邲撰，稿本，8册，9行25字，白口，左右雙邊，紅格。"將劉紹攽的名字誤作"劉邵邲"。

本書整理，以《四庫全書存目叢書》所收現存最早的"本衙藏板"爲底本（簡稱"本衙本"），以稍晚的"劉傳經堂藏板"本、最晚的《清麓叢書》外編本爲校本（簡稱"劉傳經堂本"），《周易》經傳文字有誤者，以國家圖書館出版社所出宋本《周易》校之。

在本書整理過程中，對文字錯謬之處進行校改，對異文進行標注，均以脚注形式出校記。對原書中出現的一些異體字、俗體字，徑改爲正體，不出校記。書中"巳"、"已"、"己"三字不分，皆作"巳"，均依文改正，不再單出校記。原書中雙行小注，均加括號以楷體字出現。

  最後，希望《周易詳說》的點校整理，能夠對關學研究乃至清代易學研究有所裨益。因筆者學識謭陋，書中錯誤疏漏之處難免，尚祈有識君子不吝賜教。

劉銀昌

目錄

序一 1
序二 3
《周易詳説》自序 5
卷一 7
    論漢晉説《易》 7
    論王輔嗣《易例》 11
    論宋儒説《易》 11
    論觀象 13
    論玩辭 15
    論觀變 16
    論玩占 16
    論《本義》九圖 17
卷二 35
    論《本義》 35

卷三 69
 乾 69
 坤 80
 屯 85
 蒙 89

卷四 93
 需 93
 訟 96
 師 99
 比 102
 小畜 104
 履 108
 泰 110
 否 113

卷五 116
 同人 116
 大有 119
 謙 121
 豫 124
 隨 127
 蠱 129
 臨 132
 觀 134
 噬嗑 137

卷六 141
賁 141
剝 144
復 146
无妄 149
大畜 151
頤 154
大過 157
坎 160
離 162

卷七 165
咸 165
恒 168
遯 170
大壯 173
晉 175
明夷 178
家人 181
睽 184
蹇 187
解 189
損 192
益 195

卷八 199
夬 199

姤	202
萃	205
升	208
困	210
井	213

卷九 ... 216

革	216
鼎	219
震	222
艮	225
漸	227
歸妹	231
豐	234

卷十 ... 238

旅	238
巽	241
兌	243
渙	246
節	248
中孚	251
小過	254
既濟	257
未濟	260

卷十一 ... 263

繫辭上傳	263

卷十二 280
繫辭下傳 280

卷十三 296
説卦傳 296

卷十四 305
序卦傳 305

卷十五 312
雜卦傳 312

卷十六 316
左氏筮法 316

卷十七 334
左氏筮法 334
歷代筮法 340

卷十八 348
卜筮附論 348
附論卜法 357

附錄一 361
劉紹攽傳 361
劉先生紹攽 362
劉紹攽傳 362

附錄二 364
四庫全書《周易詳説》提要 364
續修四庫全書《周易詳説》提要 364

主要參考文獻 367

後　記 369

序一

《易》之爲書，廣大悉備。程子《傳》序曰："至微者理也，至著者象也。體用一源，顯微無間。觀會通以行其典禮，則辭無所不備。"斯已盡乎《易》之蘊矣。朱子《易》序曰："先天下而開其物，後天下而成其務。是故極其數以定天下之象，著其象以定天下之吉凶。"斯又盡乎《易》之用矣。間嘗考昆山徐氏《經解》、秀水朱氏《經義考》，自漢以來，如孔安國、鄭康成、王輔嗣、孔穎達，凡注《易》者約數百家，主數主理，言人人殊。至宋程、朱二子，始闡發無遺。承學之士，皆灼然於陰陽奇耦、卦爻象象之義，而并知其用。繼其傳者，安溪李文貞公爲獨得其精粹，非余一人之私言也。

三原劉君九畹，窮經績學士也，以選拔膺詞科，辟召不遇，出宰四川什邡，調南充，皆易直子諒。是時舉陽馬君，名亦在薦，刻中既居憂服闋，當事再以經學薦，仍未得當。以君貫穿該洽，海內知與不知，交口推爲說經祭酒，列薦牘至再且三，亦可謂闇然日章者矣。有其遇，而終未之遇，君方處之泊如，鍵户丹鉛，日無虛晷，而進退消長、窮通得喪之旨，無不究其理，兼通其數，可不謂深於《易》者乎！

乾隆甲戌夏，余掌教鍾山，晤鳳陽太守芝庭項先生，手出君所纂《易說》，索余言弁簡端。余素不解《易》，何能爲役？然項先生爲君官蜀時僚友，心相契。而項與余復稱舊好。余不敢辭，因受而卒讀焉。知君於承乘比應之外，深探淵微，本乎《程傳》之論理，復究乎朱子《本義》之論數。舉凡《河》《洛》律吕，以及納甲筮法，無不窮厥根柢，入其奧窔。而《左傳》諸書所引《周易》，疏通證明，瞭如指掌。安溪而外，得是說也，可以爲羽翼矣。君所注有《書經詳說》，所作有《九畹詩古文集》，余未及見，見之者自能序之。

會稽學弟周長發拜手

序二

余友三原劉君九畹,以所著《周易詳說》一編相示,且問叙於余。余展閱再四,喟然嘆曰:"博而精,詳而核,總括百氏,辨析微芒,此四聖之功臣而易學之全書也。"惟余學識淺薄,不足以貫串注疏家言,奚克攬易道之全以推明九畹著述之意?顧即其自言者而論之。

其一以爲《易》之難明,以漢宋之異説。漢儒主數,宋儒主理。宗漢,則孔子作《翼》,多闡性命精微,程朱之説,實有以探聖道之大原而不可易;宗宋,則伏羲畫卦,專陳天道法象,孔子亦曰"《易》者象也"。《繫辭》《説卦》,曲暢著筮象數之義,而焦、京、管、郭,往往神驗。二者惑焉。

其一以爲學《易》在先明卜筮。《易》言陰陽,卜言五行,而先天之傳,則爲《參同》《悟真》之秘。自漢人混卜於筮,朱子又以康節諸圖爲出於伏羲,而儒者失之。《啓蒙》之作,求爻斷占諸法,又未能盡合于《左氏》之卦案,學者滋疑。夫理外無數,數外無理。離理而言數者,非數也。離數而言理者,非理也。知理數之合一而不能析理數中支絡者,亦非理數也。辨别卜筮,合符《左氏》,本程、朱之精蘊,集諸儒之大成。合漢宋理數於一家,統象辭占變於一貫,而《易》盡之矣。故其爲書,首論歷代注疏之得失及象辭占變、《本義》九圖之旨趣,以溯其源;次彙全《易》中各家句讀、解釋之同異,而折衷己意,以析其疑;然後致力於上下兩經、《十翼》之文。象采衆説，而闡其支。理宗閩洛，而闡其蘊。旁搜曲引，融會貫通，以暢其義。繼乃編纂《左氏》及歷代筮法，詳注極論，以致其用。而後附以納甲、納音、五行、飛伏、《易林》、卦氣、龜卜、錢卜之法，使人曉然于諸術之無關於《易》，以清其緒，而後終焉。

十八卷中，天地名物之象昭，身心性命之理著，存誠主敬之體立，知來藏往之用行。辨而不支，括而不遺。其識精，其學粹。

太史公曰："《易》以道陰陽。"《經解》曰："潔净精微，《易》教也。"九畹之書，其契于太史之言而潔净精微者乎？以之修身則過寡，以之行政則化成。以之應事接物，彰往察來，則靡所投而不中，豈特爲經生咕嗶之具已爾哉？

憶昔與君同官西蜀，雅慕清才博學，於書靡所不究。既從，讀其詩古文辭。相別僅數稔，而闡發精粹，復得窺其經術如此。雖君屢膺鴻博，陽馬薦，未之得當，而羽翼經傳，厥功甚鉅。海內人士，莫不交相推尊。方今天下治平，聖天子敦崇文學，知君必有所遇，以應側席之求，當不僅以循吏著聲巴也。

淮陰同學弟項樟拜撰

《周易詳説》自序

《易》所以難明者，漢儒主數，宋儒主理。學者欲從漢，則孔子贊《易》，多以理言，而程、朱之説，且有以契乎天人性命之原；從宋，則孔子曰"《易》者象也"。宋儒既略于象，朱子又以爲卜筮之書，《啓蒙》所載求爻斷占之法，按之《春秋內外傳》，亦不相合，而京、焦、管、郭，驗如影響。以是交戰，互相訾聱。

昆山徐氏刊有《經解》，宋元略備。紫巖、漢上，采掇納甲、五行之緒，以相補苴，餘雖各有發明，究未悉其會歸。近日所宗來矣鮮之錯綜，襲唐孔氏非覆即變之旨，而其取象亦未盡出自然。《折中》《觀象》《通論》諸書，博極能精，誠四聖之功臣，而漢學一間未達，故略於言象。《仲氏易》專祖李鼎祚《集解》，象占一道，多所貫通，根極理要，是所闕焉。恕榖《傳注》闡仲氏之緒，終不免支離之失。可亭《傳》《義》合參，每有心得，而偏言卦變。謝氏《易》在善言爻象而過于儉約，且其釋爻不順初、二、三、四、五、上之序，則亦瑕不可掩。

讀者握其全，得其分，斯善矣。何以全？合漢宋而一之。宋説具在，欲通漢學，非講明卜筮，上溯《左氏》卦案不合也。何以分？漢儒多本京氏，京學在《火珠林》，皆占卜之法，無與于筮，又何與于《易》義乎？此處既明，則險阻皆成坦途。然後本之程、朱，參之諸儒，寡過以立體，知來以致用。辭象變占，粲然明白。漢宋異論，統歸一致。易道無歧趨，無遺蘊矣。

題曰《詳說》，孟子反約之意也。

乾隆十有三年冬十一月長至後五日

九畹劉紹攽書于成都官舍

卷一

論漢晉説《易》

漢人譚《易》，如田何、費直，遠不可考。漢儒最著，莫如馬、鄭。荀悦言：馬融著《易解》，頗生異説。今即其見於《釋文》者考之，如："聖人作而萬物覩"作"聖人起"；"婚媾"作"冓"，云"重婚也"；"擊蒙"作"繫蒙"；"血去"作"恤去"；《履》"愬愬"作"虩虩"；"天道虧盈"作"毁盈"；"介於石"作"扴"，云"觸小石聲"；"由豫"作"猶豫"，云"疑也"；"盍簪"作"臧"；"天命不祐"作"右"；"百果草木皆甲坼"①作"甲宅"，云"根也"；"《萃》亨"无"亨"字；"德之修也"，"修"作"循"。

唐貞觀中，作《正義》時，尊王黜鄭，李鼎祚恐鄭學遂廢，故有《集解》之作。今鄭書雖佚，即其散見者考之。王伯厚曰：康成《詩箋》多改字，其注《易》亦然。如："包蒙"，謂"包"當作"彪"，文也；《泰》"包荒"，謂"荒"讀爲"康"，虚也；《大畜》"豶豕之牙"，謂"牙"讀爲"互"；《大過》"枯楊生稊"②，謂"枯"音"姑"，山榆也；《晉》"錫馬蕃庶"，讀爲"蕃遮"，謂"蕃遮，禽

---

① 坼：諸本皆作"拆"，據宋本《周易》改。
② 稊：諸本皆作"羠"，據宋本《周易》改。

也"；《解》"百果草木皆甲坼"，作"甲宅"，"皆"讀如"解"，解謂坼，呼皮曰甲，根曰宅；《困》"劓刖"當爲"倪仉"；"一握爲笑"，"握"讀爲"夫三爲屋"之"屋"；《繫辭》"道濟天下"之"道"，當作"導"；"言天下之至賾"，"賾"當爲"動"；《説卦》"爲乾卦"，"乾"當爲"幹"。其説爲鑿。又曰康成注《易》九卷，多論。

互體 康成言象，亦多支離。如《比》"有孚盈缶"，謂"爻辰在未，上值東井（井木犴，位在西南未方）。缶，汲井之器"。又以《離》從《遯》來，下卦是艮，艮位在丑，丑上值弁星似缶（天弁九星，斗宿所屬，位在東北丑方，三三相聚，其形似缶），故《離》曰"鼓缶而歌"。其解"樽酒簋貳"，謂四以互體居震之上爻，而其辰在丑，丑上值斗（斗宿位在丑方），可以斟酒；又斗上有建星（建三星在斗宿魁上），其形似簋。建星上有弁星，其形似缶。此種穿鑿，宜輔嗣之掃之也。其云辰在未、辰在丑者，以納甲言也。詳後卷。

　　荀氏《易注》，《釋文》所引，與今不同者甚多。如"朋盍簪"作"宗"，"其欲逐逐"作"悠悠"，"大耋之嗟"作"差"，下"戚嗟若"亦爾。又鼎祚所集，"田有禽"，謂"二帥師禽五"；《坤》"上六"謂"坤在亥，下有伏乾，爲其兼于陽，故稱龍"，皆支離而不概于理者也。鄒氏湛曰："'箕子之明夷'，荀爽訓'箕'爲荄，'子'爲滋，漫衍無經，不可致詰。"

　　《本義》有曰："王肅本者，今皆不傳。"見於《釋文》者："六爻發揮"作"輝"；"其惟聖人乎"作"愚人"，後結始作"聖人"；"雲上于天"作"雲在天上"；"致寇至"，"寇"作"戎"①。其注"噬

---

① 戎：諸本皆誤作"戍"，據《經典釋文》改。

乾肺，得金矢"曰："四體離陰卦，骨之象。骨在乾肉，脯之象。金矢所以獲野禽，故食之反得金矢。君子於味，必思其毒；於利，必備其難。"（見《太平御覽》）

王伯厚曰："虞翻注《說卦》云：'乾、坤五貴三賤，故定位；艮、兌同氣相求，故通氣；震、巽同聲相應，故相薄；坎戊、離己，月三十日一會于壬，故不相射。坤消從午至亥，故順；乾息從子至巳，故逆。'蓋用納甲卦氣之說。"《集解》說象，多載虞氏，均屬支離。

郭璞《洞林》，今亦不傳，見於《經義考》者：《同人》之《革》曰"朱雀西北，白虎東起"；《小過》之《坤》曰"《小過》之《坤》卦不奇，雖有卦氣變陽《離》。初見勾陳被牽羈，暫過則可羈不宜。將見劫追事幾危，賴有龍德終无疵"；《遯》之《姤》曰"卦象出墓氣象囚，變身見絕鬼潛游。爻墓克刑鬼煞俱，卜病得之歸蒿丘。誰能救之坤上牛，若依子色吉之尤"；《賁》之《豫》曰"時陰在初卦失度，殺陰爲刑鬼入墓。建未之月難得度，消息卦爻爲扶助。馮馬之師乃寡媍，自然奇救宜餐兔，子若恤之得守故"。驗其占法，自爲韻語，猶有《左氏》遺意，然所謂朱雀、白虎、勾陳、絕墓、刑鬼者，蓋亦用京房《火珠林》卜法也。

干寶訓"六爻相雜"，謂"一卦雜有八卦之氣，若初九爲震爻，九二爲坎爻，九三爲艮爻也"，或若見辰、戌言艮，巳、亥言兌也；或若甲、壬名乾，乙、癸名坤也。其說之泛濫如此。

蜀才，即范長生也。"大車以載"作"大輿"；"官有渝"，"官"作"館"；"君子以明庶政"，"明"作"命"；"大耋"①作"咥"；"羸其角"，"羸"作"累"；"箕子之明夷"，"箕"作"其"；"二簋"作

---

① 耋：諸本皆誤作"耄"，據宋本《周易》改。

"軌"；"懲忿窒欲"，"懲"作"證"；"壯于頄"作"仇"；"莧陸夬夬"，"陸"作"睦"；"繫于金柅"作"尼"；"孚乃利用禴"作"躍"；"在天成象"，"成"作"盛"；"知崇禮卑"，"禮"作"體"；"研幾"作"擧幾"；"參天兩地而倚數"作"奇數"。其見于《集解》者，多言卦變而已。

　　京房受《易》焦延壽，延壽得之隱者，蓋術士之流，而托名問《易》于孟喜，翟牧、白生不肯，曰："非也。"今考其說，不外納甲、五行、飛伏，乃占卜之術，於《易》義无涉。詳見後卷，茲存其略如左。

納甲　乾納甲、壬，坤納乙、癸之類，謂之納甲。乾納子、寅，坤納未、丑之類，謂之納辰。如《春秋傳》陳侯筮《觀》之《否》，解者謂"爻屬辛未，未爲羊，巽爲女，羊加女上，乃'姜'字也。故曰'有嬀之後，將育于姜'"。此在占法，未免附會，況說《易》乎？虞翻訓《蹇·彖》謂"坤西南，卦五在坤中，坎爲月，月生西南，艮東北卦，月消于艮，喪乙滅癸，故不利東北"。皆非正義。

五行　《易》言陰陽，不言五行。漢人以乾、兌爲金，震、巽爲木，坤、艮爲土，坎水離火，分爲八宮。此亦京房占卜之法，《易》不如是也。

飛伏　本卦爲飛神，八宮首卦爲伏神。《九家易》以《夬》本《坤》，世下有伏《坤》，書之象也。上又見《乾》，契之象也。又干寶以《需》爲《坤》宮游魂之卦，故曰："坤者婦人之職也，凡百穀、果蓏、禽獸、魚鱉，皆爲所生，而游魂變化，復能烹爨腥臛，以爲和味之具,是以卦言飲食。"夫游魂者,占卜之法也。若其取象支離,則占卜家亦不可用。

論王輔嗣《易例》

消息盈虛之謂時,貴賤上下之謂位,剛柔、中正、不中正之謂德,上下體相對之謂應,逐位相連之爻謂之比。輔嗣言之,《象傳》實發之,舍此無以讀《易》。程子謂學《易》先看王弼者,此也。其作《易傳》,亦本之王輔嗣、胡安定二人居多。

輔嗣注《易》有曰:"造之非我,理自玄應。化之无主,數自冥運。"又曰:"聖人雖體道以爲用,不能全无以爲體。"此老、莊之理也。故《折中》謂其不能盡合于聖人之道。

論宋儒說《易》

宋儒如胡翼之、項平庵、朱漢上,皆於《易》理大有發明,但未如周子之《太極》、程子之義理、邵子之先天、朱子之卜筮,爲能直探本原也。李厚庵曰:"前有四聖,後有四賢。"此之謂矣。

《太極圖》首明陰陽變化之微,而"《易》有太極"一語,至此始明。朱子以此爲《易》之精,以《序卦》爲《易》之緼,有功四聖非淺鮮也。《易通》一書,即以暢太極之理,遂爲道學之宗。朱子雖謂其自有心得,而宋儒所述,傳授不同。黃宗炎曰:"周茂叔之太極圖,邵堯夫之後天圖,同出於陳圖南。"胡氏宏序《易通》曰:"推其道學所自,或曰傳太極於穆修也,傳先天圖于种放,放傳於陳摶。"晁景迂云:"胡武平、周茂叔,同師潤州鶴林寺僧壽涯,馬貴與疑之而不能辨。"

朱子謂程子之學，源於周子。然考之《易傳》，無一語及太極之旨。《觀》卦詞云："予聞之胡翼之先生曰：'君子居上，爲天下之表儀。'"《大畜》上九云："予聞之胡先生曰：'"天之衢亨"，誤加"何"字。'"《夬》九三云："安定胡公移其文曰：壯于頄，有凶；獨行遇雨，若濡有慍。君子夬夬，無咎。"《漸》上九云："安定胡公以'陸'爲'逵'。"考《伊川年譜》，皇祐中游太學，海陵胡翼之先生，方主教導，嘗以"顏子所好何學論"試諸生，得先生所試，大驚，即延見，處以學職。意是時必從而受業焉。世第知其從事濂溪，不知其講《易》多本於翼之也。

程子訓詁，多仍輔嗣之舊。其論卦變曰："卦之變皆自《乾》《坤》。"又曰："《乾》《坤》變而爲六子，八卦重而爲六十四。"此亦唐人之説也。按："《乾》《坤》成列，而易立乎其中。"《疏》曰："陰陽變化，立爻以效之，皆從《乾》《坤》而來，故乾生三男，坤生三女，而爲八卦。變而相重，而有六十四卦。"程説蓋本於此。漢人談《易》，唯李氏《集解》可考，不過附會仿佛，毫無理趣，何補身心？王弼解釋句讀而已，尚多依稀蒙混。有《程傳》而後《易》道大明。不讀李、王二書，不知《程傳》之難，亦不知《程傳》之功之大也。

楊時喬曰："《程傳》説理精到，而於卜筮未合。"

康節先天諸圖，得之李之才挺之，挺之得之穆修伯長，修得之种放，放得之陳希夷。其伏羲八卦次序圖，由太極分爲陰陽，由陰陽有四象，由四象有八卦，與《繫傳》適合，而畫卦生爻之法，恍然可悟。程子《乾》傳謂："上古聖人始畫八卦，三才之道備矣。因而重之，以盡天下之變，故六畫而成卦，重乾爲《乾》。"與《繫傳》不合，故邵子之功爲大。

黃氏震曰："邵子無《易》解，不過《觀物》《經世》、先天圖。"

朱子謂康節欲傳伊川以數學，伊川堅不從。余嘗疑之。近于數學，頗有會心，乃知邵子之數，本于《洪範》，即京、焦之術，與太乙、遁甲相類。《經世》一書，又各自爲法，考其占驗，不盡在《易》，故程子辭之而不受。

陳淳曰："《本義》一書，發揮邵圖之法象，申明《程傳》之旨趣。"

陳振孫曰："晦庵初爲《易傳》，用王弼本，復以呂氏《古易經》爲《本義》，其大指略同，而加詳焉。首列九圖，末著揲蓍法，大約兼義理象占。"

魏了翁曰："朱文公《易》，得于邵子爲多。蓋不讀邵《易》，則茫不知《啓蒙》《本義》之所以作。"

《本義》以義理備于《程傳》，故簡于文詞，唯以《易》爲卜筮之書，及象占分看。如以乾爲象，"元、亨、利、貞"爲占，"潛龍"爲象，"勿用"爲占，則始於朱子。第於象無所發明，而謂具於太卜之官，則考之《說卦》爲不合耳。

《本義》卷首載"《乾》爲天、天風《姤》"八段，乃京房納甲之法。《火珠林》及近世《增刪卜易》用之，與揲蓍迥乎不同。陸氏《釋文》卦首注某宮某世，即此法也。朱子蓋襲陸氏而用之。

胡一桂曰："先生嘗謂程先生《易傳》，義理精，字數足，無一毫欠闕，只是與《易》本義不相合。《易》本是卜筮之書，程先生只說得一理。故先生解《易》，只以卜筮爲主。"

論觀象

全《易》皆象也。掃象固非，泥象亦非。如《屯》卦坎爲亟心，震爲馵足,故言乘馬。而朱子曰:"《屯》無乾,何以稱馬?"至以象爲失傳,宜後人之不能泯然於心也。大抵象有數端,詳見本注,今撮其要。

互象 邵子言互卦,程、朱不言。然《左傳》陳侯筮敬仲,遇《觀》之《否》,取艮象;《萃》三曰"往无咎,上巽也",取巽象;皆以互言。又朱子謂"重門擊柝"須用互體,推艮爲門,是則舍互體而象有難通者矣。若《大傳》"非中爻不備",則專以二、四、三、五之位言,漢儒以此爲言互,非也。

變象 《序卦正義》謂"六十四卦,非覆即變",如《乾》變《坤》,《坎》變《離》之類。《姤》之"金柅",陰浸長則巽變艮,故曰"柅",未變,自二以上皆乾,故曰"金";《遯》之"黃牛",陰浸長則艮變坤,故曰"牛",未變,則止得半坤,故曰"革"。惟卦有消長之義則然。又如知莊子論"師出以律",取兌象,亦以《師》乃《復》之長也。觀《本義》卦變圖可見。虞翻言象,凡卦无消長之義者,皆以此爲説。來知德遵用之,而新其名曰"錯",則失之泛濫穿鑿。王弼掃象,掃此也。《京房易傳》云:"潛龍勿用,衆逆同志,至德乃潛,厥異風行。"所云風者,以初爻變陰成巽故也。此占法,非爻義。

覆象 卦多反對,《姤》之三即《夬》之四,皆曰"臀无膚",《益》之二即《損》之五,皆曰"十朋之龜"是也。來氏取此意,而新其名曰"綜",竟忘其發自《正義》矣!沈艮思曰:"來氏内外兩卦,中互兩卦。内外有錯、綜,互卦又有錯、綜,一卦可通於八卦之象,則何物不可引用,何義不可會通?恐文、周之旨不如是,孔子《傳》意亦不如是也。"

大象 大象者，兼畫而言。朱子曰："《中孚》是個雙夾的離，《小過》是個雙夾的坎，《大過》是個厚畫的坎，《頤》是個厚畫的離。"《本義》云《大壯》"似兑，有羊象焉"，以雙夾言也。先儒謂《頤》有離象，以厚畫言也。顧寧人嘗非《大壯》似兑之説，然不如是，則《頤》《損》《益》之取象于龜皆不可解。或者聖人偶以此取象，未可盡非。來氏統謂之"大象"，不論何卦，屢屢言之，則失其權衡矣。寧人以大象之説始于朱子，按虞翻謂"'豐其屋'，爲三至上體《大壯》，屋象"，是即大象之説也。寧人蓋熟于史而疏于經。

論玩辭

辭以達《易》也。《繫上傳》結以"鼓天下之動者存乎辭"，《下傳》結以"辭寡"、"辭誣"，然則辭不明，《易》不可見矣。第卦有卦辭，爻有爻辭。爻與卦同辭者，卦主也。亦有全卦方盡卦意，分六爻則不能盡者，《同人》是也。有卦與爻互異者，如《噬嗑》，合看以初、上爲噬之之具，中四爻爲所噬之物；分看則初、上反爲受刑之人，中四爻爲用刑之人是也。有卦吉而爻凶者，《泰》《既濟》之三、上是也。有卦凶而爻吉者，《否》《未濟》之三、上是也。然皆須以意相承，講家分解六爻，多不關合，如《屯》九五爲君，又謂初九得民可君，一卦豈有二君？又有解爻與卦相戾者，如《遯》卦以二陰爲小人，四陽爲遯者，今解初、二兩爻則又皆指遯者而言，自相矛盾。甚有釋《傳》與《象傳》不合、釋《象》與爻不合，無以自解，則藉口有伏羲之《易》，有文、周之《易》，有孔子之《易》。不知《易》分四聖,以羲《易》有畫無文,多陳天道物象,孔子特存大象者是也。文、周多言人事以示吉凶,而未明其理。孔子作《十翼》,則暢發其理。《易》于是備,而後列于學官（古者以《詩》《書》《禮》《樂》选士,《易》掌于太卜）。四聖不同者,乃互相發明補備之義,意寔一貫,豈容決裂?故曰:"知者觀其《彖》辭則思過半矣。"此玩辭之要也。

論觀變

此專言揲蓍,詳《左氏》筮法。

論玩占

占者,卦下爻下之辭,元、亨、利、貞、吉、凶、悔、吝、厲、无咎者是也。元、亨、利、貞爲四德,唯《乾》足以當之。《坤》則曰"元亨,利牝馬之貞",不敢直言"利貞",所以尊陽也。《屯》之"天造草昧",兼天道、人道之大;《臨》之二陽方長,《革》之"治曆明時",皆天道之大;《隨》之"與時咸宜",乃人道之大;故皆得兼之,外此無有也。或曰"元亨",或曰"利貞"而已。然"元亨"亦不多見。《大有》曰"元亨",《鼎》曰"元亨",更無他辭。此皆尚賢之卦,故亟取之。《蠱》曰"元亨",人道之大;《升》曰"元亨",賢人登進之吉。然皆有餘辭矣,次于《大有》《鼎》也。

至爻辭則多言"大吉"而不曰"元",惟《大畜》之四曰"元吉",亦以養賢也。《履》之上曰"元吉",履者德之基也。其他則不概見。有曰"吉"者,有曰"大吉"者,大吉勝于吉也。有曰"吉无咎"者，吉以現在言，无咎以將來言，謂目前既吉，後日并无咎也。有曰"貞吉"者，正則吉，不正不吉也。

有曰"凶"者，其道凶也。曰"征凶"者，征則凶，不征不凶也。曰"貞凶"者，固守此而不變則凶也。蓋貞有正、固二義。

有曰"悔亡"者，本有悔而可以亡之也。曰"无悔"者，本无悔也。然吉凶悔吝之中，惟悔爲善。蓋能悔，則有改過之心，可以轉凶爲吉。既得吉地，復生侈心，吝于改過，又將變吉而爲凶。四者相爲終始如此。

有曰吝者，道之窮也；曰貞吝者，固守此則吝也；曰厲者，未至于凶而危者也；曰貞厲者，固守此則厲也。

《大傳》曰："无咎者，善補過者也。"《易》之所重，寡過而已，則无咎尚矣。然補過必萌于悔心，故又曰："震无咎者存乎悔。"

論《本義》九圖

古《易》無圖。有之，自朱子始。朱子本于邵子，邵子原于陳摶。摶，道家者流，故近代毛氏奇齡，以河圖、洛書出于道家，無與于《易》，作《原舛編》以排之。余考河圖，明坎離交姤之旨；伏羲八卦方位圖，明三日月出庚之象；伏羲六十四卦方位圖，明火候進退之用；誠道家言也。邵子曰："老子得《易》之體，孟子得《易》之用。"所謂《易》體，即此是也。朱子亦謂希夷之學，《參同》是其源流。又曰："自孔子後，諸儒失其傳，而方外之士，密相付授，以爲丹灶之用，康節始反而歸之于《易》。俗儒必以出于道家爲諱，豈識一貫之義？"然如毛氏之説，必謂無與于《易》，又豈知《易》道廣大，道教亦無所不該哉？

河圖

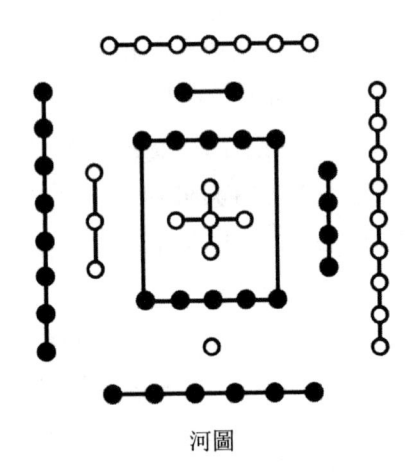

  河圖　《大傳》曰："天生神物，聖人則之。天地變化，聖人效之。天垂象，見吉凶，聖人象之。河出圖，洛出書，聖人則之。"又曰："仰以觀于天文，俯以察于地理，于是始作八卦。以通神明之德，類萬物之情。"[①]然則伏羲畫卦，豈徒取則于圖書已哉？不過法其奇偶之象而已。世之執河圖以求《易》者，固也。

  以道家言之，天三生木，地四生金，三四爲金木交并。金木藉土而交并，故左五爲天五生土，右六爲地六成水，舉修丹之至要而賅括全圖也。然三包天一生水、地二生火，木中有水，金中有火也。三四互包，天七成之，金慈戀木，木順從金也。三五互包，地八成之，三五總一五，一五總一土也。三六四五互包，天九成之，木能生水、金能生火也。四六互包，地十成之，盡陰陽五行理數生成之起伏也。五六互包，既十而歸一，仍一太極。舉逆用還返之理而順在其中，惟此先天真一之氣，上下左右盤旋。

---

① 諸本皆作"類萬物之情"，宋本《周易》作"以類萬物之情"。

金木水火土，天地之寶也，即人之寶。天之性也，即人之性。偏施其性而互爲欺尅，則火以水爲賊，水以土爲賊，土以木爲賊，木以金爲賊，金以火爲賊。各賊其賊，各性其性，而失其正性矣。和合其性而互爲相生，則金生水，水中之真陽，又能生金之陰。金之陰，反能生木之陽。金木交并而爲寶。木生火，火中之真陰，又能生木之陽，木之陽，反能生水之陰，水火既濟而爲寶，交爲子母，迭作夫妻，而共獲其寶矣。此之謂攢簇五行，逆修造化，即女媧氏煉五色石以補天是也。五色石者，土也。修煉之士，全藉意土。土無定位，而分配四季，寄體中宮，故《悟真》曰"四象五行全藉土"也。

河圖乃作《易》之一事，自漢以來，即有此說。按，《漢書·叙傳》云："河圖命庖，洛書賜禹。八卦成列，九疇迪叙。"然則伏羲則圖畫卦，儒者之所共聞。毛、李之徒，必以爲創自希夷，其亦考之不詳矣。又《五行志》云："虙羲氏繼天而王，受河圖，則而畫之，八卦是也。"

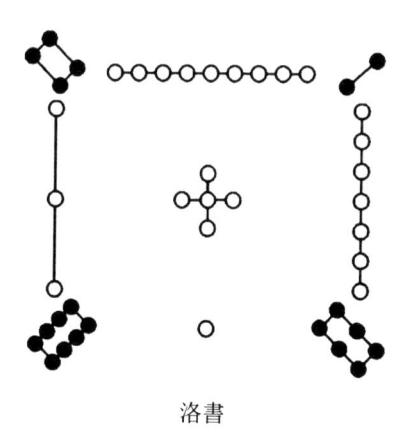

洛書

洛書 蔡元定謂伏羲但據河圖以作《易》，不必豫見洛書，而已逆與之合。大禹但據洛書以作《範》，亦不必追考河圖，而已暗與之符。可見聖人作《易》，不斤斤效法于此也。

毛西河曰："此太乙下九宫法也。從坎北始，坎數一，故履一；乃自北而南行于坤宫，坤數九，故戴九。又自南而東下于震宫，震三，故左三；乃自東而西下于巽宫，巽七，故右七；遂還而憩于中央，中央者太乙宫也，無卦也；乃又自此從西北始而下于乾宫，乾數六，則六爲右足；又從西北而東南下于兑宫，兑數四，則四爲左肩；又從東南而東北下艮宫焉，艮八，則左足八；又從東北而西南下離宫焉，離二，則左肩二；于是不返中央而竟上游于紫庭。有五數焉，無十數焉。"太乙者，紫微垣當門之一星，亦北辰之意也。其説見于《乾鑿度》下篇，漢後道家所作。若近代演九宫法，以四正之卦爲坎、震、離、兑，四維之卦爲艮、巽、乾、坤，其爲數巽四、離九、坤二、兑七，餘數與《乾鑿度》同，大約本之蔡氏《皇極》一書。

《易緯》曰："一陰一陽，合爲十五。"以爲數學之始。蓋從衡交互推之，皆十五也。

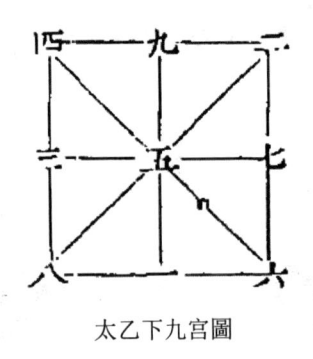

太乙下九宫圖

太乙下九宫圖 不特此也，又爲後世遁甲之祖，起八門九星用之。

遁甲八門九星圖

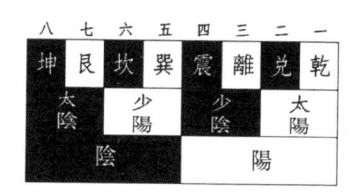

伏羲八卦次序圖

八	七	六	五	四	三	二	一
坤	艮	坎	巽	震	離	兌	乾
太陰		少陽		少陰		太陽	
陰				陽			

伏羲八卦次序圖

伏羲八卦次序圖　《大傳》曰："《易》有大極，是生兩儀。兩儀生四象，四象生八卦。"

此圖由〇（太極）生 ⚊（陽儀）⚋（陰儀），由 ⚊（陽儀）上生一陽爲 ⚌（太陽），生一陰爲 ⚍（少陰），由 ⚋（陰儀）上生一陽爲 ⚎（少陽），生一陰爲 ⚏（太陰）。此太極生兩儀，兩儀生四象也。再由 ⚌（太陽）上生一陽爲 ☰（乾一），上生一陰爲 ☱（兌二）；由 ⚍（少陰）上生一陽爲 ☲（離三），上生一陰爲 ☳（震四）；再由 ⚎（少陽）上生一陽爲 ☴（巽五），上生一陰爲 ☵（坎六）；由 ⚏（太陰）上生一陽爲 ☶（艮七），上生一陰爲 ☷（坤八）。此四象生八卦也。一二三四五六七八者，八卦相生之次序也。詳見《啓蒙》。

今術家如太乙、奇門之類，皆謂坎一坤二震三巽四乾六兌七艮八離九，虛五在中。此洛書之數也。洛書主五行，八卦主陰陽，用各不同，其數亦異。毛西河、謝梅莊執洛書之數，而謂乾不得爲一，兌不得爲二，蓋未能洞然于四象生八卦之旨也。

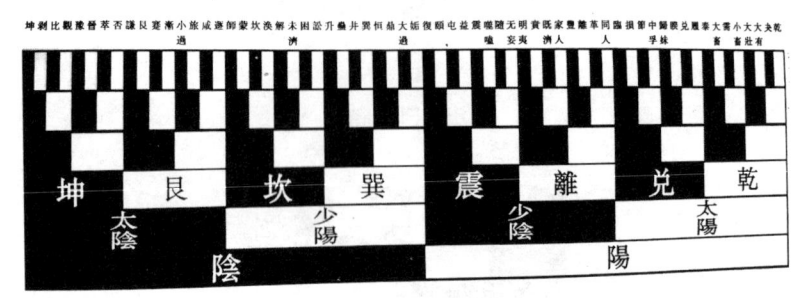

伏羲六十四卦次序圖

伏羲六十四卦次序圖 謝梅莊曰："重卦，王弼、虞翻以爲伏羲，鄭康成、淳于俊以爲神農，孫盛以爲大禹，司馬遷、揚雄以爲文王。按，《大傳》有網罟取《離》及宫室取《大壯》、棺槨取《大過》、書契取《夬》等語，則伏羲不但重卦，且有卦名矣。有天、地、山、澤諸象，豈无乾、坤、艮、兌諸名？有八卦之名，豈无六十四卦之名？至于《陽豫》《游徙》《初釐》《初筮》之類，蓋《連山》《歸藏》所改，不得因三《易》卦有異名，遂謂伏羲无卦名且未重卦也。"

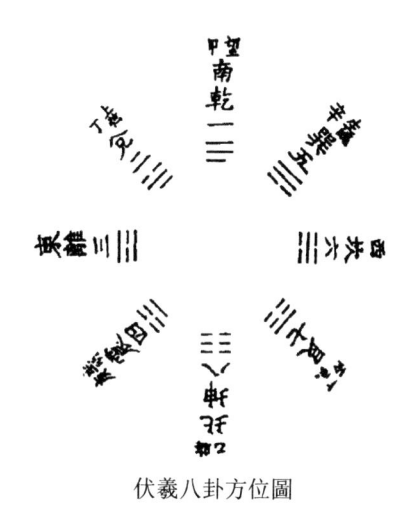

伏羲八卦方位圖

伏羲八卦方位圖 黃氏震曰："《易》言天地定位者，天尊而上，地卑而下，其位一定而不可易，取其象於卦爲《乾》《坤》。凡二者爲天地之氣之統宗，譬諸父母，雖若無所施爲，實主宰乎一家而居其尊者也。山澤通氣者，山澤一高一下，水脉灌輸，而其氣實相通，通之爲言貫也。《易》取其象，於卦爲《艮》《兑》。雷風相薄者，雷風一迅一烈，氣勢翕合，而其形實相薄，薄之爲言通也。《易》取其象，於卦爲《震》《巽》。水火不相射者，水火一寒一熱，宜若相息滅，而下然上沸，以成既濟之功，乃不相射。不相射者，言不如射者之相射（音石）害也。《易》取其象，於卦爲《坎》《離》。凡六者，皆天地之氣之爲，譬如六子迭相運用，而悉出於父母者也。聖人設此章以釋八卦之義，似不過如此而已。歷漢唐以至本朝，伊洛諸儒，未有外此而他爲之説者。惟邵康節得陳希夷數學，創爲先天之圖，移易卦之離南坎北爲乾南坤北，曰此取《易》之'天地定位'也。然《易》曰：'離也者明也，南方之卦也。坎者水也，正北方之卦也。'則離南坎北，經有明文矣。天地定位，於經固未嘗明言其爲南北也，何以知其此爲先天之卦位？若徒以卦言位，或彼或此，猶固未可知。今以事理之實可見者考之，則風一從南，即盎然以溫；風一從北，即冷然以寒。南方屬夏，其熱如此；北方屬冬，其凍如此。此離南坎北，信乎其如今《易經》之言矣。康節移之以位乾、坤，將何所驗以爲信耶？康節既移乾、坤於南北，又移艮以居西北，移兌以居東南，曰'此取《易》之山澤通氣'也。然《易》曰'艮東北之卦也'，又曰'兌正秋也'，則艮居東北，兌居正西，經有明文矣。若'山澤通氣'，特言其通氣而已，於經未嘗明言艮爲西北、兌爲東南也。康節何所考而指此爲先天之卦位？若以事理之實而考之，山必資乎澤，澤必出乎山，其氣相通，無往不然，豈必卦位與之相對而後氣可通耶？康節既移東北之艮於西北，遂移震於東北，而移巽於西南，曰取《易》之'雷風相薄'也。然《易》曰'震東方也'，又曰'巽東南也'，則震居東方，巽居東南方，經有明文矣。若'雷風相薄'，特言其相薄而已，於經未嘗明言震爲東北、巽爲西南也。康節何所考而指此爲先天之卦位？若以事理之實考之，震惟居正東，巽惟居東南，逼近而合，故言相薄。若遠而相對，安得相薄？而東北爲寅，時方正月，又豈雷發之時耶？康節既移離、坎之位以位乾、坤，乃移離於正東，移坎於正西，曰取《易》之'水火不相射也'。然南方爲離，北方爲坎，經文萬世不磨。'水火不相射'，特言其性相反，而用則相資耳。於經未嘗明言離爲東方之卦、坎爲西方之卦也。康節又何所見而指此爲先天之卦位？説者雖指火爲日，遂以離爲東；指水爲月，遂以坎爲西。然按《説卦》，先言離爲火，然後言離爲日；先言坎爲水，然後言坎爲月。蓋日乃太陽之精，非特可以離言；月乃太陰之精，非特可以坎言。月雖陰，而其出必於東；日雖陽，而其沒必於西。周流運轉，晝夜不停，非若水火之定位於一方者比也。又可借日月以代水火爲言耶？《易》畫於伏羲，演於文王，繫於孔子，傳之天下萬世，惟此一《易》而已，未聞有先天、後天之分也。雖曰未有天地，已有此理，然而作《易》始於伏羲，不言先天。康節特托《易》以言數，諸儒未有以此而言《易》者也。晦庵以理學集諸儒之大成，原聖人因卜筮而作《易》，始兼以康節之説而詳之。若據門人所録《語類》，乃因康節之先天，而反有疑於文王、孔子之《易》，反有疑於伊川之《易傳》，且疑於《易經》此章八卦之位。然按晦庵先生《答王子合書》，明言康節言伏羲卦位近於穿鑿附會，且當闕之。以此概彼，門人所録，其一時之言乎？抑録之者未必盡當時之真耶？蓋《易》所言者道，而康節所言先天者數也。康節雖賢，不先於文王、孔子也。康節欲傳伊川以數學，伊川堅不從，則不可以其數學而反疑伊川之數學又可知也。學者且當以晦庵親答王子合之言爲正，毋① 以門人記録晦庵之言爲疑。"

　　黃氏之論是矣，而未知此圖之意。余嘗考之。蓋此圖雖與"天地定位"一節相合，然其用乃道家之火候也。《參同契》曰："三日出爲爽，《震》庚受西方（每月三日月生明之時，昏見于西方庚地）。八日《兑》受丁，上弦平如繩（八日上弦，昏見于南方丁地）。十五《乾》體成，盛甲滿東方（十五日既望，昏見于東方甲地）。十六轉受統，《巽》辛見平明（十六日始下生一陰，平旦没於西方辛② 地）。《艮》直于丙南，下弦二十三（二十三日下弦，平旦没于南方丙地）。《坤》乙三十日，東北喪其明（月晦三陽光盡休，伏于東北）。"蓋以月之初生，喻人腎中陽氣，從此運用火功，至既望一陰生，則從此退陰符。除《坎》《離》居中不用，以二卦爲日月本體也。漢人説

---

① 毋：本衙本誤作"母"，劉傳經堂本此段文字刪節，據《經義考》改。
② 辛：諸本皆作"巽"，依例当为"辛"。

《易》，謂六爻之位，一、二、三即陽陰陽爲《離》，四、五、六即陰陽陰爲《坎》，《乾》卦中變則通體皆《離》，旁變則通體皆《坎》，不變則下《離》上《坎》，以爻位陰陽本如是也。亦與此圖除《坎》《離》之義相同。毛西河每以此解《易》，如以《兌》爲半《離》，《巽》爲半《坎》，《震》爲半《離》，《艮》爲半《坎》之類。

或疑此圖以明對待之體。夫對待之理，《説卦》傳文已極其詳，奚必待此圖而後顯哉？

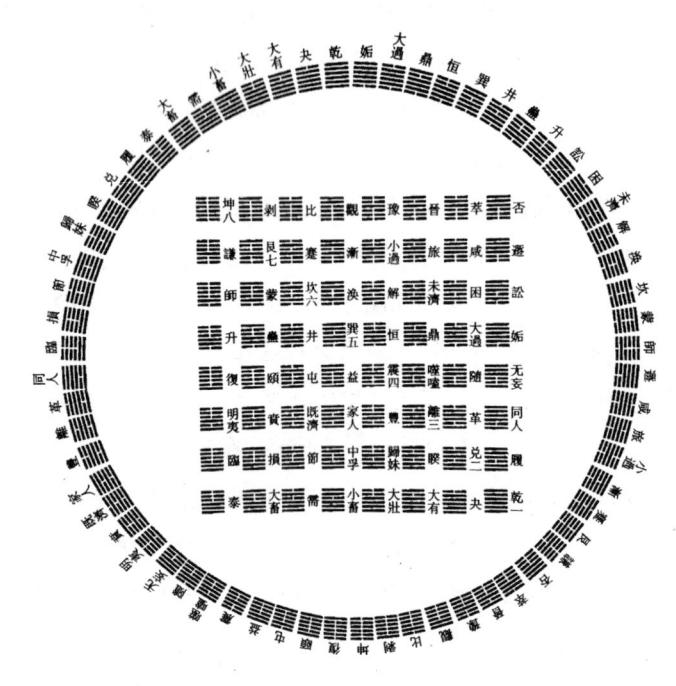

伏羲六十四卦方位圖

伏羲六十四卦方位圖 此圖自《乾》《夬》順數至《復》，又自《姤》《大過》逆數至《坤》，蓋即六十四卦橫圖圓而列之也。朱子嘗欲去中函之方圖，使圓圖虛中以象太極。來矣鮮始去之。

此圖于《易》無所發明，或以配十二辟卦，則《復》至《臨》太疏，《剝》至《坤》太密，不合也。胡玉齋配以二十四氣，則月卦與辟卦又不相合。蓋亦道家之言也。其要在子、午、卯、酉，其用在《乾》《坤》《坎》《離》，故朱子謂此圖《乾》盡午中，《坤》盡子中，《離》盡卯中，《坎》盡酉中；陽生子中，極于午中，陰生于午中，極于子中。蓋深知其用者也。其他卦象，不過設體耳。故《悟真》曰："此中得意休求象，若究群爻謾役情。"

道家以乾、坤爲鼎器，坎、離爲藥物。子時進陽火，午時退陰符，卯、酉沐浴。故曰："其要在子、午、卯、酉，其用在《乾》《坤》《坎》《離》。"

沈艮思曰："三十六宮都是春，邵子之意，指伏羲方圖起于地中《震》《巽》《恒》《益》四卦，再加《坎》《離》《既濟》《未濟》十二卦，再加《艮》《兌》《損》《咸》二十卦，此三十六卦者，皆六子變化之功。其包乎外層之二十八卦，縱橫上下，都有《乾》《坤》所謂'君之''藏之'者，如垣如廓，乃生物之大父母所化，故不與內層六子功用同日而語。且如城闕之內，謂之宮室，邵子取意正在其中。其云'都是春'者，言此三十六宮之內，雖無《乾》《坤》，而莫非乾、坤二氣之所包舉也。若如舊說二十八卦顛之倒之，更加不可顛倒之八卦爲三十六，則天根月窟已列爲二宮，又安得而往來于三十六宮哉？"

沈子之論，乃就天台董氏之意而會通之也。但邵子此圖此詩，亦是希夷之學。其云天根，張平叔所謂"陽生《復》起中宵"，其云月窟，所謂"午時《姤》象一陰朝"，皆言火候也。故圖之六子居中，和合四象，攢簇五行也。《乾》《坤》外包者，安爐立鼎法乾、坤也。固可見《易》之廣大精微，實與《易》義無涉。

文王八卦方位圖

文王八卦方位圖 此圖雖與"帝出乎震"一節相合，然八卦流行之理，不待斯圖而後明。傳自希夷，蓋亦道家者流。觀其以《坎》《離》列上下之位，所以顛倒交姤，取《坎》中之陽，填《離》中之陰也。以《震》《兌》立左右之門，所謂周天運用，左而右，右而左，和合五行也。《巽》在東南，鼓巽風，煽離火也。《坤》在西南，產藥川源也。《乾》在西北，金爲水母。《艮》在東北，鉛以意采也（鉛生坎中，艮土爲意），修養秘密，盡在于是。宜朱子以爲傳自方外之士也。

乾父			坤母		
震長男	坎中男	艮少男	巽長女	離中女	兌少女
得乾初爻	得乾中爻	得乾上爻	得坤初爻	得坤中爻	得坤上爻

文王八卦父母六子圖

文王八卦父母六子圖 《說卦傳》曰："乾，天也，故稱乎父。坤，地也，故稱乎母。震一索而得男，故謂之長男。巽一索而得女，故謂之長女。坎再索而得男，故謂之中男。離再索而得女，故謂之中女。艮三索而得男，故謂之少男。兌三索而得女，故謂之少女。"

《乾》《坤》爲生卦之本，其餘六十二卦，皆六子相交而成。觀卦變圖，用辟卦而除《乾》《坤》，數也而至理存焉。

卦變圖 《本義》原注云："《彖傳》或以卦變爲説，今作此圖以明之，蓋《易》中之一義，非畫卦作《易》之本指也。"

按，卦變之説，漢儒以來皆言之，王輔嗣極詆卦變，然于《賁》卦"柔來文剛"、"剛上文柔"，以爲坤之上六，來居二位，乾之九二，分居上位，是從《泰》變也。程子不言卦變，然于《咸》曰："柔上變剛而成兌，剛下變柔而成艮。"《恒》曰："乾之初上居於四，坤之初下居於初。"《損》曰："下兌之成兌，由六三之變；上艮之成艮，自上九之變。"亦本輔嗣之意，謂諸卦皆從《乾》《坤》變也。然兩體變者可通，一體變者（《訟》《无妄》）即不可通矣。余少讀《折中》，取蘇子瞻、王童溪之説，不信卦變。既讀《説卦》"三索"之文，《震》《坎》《艮》皆自《乾》來，《巽》《離》《兌》皆自《坤》來，乃知八卦有往來，六十四卦豈無往來乎？況《彖傳》有"剛柔往來"之語，乃知卦變之説，不可没也。然如李鼎祚《集解》，六十四卦皆有所來，則與《彖傳》不合。至《剥》曰"與《夬》旁通"，《復》曰"與《姤》旁通"，則亦不能言其所自來矣。近代毛氏奇齡祖其説而推之，一卦有來自三四卦者，更覺汗漫，不若《本義》卦變歌合于經文，爲可從也。若卦變圖，即有重複，今以毛西河聚散之説詳考如下。

凡一陰一陽之卦各六，皆自《復》《姤》而來。

剝 比 豫 謙 師 復

夬 大有 小畜 履 同人 姤

凡二陰二陽之卦各十有五，皆自《臨》《遯》而來。

頤 屯 震 明夷 臨

蒙 坎 解 升

艮 蹇 小過

晉 萃

觀

大過 鼎 巽 訟 遯

革 離 家人 無妄

兌 睽 中孚

需 大畜

大壯

自《觀》自《小過》自《升》，皆推易之至精者。若《解》可自《升》，《升》不可自《解》，聚可來分，分不可來聚也。

《訟》自《遯》來，《无妄》自《訟》而變，《大畜》自《需》來，《睽》①自《離》來，井井不紊，若連作數移，則凡卦皆可易矣。

---

① 睽：諸本皆誤作"暌"，據宋本《周易》改。

凡三陰三陽之卦各二十，皆自《泰》《否》而來。

損　節　歸妹　泰

賁　既濟　豐

噬嗑　隨

益

蠱　井　恆

未濟　困

渙

旅　咸

漸

否

咸　旅　漸　否

困　未濟　渙

井　蠱

恆

隨　噬嗑　益

既濟　賁

豐

損
節
歸妹
泰

《泰》爲變母，不可又有所自。《噬嗑》自《損》，《賁》自《益》，皆推易之至精者。

三易曰易，易理有之，但不可雜。《否》自《漸》來，則雜矣。

《蠱》《井》《恒》《豐》《既濟》《賁》《歸妹》《節》《損》九卦，自當屬《泰》，若屬《否》，則離位矣。《噬嗑》《隨》《益》《渙》《困》《未濟》《漸》《旅》《咸》九卦，自當屬《否》，若屬《泰》，則脫胚胎矣。

凡四陰四陽之卦各十有五，皆自《大壯》《觀》而來。

大壯
需
大畜
兌
睽
中孚
革
離
家人
无妄
大過
鼎
巽
訟

☷ 遯

☷ 萃　☷ 晉　☷ 觀

☷ 蹇　☷ 艮

☷ 小過

☷ 坎　☷ 蒙

☷ 解

☷ 升

☷ 屯　☷ 頤

☷ 震

☷ 明夷

☷ 臨

凡五陰五陽之卦各六，皆自《夬》《剥》而來。

☷ 大有　☷ 夬

☷ 小畜

☷ 履

☷ 同人

☰ 姤
☷ 剝
☷ 比
☷ 豫
☷ 謙
☷ 師
☷ 復

一陰一陽即五陰五陽，二陰二陽即四陰四陽，猶是此卦，兩處分屬，將何適從？

毛氏以聚散爲推易。李恕谷曰："朱子卦變圖，《復》《剝》《臨》《觀》等互相往來，《仲氏易》謂其雜亂也。宗朱升十辟卦變圖，以《剝》《復》等十辟卦爲聚卦，祗可易爲他卦，不受他卦易，謂十卦《象傳》內并無剛柔往來諸辭可証。然《復》卦明曰'七日來復'、'剛反'，何嘗無剛柔往來辭耶？"則聚卦與易、分卦受易之説，不必泥矣。

卷二

論《本義》

《周易》上經　《本義》曰："以其簡袠重大，故分爲上、下兩篇。"按，《正義》云："陽道純而奇，故上篇三十，所以象陽也；陰道不純而偶，故下篇三十四，所以象陰也。"程子《上下篇義》亦謂陽盛者居上，陰盛者居下。今讀《序卦》，上篇之首曰："有天地然後萬物生焉。"下篇之首曰："有天地然後有萬物。"上、下篇另爲起語，不與他卦并叙，信乎其有義存焉，非漫然而分之也。

《本義》曰："近世晁氏始正其失，而未能盡合古文。吕氏又更定，著爲經二卷、傳十卷，乃復孔氏之舊。"按，宋儒税巽父云："吕汲公，元豐壬戌，昉刻《周易古經》十二篇於成都學官。景迂晁生，建中靖國辛巳，并爲八篇，號《古周易》，繕寫而藏於家。"朱子謂未盡合古文者，《漢志》稱十二卷，晁止八篇，故從吕成公定本，但言成公而不及汲公，想亦未見蜀本也。

初九　《本義》曰："陽數九爲老，七爲少。老變而少不變，故謂陽爻爲九。"按，《正義》云稱九、稱六，其説有二：一者，乾體有三畫，坤體有六畫，陽得兼陰，故其數九，陰不得兼陽，故其數六；二者，老陰、老陽皆變，《周易》以變者爲占，故稱九、稱六。朱子以象占爲主，是以舍前説而從後説。

九二 《本義》曰："若有見龍之德，則爲利見九五在上之大人。"按，《正義》云："褚氏、張氏、鄭康成皆以爲九二利見九五之大人。"是漢儒已有此説。

用九 《本義》："《春秋傳》曰：《乾》之《坤》，曰'見群龍无首吉'，蓋即純《坤》卦辭'牝馬之貞，先迷後得，東北喪朋'之意。"按，昭二十九年《傳》："秋，龍見於絳郊，魏獻子問於蔡墨曰：'《周易》有之，在《乾》之《姤》，曰潛龍勿用，其《同人》，曰見龍在田，其《大有》，曰飛龍在天，其《夬》，曰亢龍有悔，其《坤》，曰見群龍无首吉。'"《正義》謂《傳》例雖不用筮，但指此卦某爻之義者，即云此卦之某卦。今讀宣十二年《傳》，知莊子曰，"在《師》之《臨》"，第占"師出以律"之辭；襄二十八年《傳》，子太叔曰，"在《復》之《頤》"，第占"迷復凶"之辭；則蔡墨所稱，止當論"群龍无首"，不及於"牝馬之貞"也。《焦氏易林》，"《乾》之《姤》"、"《乾》之《同人》"亦如此。

《彖傳》 《正義》亦以天之元亨利貞、聖人之元亨利貞分言，但不如《本義》之明晰。

君子行此四德者 《本義》："傳者欲以明此章之爲古語。"按，《十翼》皆孔子所定，不聞復有傳者。穆姜之言，蓋古有是語，而孔子述之耳。

　　四德，《正義》以爲仁、禮、義、信，《本義》以爲仁、禮、義、智，以信主土，土王四季，不可與四德并列。

九四重剛而不中　《本義》：“九四非重剛，‘重’字疑衍。”按，李鼎祚謂三居下卦之上，四居上卦之下，俱非得中，故曰“重剛而不中”。吳草廬曰：“九三居下乾之終，接上乾之始，九四居上乾之始，接下乾之終，當重乾上下之際，故皆曰‘重剛’。”然則“重”字非衍文也。

先迷後得主利　《本義》：“先迷後得而主於利。”此《正義》之説也。《折中》曰：“後得主，當以孔子《文言》爲據。蓋坤者地道、臣道，而乾其主也。居先則無主，故迷；居後則得其所主矣。”“利”字應屬下兩句讀，言在西南則利於得朋，在東北則利於喪朋也。

初象　《本義》：“按《魏志》作‘初六履霜’，今當從之。”此《文帝紀》注太史丞許芝之言。按《後漢·魯恭傳》引此云：“履霜堅冰，陰始凝也。馴致其道，至堅冰也。”與今《易》相合。然則《魏志》所引，乃從省文，非《易》之本文也。

先迷後得　《本義》：“陽得兼陰，陰不得兼陽。”按，此乃《正義》初九《疏》語，其理甚精，故朱子引之。

後得主而有常　《本義》：“‘主’下當有‘利’字。”余氏苞舒曰：“程子以‘主利’爲一句，朱子因之，故以《文言》‘後得主’爲闕文。然《象傳》‘後順得常’與‘後得主而有常’意正一律，似非闕文也。”

蓋言順也 《本義》："古字'順'、'慎'通用，按此當作'慎'。"今讀《蒙》三之《象》"行不順也"，《升·大象》"君子以順德，積小以高大"，《本義》皆謂"順"當作"慎"，但《易》之言"順"多矣，《蒙》五曰"順以巽也"，上九曰"上下順也"，《升》四曰"王用享于岐山，順事也"，《渙》初曰"初六之吉，順也"。如此之類，不可勝述。又皆不作"慎"解，則此三處，亦可不必改字。蓋順者，順其勢之所至也。

大亨貞 《本義》曰："自此以下，釋元亨利貞，乃用文王本意。"按，《語類》"元亨利貞"："至孔子方作四德說，後人不知，將謂文王作《易》，便作四德說，即非也。如《屯》卦所謂'元亨利貞'者，其占為大亨而利於正，初非謂四德也，是用文王本意釋之也。"

女子貞不字 《程傳》謂字育之"字"，《本義》以"字"為許嫁，本之耿氏。

行不順也 《本義》曰："'順'當作'慎'。"按，熊氏良輔云："《蒙·小象》凡三'順'字，只是一意，不必以'不順'為'不慎'。"

雖不當位 《本義》曰："以陰居上，是為當位。言不當位，未詳。"按，《易》例所謂當位、不當位者，皆就爻位以德與時之當、不當，非謂陰陽之位也。此爻陰居險極，與《困》上同，故皆曰"不當"。

剛來而得中 《本義》曰："卦變圖自《遯》而來。"按，卦變圖二陰之卦，皆自《遯》來，蓋六往居三，九來居二也。然《本義》與圖合者，惟此一卦而已，餘皆不合。

或從王事，无成 《本義》曰："或出而從上之事，則亦必無成功。"按，《程傳》謂"從上而成不在己"，與"地道無成而代有終"同。諸儒皆用此説，輔嗣亦然。

否臧 《本義》曰："'否'字先儒多作'不'。"按，《堯典》"否德"，孔安國曰："否，不也。"

師或輿尸 《本義》以"輿尸"爲殘敗，本之輔嗣。《程傳》云："輿尸，衆主也。蓋指三也。"蔣氏悌生曰："訓作衆主，則與'長子帥師'爲反對，其義尤切。"

原筮 輔嗣、伊川皆以"原"爲推原之"原"，《本義》以"原"爲再。按，《禮》曰"末有原"，《左傳》"原田"，《漢書》"原廟"，《本草》"原蠶"，皆作"再"解。

比吉也 《本義》曰："此三字疑衍文。"《語類》曰："'也'字羨，當云'比吉'，比，輔也。郭京、王昭素皆謂'也'字誤增。"按，《正義》云："比吉也者，言相親比而得吉也。'比，輔也'者，釋'比'所以得吉。"其理甚長，然則謂衍文、字羨、誤增者，皆不可信。

比之匪人 《本義》謂承、乘、應皆陰。《語類》謂初應四爲比得其人，二應五亦爲比得其人，惟三乃應上爲"比之无首"者，故爲"比之匪人"。是專以應言也。《程傳》本輔嗣之説，謂三所比四，陰柔而不中，二有應而比初，皆不中正，匪人也。蓋以卦名《比》，故不取應爻，而以二、四比爻言之，但二爻比之自内。輔嗣曰："二應在五。"《程傳》曰："二與五爲正應。"是又以應言也。二既可以應言，則三亦可以應言矣。

邑人不誡 《折中》曰："《本義》謂'不相警備以求，必得'，似以爲求所失之前禽也。"《語類》只作"有聞無聲"之意，尤爲精切。蓋言王者田獵，而近郊之處，略不驚擾耳。《本義》係朱子未修改之書，故其後來講論，每有不同者，皆此類也。

尚往也 《本義》曰："言畜之未極，其氣猶上進也。"《榕村語錄》曰："雲者陰氣。雲而密，是陰先唱也。若陽入而散之，則氣降而成雨矣。不雨者，以其氣猶尚往也。"余按此説，亦未明晰。安定胡氏謂："陽氣上升，陰氣不能固蔽，則不雨，猶若釜甑之氣，以物覆之，則蒸而爲水。"近日宗室德濟齋謂地中蒸濕之氣，升至空際冷域，爲寒氣所迫，則降而爲雨。如人冬月行路，口中熱氣爲寒氣所迫，則凍而爲冰。二説深得陰陽雨澤之理。由此言之，《本義》所謂其氣上進者，乃蒸濕之氣上升，無寒氣以迫之，故升而不降也。乾爲寒爲冰，則寒者天氣、陽氣也。兑澤在東南濕熱之方爲暑，則蒸濕者澤氣、陰氣也。又與《小畜》互兑象合，兑爲暑，乃吴草廬《繫辭上傳》之説。

復自道 《本義》曰："進復自道。"《程傳》曰："進復於上，乃其道也。"蓋沿輔嗣舊説。輔嗣謂"《小畜》者，四畜三也，餘爻不在所畜之列，故以初、二爲上進"。今按，《彖》曰"柔得位而上下應之"，則初、二亦爲所畜矣，況復者反也，從來無有以復爲上進者，故諸儒訓此爻，皆不從《傳》義。

履虎尾 《本義》曰："以兌遇乾，和説以躡剛强之後，有履虎尾而不見傷之象。"是以乾爲虎也。輔嗣以二爲虎，三爲履，四何以又稱履虎尾？其説抵捂難通。來知德以兌爲虎。按，八卦之中，惟兌至弱，惟乾至强，則與《象傳》"柔履剛"之義不合。毛西河以一柔履二、四兩剛爲虎，謂在上者爲我所躡，在下者爲我所踐，踐與躡皆履也。然按之經文，止有三、四兩爻稱"履虎尾"，二爲"履道坦坦"，何得亦謂之虎？合稽衆説，益知《本義》之不可易也。《易》例上爲首，下爲尾，《既》《未濟》可見。此卦以乾爲虎，四爲尾，三躡其後，四踐其際，故二爻獨稱"履虎尾"，而與他爻無涉。況兌爲柔，乾爲剛，諸儒更無異説，以兌履乾，考之《象傳》而適合也。

武人爲于大君 《本義》比之秦政、項籍，爲肆暴之象。伊川、輔嗣皆同此説，惟王秋山以爲勇猛直前，武人用之以有爲于大君之事則可。《折中》曰："王氏之説得之。"蓋三非大君之位，且"爲于"兩字語氣亦不順也。

泰 《本義》曰："正月之卦也。"按十二月之卦，謂之辟卦。辟者，主也。京房卦氣，揚雄《太玄》，《參同契》進陽火退陰符，皆用之。唐一行曰："十二月卦出于《孟氏章句》。"蓋術數之流，無與《易》義。

　《本義》曰："又自《歸妹》來。"按卦變圖，三陽之卦皆自《泰》來。自《歸妹》來，與圖不合。

以其彙 《本義》曰："郭璞《洞林》讀至'彙'字絕句。"按，《正義》云："'以其彙'者，彙，類也。"則輔嗣以來，已讀至"彙"字絕句矣。郭璞在輔嗣之後。

翩翩 《折中》曰："《傳》義皆以此爻爲小人復來，然以《象傳》'上下交而其志同'觀之，則四、五正當君相之位，下交之主，兩爻《象傳》所謂'中心願也'，中以行願也，則正所謂'志同'者也。"

帝乙歸妹 《本義》曰："帝乙歸妹之時，亦嘗占得此爻。"考之經傳，既無所據。而《歸妹》五爻亦有"帝乙歸妹"之文，豈得此，又得彼乎？大抵爻詞之引古人多矣。"王用享于岐山"，"箕子之明夷"，不必皆占得此爻也。《本義》不言帝乙何人，《程傳》以史謂湯爲天乙，亦稱帝乙，蓋本之京房。按，王伯厚曰："帝乙歸妹，《子夏傳》謂湯之歸妹也。京房載湯嫁女之辭曰：'無以天子之尊而乘諸侯，無以天子之富而驕諸侯。陰之從陽，女之順夫，本天地之義也。往事爾夫，必以禮義。'荀爽對策引'帝乙歸妹'，言湯以娶禮歸其妹于諸侯。"皆以帝乙爲天乙也。然按之《哀九年傳》，則帝乙爲紂父，云湯者誤。詳見《泰》卦。

否之匪人 《本義》曰："又自《漸》卦而來。"按卦變圖，三陰之卦皆自《否》來，與圖不合。

拔茅茹 《本義》曰："小人連類而進之象。"按，《易》爲君子謀，不爲小人謀，亦未有小人之道而許以吉亨之理。輔嗣曰："貞而不諂。"《程傳》從之而曰"固守其節"，是也。

有命无咎 《本義》曰："命謂天命。"《程傳》曰："必出于君命。"項平庵曰："命者天之所令，君之所造也。道之廢興，豈非天耶？世之治亂，豈非君耶？"合而言之，乃見精密。

同人曰 《本義》曰"衍文"，《程傳》曰"此三字羨文"。按，《正義》云："稱同人曰，猶言同人卦曰。"

公用亨于天子 《本義》曰："亨，《春秋傳》作'享'，謂朝獻也。上有六五之君，虛中下賢，故爲享于天子之象。"是以"亨"爲燕饗也。按，《僖二十五年傳》："戰克而王饗，吉孰大焉。"此斷占之辭，非卦義也。卦義蓋謂不私所有，用以享獻於上，乃與初之"無交害"、四之"匪其彭"同意。輔嗣曰："公用斯位，乃得通乎天子之道。"《程傳》曰："有其富盛，必用亨通乎天子。"深合卦義。

　　《隨》之"王用亨于西山"，《升》之"王用亨于岐山"，《本義》皆以"亨"爲通，則此爻不應異解。

匪其彭 《本義》曰："'彭'字音義未詳。"《程傳》曰："盛貌。《詩·載馳》云：'汶水湯湯，行人彭彭。'行人盛多之狀。《雅·大明》云：'駟騵彭彭。'言武王戎馬之盛也。"按，《韻會》云："彭，多也。"則《程傳》爲是。

易而無備也 《本義》曰："太柔則人將易之，而无畏備之心。"《程傳》同。《折中》曰："如此則疑于上下相防矣。"按，《正義》云："己不私于物，惟行簡易，無所防備，物自畏之，故云'易而無備'。"

上九 《傳》《義》皆以上九下從六五，爲履信思順而尚賢，本於輔嗣。按，鄭氏思諧曰：「履信思順又以尚賢，蓋言五也。五'厥孚交如'，履信也。居尊用柔，思順也。上九在上，尚賢也。」《折中》曰：「《易》中以上九終五爻之義者甚多。」鄭氏之説，與卦意爻義合。

无不利撝謙 《本義》曰：「上而能下，其占无不利矣。」是以「无不利」爲一句，「撝謙」爲一句。《程傳》曰：「動作施爲，无所不利於撝謙。」是總作一句。《折中》曰：「觀夫子《象傳》，則程説近是。」《本義》蓋本之輔嗣。

征邑國 《本義》曰：「以其質柔无位，故可以征己之邑國而已。」是謂力不及遠也。《程傳》曰：「謂自治其私。」是言力有餘而不暇及也。按，楊龜山云：「君子行有不得，則反求諸己。」當以程説爲是。

朋盍簪 輔嗣以「簪」爲疾也。王伯厚曰：「侯果始有冠簪之訓。」《程傳》云：「簪，聚也。」本之侯果。《本義》云：「簪，聚也。又速也。」蓋兩取之。

貞疾 《本義》曰：「乘九四之剛，衆不附而處勢危。」是以五爲見逼于强臣。夫强臣見逼，未有不敗亡者，與「恒不死」之義未協。按，王童溪云：「六五之得九四，得法家拂士也。故雖當豫之時，不得以縱其所樂。惟不得以縱其所樂，則'恒不死'宜也。」《本義》雖本《程傳》、輔嗣之舊，然不若王氏之善。

隨 《本義》曰：「自《困》卦九來居初，又自《噬嗑》九來居五，自《未濟》來者兼此二變。"按圖，《噬嗑》自《隨》來，《困》與《未濟》，距《隨》甚遠，不相合也。

天下隨時　《本義》曰："王肅本'時'作'之'，今當從之。"按，《程傳》曰："不能亨，不得正，則非可隨之道，豈能使天下隨之乎？天下所隨者時也，故云'隨時'。"

隨時之義大矣哉　《本義》曰："王肅本'時'字在'之'字下，今當從之。"按，《程傳》曰："君子之道，隨時而動，從宜適變，不可爲典要。非造道之深、知幾能權者，不可與于此也。故贊之曰：'隨時之義大矣哉！'與《豫》等諸卦不同。諸卦時與義是兩事。"

蠱　《本義》曰："卦變自《賁》來者，初上二下；自《井》來者，五上上下；自《既濟》來者，兼之。"按圖，《蠱》自《井》，《賁》《既濟》相距甚遠，不能合也。

先甲後甲　鄭康成以爲，甲前三日，取改過自新，故用辛也；甲後三日，取丁寧之義，故用丁也。《本義》曰："先甲三日，辛也。後甲三日，丁也。"蓋本於此。

幹母之蠱　《本義》曰："九二剛中，上應六五[①]，子幹母蠱而得中之象。"是以五爲母也。《程傳》以及後儒，皆同此説。但五曰"幹父之蠱"，是五又爲子也。忽而爲母，忽而爲子，聖人立言，不應顛倒若

---

① 六五：諸本皆誤作"五六"，據《周易本義》改。

此。按，輔嗣曰："居於内中，宜幹母事，故曰'幹母之蠱'。"是以二爲母，九爲幹也。其義甚善。

臨 《本義》曰："八月，謂自《復》卦一陽之月，至《遯》卦二陰之月。"此《正義》何氏"從建子陽生至建未爲八月"之說也。又曰："八月，謂夏正八月，于卦爲《觀》。"此褚氏"自建寅至建酉爲八月"之說也。《程傳》從何氏。輔嗣則以建丑至《否》卦建申爲八月。

未順命也 《本義》曰："未詳。"李厚庵曰："《臨》之長大，天之命也。君子但知大亨以正之爲天道，不知浸長之爲天命也。順乎道，則有無窮無疆之業。順乎命，而消不久矣。是故君子未順命也。"

觀 《本義》曰："觀者，有以中正示人而爲人所仰也。"《榕村語録》曰："因承修《周易折中》，請得内府宋版《本義》，《觀》卦辭下注云：觀者，有以示人而爲人所仰也。坊版於'示人'上皆增入'中正'二字，如何可通？"余嘗以爲疑，今看此，可見坊版誤人不淺。

盥而不薦 《本義》曰："盥，將祭而潔手也。薦，奉酒食以祭也。"《程傳》曰："盥手酌鬱鬯於地，求神之時。薦，謂獻腥獻熟之時也。"朱子《或問》云："盥只是濯手，不是灌鬯。"伊川承先儒之誤，蓋本之輔嗣。又云："薦是用事了，盥是未用事之初。"

有孚顒若 問："'有孚顒若'，承上文'盥而不薦'，蓋致其潔清而不輕自用，則信在中而顒然可仰；一説下之人信而仰之。二説孰長？"曰："從後説，則合得《彖辭》'下觀而化'之義。"問："前説似好。"曰："當以《彖辭》爲定。"按，後説本之輔嗣，實不若前説之善。林次崖曰："'盥而不薦'，就祭祀上説，則'有孚顒若'，亦是就祭祀上説。爲觀之意則在言表。"

觀我生進退　《本義》曰："我生，我之所行也。"《程傳》曰："我之所生，謂動作施爲出於己者。"《正義》曰："我生，我身所動出。"此《程傳》所由本，然不如《本義》。蓋我生，我之平生，謂德行也。

觀其生　《本義》謂"不當事任而亦爲下所觀"，"但以我爲其小有主賓之異"。伊川、輔嗣皆同此説。《折中》謂承九五之意而終言之，九五正當君位，故曰"我生"，上非君位，但以君道論之，故曰"其"。

噬嗑　《本義》曰："本自《益》卦，六四之柔，上行以至於五而得其中。"按圖，《噬嗑》自《益》來，《益》又自《噬嗑》來。

雷電噬嗑　《本義》曰："'雷電'當作'電雷'。"《程傳》曰："象无倒置者，疑此文互也。"按，《泰》卦地在天上，而《象》曰"天地交"，則"電雷"亦可作"雷電"也。

噬膚　《本義》曰："祭有膚鼎，蓋肉之柔脆。"按，輔嗣以膚爲柔脆之物，未經指實。《程傳》以"膚"爲肌膚。然天下豈有噬人之肌膚者？不若《本義》之善。但《本義》以"滅鼻"爲"傷滅其鼻"，世豈有食肉而傷鼻者？則《程傳》以"滅"爲"深入而没其鼻者"是矣。

得金矢 《本義》曰："《周禮》入鈞①金束矢後聽之。"按，人情有所不得已而爲訟，藉此索金，乃王莽貪婪之政，豈聖王哀矜惻怛之意哉？《程傳》曰："金取剛，矢取直。"義本輔嗣，平易可從。

得黃金 《本義》曰："'金'亦謂鈞②金。"不若《程傳》"黃，中色。金，剛物"，本之輔嗣。

賁 《本義》曰："卦自《損》來，自《既濟》來。"按，圖相合。輔嗣不信卦變，然此注云："坤之上六來居二位，乾之九二分居上位。"是又以此卦自《泰》來也。

天文也 《本義》曰："先儒説'天文'上當有'剛柔交錯'四字。"按，輔嗣曰："剛柔交錯而成文焉，天之文也。"

六四 《折中》曰："《程傳》沿《注》《疏》之説，《本義》又沿《程傳》之説，皆以爲初四相賁而爲三所隔，故未得其賁而皤然也。然《朱子語類》以'无飾'言之，則亦自改其説矣。"

未有與也 《本義》曰："言未大盛。"《程傳》意同。按，龔幼文曰："六二陰柔中正，使上有陽剛之與，則必應之助之而不爲剥矣。唯其无與，所以雜于群陰之中而爲剥。"

剥之无咎 《本義》曰："去其党從正，无咎之道也。"是以"剥之"

---

① 鈞：諸本皆誤爲"鉤"，據《周易本義》改。
② 鈞：諸本皆誤作"鉤"，據《周易本義》改。

爲句，"无咎"爲句。《程傳》曰："在剝之時爲无咎。"是以"剝之无咎"爲句。然《傳》本輔嗣。

復 《本義》曰："《剝》盡則爲純《坤》十月之卦，而陽氣已生于下矣。積之逾月，然後一陽之體始成而來復。"按，饒雙峰曰："十月雖當純《坤》之卦，而其時介乎《剝》《復》二卦之間。以言乎前半月，則有《剝》而未盡之陽小雪以前；以言乎後半月，則有《復》而方生之陽小雪以後。《剝》之陽方盡于上，而《復》之陽已生于下矣。是烏得爲無陽乎？知十月之非无陽，則四月之非无陰亦可知矣。此陰陽消息之理，至精至微，《程傳》始發之。然所言者，其理耳，而未有以驗其氣數之必然也。朱子又從而推明之曰：是當以一爻分三十分，陰陽日進退一分。《剝》之陽剝于九月之霜降，而盡于十月之小雪。《復》之陽則生于小雪，而成于十一月之冬至。《夬》之陰決于三月之穀雨，而盡于四月之小滿。《姤》之陰則生于小滿，而成于五月之夏至。於是理與數合，然後知陰陽絕續之際，果無一息之間斷，而程子之言爲益信矣。"

七日來復 《本義》曰："五月《姤》卦，一陰始生，至此七爻而一陽來復。"與《程傳》同。按，此乃《注疏》褚氏、莊氏之說，輔嗣則用六日七分。詳後卷卦氣條。

无妄 《本義》曰："《史記》作'无望'。"按，《史記》朱英曰："代有无望之福，又有无望之禍。"《漢書・谷永傳》亦作"無望"。應劭曰："天必先雲而後雷，雷而後雨。今無雲而雷，无望者无所望也。"馮厚齋曰："自文王以來，多爲无望之義。馬季長、鄭康成、王子雍皆同斯義。古人用字，同聲者義亦通之，如《豫》之爲預、《履》之爲禮、《噬嗑》之爲市合，不一而足。今觀卦內无所期望而得，其義多通。《序卦》之意，非可如此推也。蓋動出于人，則爲之而期其成，有所望也。動而聽命于天，非可期望也。"又曰："爲卦自《訟》而變。"按圖，《无妄》與《訟》相隔三位，非自《訟》來也。

不耕穫　《程傳》"不首造其事"，即《注疏》"不敢發首而耕"之意，然義實難通。己不首耕，誰當先之？不若《本義》"无私意期望之心"，即仁者之先難後獲也。

何天之衢　《本義》："言何其通達之甚"，《程傳》："'天之衢亨'，誤加'何'字。"吳草廬以"何"作"荷"，猶《詩》言"何天之休"、"何天之龍"，言其遇時之通也。

頤　胡雲峰曰："盤澗董氏嘗問朱子曰：《本義》謂'觀頤'，觀其所養之道；'自求口實'，觀其所以養身之術。與《程傳》以'觀頤'爲所以養人之道、'自求口實'爲所以自養之道如何？朱子沉吟良久曰：'《程傳》似勝。'蓋下體三爻，皆是自養；上體三爻，皆是養人。"先人而後己者，君子"觀頤"之象。自上而下，於上體則觀其所以養人者，於下體則求其所以自養者，要在皆得正則吉爾。

靈龜　輔嗣謂神靈明鑒之龜兆，不合卦義。故朱子從《程傳》，以爲不食之物。

六二　《本義》曰："求養于上，則往而得凶。"是以"征凶"專承下句。於《象傳》曰："初、上皆非其類。"仍然總承兩義。

六三 《本義》曰："既拂于頤，雖正亦凶。"是以"拂頤"爲句。《程傳》"違拂于頤之正道"①，是以"拂頤貞"爲句，正與卦辭"頤貞"相反，故後儒多從之，然實本輔嗣。

剛過而中 程、朱謂四陽居中過盛，以全卦言也。輔嗣云无私意期望之心即仁者之先難後獲也。

枯楊生稊② 《本義》"稊，根也"，本之《程傳》。康成作"荑"字，與"稊"同。輔嗣以爲"楊之秀"，則與五爻"生華"相複。

過涉滅頂 程謂"履險蹈禍"之小人。朱謂"殺身成仁"之君子，與輔嗣"志在救時"之説同。

習坎 《榕村語錄》曰："'坎'上加一'習'字。輔嗣云'更習'③也，最妙。程、朱不用，而以'重坎'爲'習坎'，那一卦不是重，何獨《坎》卦？孔子所云重險，乃是解'習'字之意，一重險過又一重險，非更習而何？不可以'重'字訓'習'字也。"

樽酒簋貳 《本義》從晁氏之説。按，姜氏寶曰："觀孔子《小象》，以'樽酒簋貳'爲句，則晁氏以'貳用缶'爲句者非矣。"

---

① 諸本皆作"違拂于頤之正道"，《周易程氏傳》作"拂違于頤之正道"。
② 諸本此條"稊"字均誤作"梯"，據《周易本義》及《周易程氏傳》改。
③ 王弼注原文作"便習"，《榕村語錄》誤，劉紹攽從之。

履錯然　輔嗣謂"敬慎之貌"①，則與下文"敬之"爲複。《程傳》謂"交錯"，蓋處應物之初也。

九四　《折中》曰："繼明者，所謂有緝熙于光明，其明不息也，與繼世之義，全無交涉，因先儒有以'明兩'爲繼世者，故《程傳》用說九四爻義，與經意似遠。"

咸　《本義》："《咸》自《旅》來。"按圖相合。

執其隨　《本義》："隨下二爻。"《程傳》："隨上然。"隨之爲道，取于雁行相從。觀《隨》卦初剛隨二柔，五剛隨上柔可見，故《折中》謂以三隨四，四者心位，心動則形隨之。

志末也　《程傳》云"淺末"，本于輔嗣。《本義》"謂不能感物"，即"淺末"之說也。按，《易》例初爲本，上爲末，李鼎祚謂"五志感于上者"是。

恒　《本義》："《恒》自《豐》來。"按圖，相距甚遠。

不恒其德　《本義》："過剛不中。"按，《易》最重者中德，故程子曰："中重于正，中則正矣，正不必中也。"邱建安曰："《恒》卦六爻無上下相應之義，惟以二體而取中焉。中則能恒，不中則不恒矣。"

---

① 諸本皆作"敬慎"，王弼注作"警慎"。

小利貞 《本義》以小爲小人，《易》无此例，不若《程傳》"不可大貞而尚利小貞"，即《正義》"危行言孫"之説。

不惡而嚴 《本義》讀如"善惡"之"惡"。張子讀如"憎惡"之"惡"。

六二 《本義》："必遯之志。"《程傳》："與五相應，固結而不可解。"《正義》："羈縻善類而不使去。"其説有三。

繫遯 《本義》："下比二陰。"沈艮思曰："一爻只比一爻，不若《程傳》'三與二切比'之善。"

好遯 《本義》讀"好惡"之"好"，去聲。《折中》讀"美好"之"好"，上聲。

小人否 《本義》以"否"爲不，深合卦義。輔嗣音"臧否"之"否"，《折中》謂《否》《泰》之"否"，均屬支離。

君子用罔 《本義》"視有如无"，即《程傳》"蔑視于事，而无所忌憚"之意，豈君子之道哉？胡翼之謂"罔而不用其壯"，深合《小象》。

六五 《本義》"卦體似《兑》，有羊象"。按，《語類》云："《中孚》是箇雙夾的《離》，《小過》是箇雙夾的《坎》。"此云似《兑》，以雙夾言也。來知德通謂之"大象"。

晉 《本義》："自《觀》而來。"按圖相合。

六二 或問："王母指六二，以爲享先妣之吉占，何也？"朱子曰："恐是如此。"蓋《周禮》有享先妣之禮。

未受命也 《本義》："未有官守之命。"與《傳》同。輔嗣、《折中》謂與《臨》二同。當其臨也，至誠感物，如忘其勢。當其進也，守道優游，若將終身。故一則曰"未順"，一則曰"未受"。

用拯馬壯 《折中》：與《豐》二同，皆以救昏爲義。然卦義"艱貞"，惟三以剛應上，有除害之象，餘四爻皆以避害爲義。《程傳》自免有道，即《正義》"徐徐用馬以自拯濟"之説。

入于左腹 《程傳》："奸邪見信于其君。"《朱子語類》云："下三爻皆説《明夷》是好底，何獨此爻却作不好説？"故《本義》用輔嗣"隨時避難"之説，而以爲"得意遠去"。

睽 《本義》："自《離》《中孚》《家人》而來。"按圖相合。

蹇 《本義》："自《小過》來。"按圖相合。

往蹇來連 程、朱"連三"，荀爽"承五"，然連三實以承五也。

解 《本義》："自《升》來。"按圖相合。

負且乘 輔嗣"乘二負四"，與《大傳》不合，當從《程傳》"小人宜負荷而乘車爲非據"。

已事遄往　《本義》："輟所爲之事，而速往以益之。"《程傳》："事既已，則速去之，不居其功。"《正義》："竟事速往，乃得无咎。"三說不同。以爻義求之，二尚"利貞，征凶"，初豈遽舍己從人？《正義》爲優。

六五　《本義》："或以此益之而不能辭。"是以"或益之十"字爲句。輔嗣"或益之"爲句，"十朋之龜弗克違"爲句，後儒多從之。

十朋之龜　《漢·食貨志》："五貝爲朋。"乃古法也。其云"二貝爲一朋"，乃新莽所定。《本義》："兩龜爲朋。"當是援此而誤"貝"字爲"龜"字。

勿問之矣　《本義》："不問而元吉可知。"以爲決之之詞。程、王并同。呂東萊謂："誠心惠民，不須問民之感。"深合《象傳》。

孚號　《程傳》："命衆之辭。"即《正義》"號令"之說也。二曰"惕號"，上曰"无號"，則《本義》作"呼號"爲是。

居德則忌　輔嗣"'居德'明禁"之說，於理未洽。程子從之。朱子以爲未詳。張中溪、李隆山、項平庵、胡雲峰皆以"居"爲積，積而不散，則在所忌，又與"施祿及下"之義相複，故《折中》用《呂刑》"敬忌"之說。

九二　《本義》"惕號"爲句。按，《小象》"有戎勿恤"，則"惕號莫夜"爲句。

九四 《本義》"居則不安，行則不進"，用《正義》語。

莧陸 《傳》《義》皆爲一物，本之輔嗣。《語類》云："是兩物。莧者，馬齒莧。陸者，草陸，一名商陸。"乃董遇之説。

无號 《傳》《義》皆謂小人窮極，无所呼號。東坡云："无號者，不警也。"即《象傳》"孚號"之反。

姤之時義大矣哉 吳敬齋曰："《程傳》重'遇'字，尚以遇之善者言。《本義》重'制'字，尚以遇之不善者言。"竊意此語總承上文兩端而言。

金柅 柅，所以止車。朱子本輔嗣，輔嗣本馬融。程子亦用之。王肅則以爲織績之器。

柔道牽也 《程傳》"不促其行"，是以"牽"爲進。《折中》曰："凡言牽者，自《小畜》至此，皆當爲牽制之義。"

包有魚 《本義》"制之在己"，然必有包容之量，而後可以制之。輔嗣以"包"爲庖厨之"庖"，甚无義理。

萃亨 《本義》："'亨'字衍文。"項平庵曰："卦名下元无'亨'字，獨王肅本有，王弼遂用其説。孔子《彖辭》，初不及此字。"

有孚不終 《本義》："隔於二陰。"《程傳》："三陰聚處。"輔嗣："應在四而三承之。"錢爾卓曰："《比》初'有孚'，一於五也。《萃》初與四正應，然有二陽焉，不終于四也。"

禴 《傳》《義》謂"祭之簡簿者"。輔嗣云："殷春祭名。"按，《周禮·大宗伯》："以禴夏享先王。"非春也。

往无咎 《傳》《義》從輔嗣"往從上六"之說，然萃者萃于陽也，當近而從四。

升 《本義》："自《解》來。"按圖相合。

順德 朱子以"順"爲"慎"。《程傳》："君子觀《升》之象，以順修其德，積累微小，以至高大也。"諸儒從之。

上合志也 《程傳》："上謂①九二。"呂與叔謂上三陰。

升階 《本義》："升之易者。"李元量曰："升而有序，故以階言之。"蓋君子之進以禮者也。

困六三 《本義》："三宮六妻。"朱可亭曰："三陽位，非六之所能安也。"《程傳》以妻爲所安之主，明三位爲妻，六爲夫也。《本義》未當。

井收 朱子從晁氏"盧鹿收繘"之說。《正義》曰："凡物可收成者，

---

① 謂：諸本皆誤作"爲"，據《周易程氏傳》改。

則謂之收，如五穀之有收也。"

小人革面 《傳》《義》皆謂但革其面。《折中》謂并革其心。按，堯有四凶，舜有三苗，則革心未易言也。

鼎元吉亨 《本義》："'吉'，衍文也。"按，《象傳》无"吉"字，誠衍文。

得妾以其子 《本義》"得妾而因得其子"，輔嗣説也。《程傳》："子，主也。以其子，致其主於无咎也。"是以子爲内子，以爲左右之也。其義甚長。

我仇有疾 《本義》以仇爲初，伊川、輔嗣謂五。《折中》："不必定指一爻。"

其形渥 《本義》從晁氏爲"刑剭"。諸儒皆從舊説，爲沾濡之貌。

不喪匕鬯 《本義》曰："程子以爲'遹也'下脱'不喪匕鬯'四字。"按，王伯厚云："范諤昌《證墜簡》：《震·彖辭》脱'不喪匕鬯'四字。程子取之。"

出可以守宗廟社稷 《本義》："出，謂繼世主祭。"蓋即"帝出乎震"之"出"。《正義》謂出則撫軍，非也。

六二 《本義》："億字未詳。"《程傳》："度也。""九陵"、"七日"

之象，《本義》未詳。按，互艮爲陵，九陵，極言其高耳。七爲少陽之數，此爻與《既濟》二爻皆爲陰爻，陰極變陽則爲七，故其象同，其辭亦同。程子謂卦位有六，七乃更始。蓋即極而必變之意也。

艮其止 《本義》：" 晁氏云：'艮其止'，當依卦辭作'背'。"按，輔嗣曰："易'背'爲'止'，以明背即止也。"

以中正也 《本義》："'正'字羨文，叶韻可見。" 細讀良是。

漸 《本義》："自《渙》與《旅》來。" 按圖相合。

漸之進也 《本義》："'之'字疑衍。"《折中》："以别于《晉》之'進'、《升》之'進'也。"

君子以居賢德善俗 《本義》："疑'賢'字衍，或'善'下有脱字。" 按，《程傳》："君子觀《漸》之象，以居賢善之德，化美于風俗。" 則非衍也。又，《正義》"君子求賢德使居位，化風俗使清善"，亦通。

鴻漸于陸 《本義》、胡氏、程氏皆謂"陸"當作"逵"。按，王伯厚曰："范諤昌《證墜簡》：《漸》上六疑'陸'字誤。胡安定取之。"

歸妹以須 《本義》："女之賤者。"《折中》引熊過之説，謂《天官書》以須女四星爲賤妾之稱。按，須女即女土蝠，可單稱女，未有單稱須者。此説非也。《陳平傳》："樊噲乃吕后弟吕嬃之夫。""嬃"與"須"通。《說文》："女字也。"《楚辭》："女嬃之嬋媛。"

雖旬无咎　程、朱以"旬"爲均，本之輔嗣。安定胡氏曰："十日爲旬。"然《周禮‧地官》"公旬無過三日"，鄭注亦云"旬，均也"。

初六　《本義》："卑巽之過。"《榕村語錄》曰："'巽'訓卑巽，始于輔嗣，殊爲附會。巽者入也，非謂一陰能入，謂二陽能入一陰以散之也。"

先庚後庚　《本義》丁癸之説，本之康成。《程傳》從輔嗣"申命令謂之庚"。《榕村語錄》曰："今俗占雨暘以甲、庚日，十干氣候，到此二日，便須少變，如歲之有春、秋也。《蠱》是從頭變來，故有取于甲，《巽》是從中間變，故有取于庚。"

來兑　《本義》："就下二陽。"《折中》："物感我而來。"

引兑　《本義》："引下二陽。"《折中》："物引我而去。"

渙　《本義》："變自《漸》卦。"按圖不合。

九二　《程傳》："二目初爲机，初謂二爲馬。"按，"剛來而不窮"，專以二言，則九奔而二机者是。

六四　輔嗣"渙"爲句，"有丘匪夷所思"爲句。

渙王居　《本義》三字連讀，與《小象》不合。輔嗣曰："爲《渙》之主，唯王居之，乃得无咎。"

上九 《本義》"渙其血去"爲句，又云："'逖'當作'惕'，與《小畜》六四同。"《榕村語錄》曰："此'逖出'與惕出不同。夫子以'渙其血'爲句而專釋之，則明下當以'去逖出'爲句，如'樽酒'、'簋貳'之類皆是。夫子分別句讀處也。當《渙》之時，在事中者則以渙其所利爲義，在事外者則以渙其所害爲義。"

又誰咎也 《本義》："此'无咎'與諸爻異言，无所歸咎也。"按，爻辭言"无咎"者九十有九，皆補過之辭。

虞吉 《傳》《義》以"虞"爲度。《折中》從項平庵，以"虞"爲安。輔嗣曰："虞，猶專也。"即安之意。

九二 《程傳》不言子爲某爻，《本義》以子爲五，張紫巖謂初，《折中》從之。

馬匹亡 《本義》：初爲匹，以與四應也。輔嗣：匹爲三，以與四比也。

翰音登于天 《本義》"信極而不知變"與卦義不合。《程傳》"音飛而實不從"，本之輔嗣。

《小過》初六 《本義》："郭璞《洞林》，占得此者，或致羽虫之孽。"按，雙湖胡氏撰《啓蒙翼》，嘗引郭璞《洞林》，云從王楚翁才古抄得之，則元時此書尚存，今罕見矣。又或問：《本義·象傳》謂"致'飛鳥遺音'之應"如何？朱子曰："看這象，似有'羽虫之孽'之意，如賈誼鵩鳥之類是也。"

弗過遇之 《本義》兩說。伊川、輔嗣皆如前說。《折中》從後說，與九三一例。《語類》亦從後說。

弗遇過之 《本義》："'遇過'，恐亦只當作'過遇'。"《程傳》曰："不與理遇，動皆過之。"

亨小 《本義》："'亨小'當爲'小亨'。"谷拙侯曰："不曰'小亨'而曰'亨小'，言所亨者其小事也。"

婦喪其茀 茀，輔嗣謂首飾。《傳》《義》謂"婦車之蔽"。按，《詩》"翟茀以朝"，則謂蔽車者是。

繻有衣袽 《本義》："程子曰：'繻'當作'濡'。"本之輔嗣。

九五 《本義》：東鄰爲五，西鄰爲二。潘去華曰："東西者，彼此之詞。"不以五與二對言，本之《正義》。

小狐汔濟 《程傳·井》卦訓"汔"爲"幾"，此又訓"仡"，故《本義》不從而皆曰"幾"。

亦不知極也 《本義》："極"字爲"敬"字。《正義》作"極"字解，見本注。

上九 《程傳》本輔嗣飲酒而濡其首，《本義》以飲酒爲縱而不反，濡首爲狐之涉水而"濡其首"，則一爻而爲兩截。

剛柔相摩，八卦相蕩　《本義》："兩相摩而爲四，四相摩而爲八，八相蕩而爲六十四。"按，此即邵子一分爲二、二分爲四、四分爲八、八分爲十六、十六分爲三十二、三十二分爲六十四，明道先生所謂"加一倍法"是也。

天下之賾　韓康伯以"賾"爲幽深難見。《朱子語類》云："賾，雜亂也。古無此字，今從'臣'，亦是口之義，與《左傳》'嘖有繁言'之'嘖'同，是口裏説話多雜亂底意思，所以下文説'不可惡'。"

亢龍有悔　《本義》："此蓋重出。"按，此節爲上節《謙》之反對，非重出也。

天一地二　《本義》："此簡本在第十章之首。"程子曰："宜在此。"項平庵曰："姚大老云：'天一至地十'，班固《律曆志》及衛元嵩《元包·運蓍篇》皆在'天數五'之上。程、朱皆用此説，今從之爲是。"
　　《本義》以此明河圖。按，《詩序·有女同車》爲刺忽，《木瓜》美齊桓公，朱子《詩傳》皆以經無明文而不從。此節之爲河圖，亦無明文，詳見本節。

天數五　《折中》取龔幼文之説：相得，言四方相次，如一三七九二四六八；有合，言四方相交，如一六、二七、三八、四九。余謂相交可以言有合，相次不可以言相得也。朱子曰："相得如兄弟，有合如夫婦。"相得則取其奇偶之相爲次第，辨其類而不容紊也；有合則取其奇偶之相爲生成，合其類而不容間也。天一生水，地六成之云云，見于《漢志》。郭白雲曰："五行之説，出于曆數之學，非《易》之道也。"

大衍之數　《注疏》所載京、馬、荀爽干支二十八宿之說，固屬支離。康伯推衍天地之數，唯用五十，亦是模糊。《啟蒙》最善，錄于本注。

其用四十有九　《榕村語錄》曰："聖人揲蓍而數學之精俱括于內，其根皆始于七，故勾股法，勾三股四為勾股和，以無餘數也。七七四十九，未至七，不成比例，過七又不成比例，以有零數也。凡開方，方圓相求，圍徑相求，無不始于七。方徑七二十八，圍徑七二十二，為密率以此為例。卦乃乘數，蓍乃除數。"

掛扐　朱子以奇為揲餘，郭子和引張子謂所掛之一，虞翻說同，《折中》從之。

乾之策　《本義》："太陽居一而連九，少陰居二而連八，少陽居三而連七，太陰居四而連六。"按，《語類》云："古人做《易》，其巧不可言。元來只是十數，太陽居一，除了本身便是九個。少陰居二，除了本身便是八個。少陽居三，除了本身便是七個。太陰居四，除了本身便是六個。這處都不有人見得。"

七八九六之數，歸震川、何元子皆以過揲之數言之，如老陽四九三十六，少陰四八三十二，少陽四七二十八，老陰四六二十四，其理甚明。朱子以揲餘言之者，蓋畫卦生爻，用揲餘不用過揲也。奇畫一，耦畫--，如掛扐三奇則含乾象，掛扐兩奇一耦，則含巽、離、兌，掛扐兩耦一奇則含坎、震、艮，掛扐三耦則含坤。此其自然之法象，皆于揲餘得之。若論過揲，則止有七八九六之數，不能具八卦之象，故《啟蒙》又以揲餘為母，過揲為子。

三用其全，四用其半者，三奇爲圓，圓者徑一圍三，掛扐三奇，三也；兩偶一奇，除偶論奇，亦三也；是舉其全而用之也。掛扐三偶，四也；兩奇一偶，除奇論偶，亦四也；四偶爲方，方者徑一圍四，必四偶而後全。三偶一偶，故曰用半。蓋陽得兼陰，故用全。陰不得兼陽，故用半也。

引伸觸類 《本義》："凡四千九十六卦。"按，此本之《焦氏易林》，一卦變爲六十四，故有此數。《啓蒙》卦變圖用之。

右第九章① 《本義》：其詳具于太卜筮人之官，今不可考。按，《易》爲完書，其揲蓍求卦斷占之法，求之《大傳》而皆備，詳後卷。

兩儀生四象 《本義》"陰、陽、太、少"，本邵子之説。《正義》謂金、木、水、火，土分王四季，又地中之別，故唯云四象。支離穿鑿，微宋儒何以正之。

四象生八卦 《程傳·乾》辭下解云：聖人始畫八卦，三才之道備矣。因而重之，以盡天下之變，故六畫而成卦。朱子曰："程子説聖人始畫八卦，不知聖人畫八卦時，先畫甚卦，這處便曉不得。"又曰："程子之意，只云三畫上叠成六畫，八卦上叠成六十四耳。"

《易》有四象 《正義》："兩儀生四象，七八九六之謂也。"按，七八

---

① 以上語句屬於後面第九章，故以"第九章"標注。——點校者注

即少陽、少陰，九六即老陽、老陰，可見邵子之之[①]説，有所自來，非創解也。孔穎達之流，所見不定，故於此以七八九六爲四象，於"兩儀生四象"又以金木水火爲四象，不自覺其矛盾耳。

《易》曰自天祐之　《本義》："在此无所屬，或恐是錯簡。"侯果曰："言人能依四象所示，繫辭所告，則天及人共祐之。"蓋引此以証上文。

貞勝者也　張子：以正爲勝。朱子：二者常相勝。《折中》從朱。

何以守位曰仁　王伯厚曰："何以守位曰人，所謂后非衆罔與守邦也。"《釋文》云："桓玄、明僧紹作'仁'，今本乃從桓玄，誤矣。"《本義》作"人"，云吕氏從古。

十三卦象　《本義》於《豫》《大壯》《大過》《夬》，皆以卦名取義。《正義》曰："《上繫》云'以制器者尚其象'，則取象不取名也。韓氏乃取名不取象，其於義未善。"

陽卦多陰　《本義》：凡陽卦皆五畫，凡陰卦皆四畫。按，此以掛扐之數言。五爲奇，四爲耦。

吉之先見　《本義》："《漢書》'吉之'之間有'凶'字。"按，此《楚元王傳》穆生之言也。《正義》曰："豫前知幾，皆向吉而背凶。諸本或有'凶'字者，其定本則無。"《後漢·陳寵傳》注引此句，亦有"凶"字。

[①] 諸本皆作"之之"，疑衍一"之"字。

其稱名也 八卦，伏羲所名，朱子於《乾》卦顯言之，至《屯》則不敢定。今讀《繫傳》"其於中古"、"其有憂患"、"其衰世之意"，蓋井、鼎諸物，上古未備，意者文王所名。

而微顯闡幽 《本義》："'而微顯'恐當作'微顯而'①。"按，諸家皆作"微者使顯，幽者使明"，解"而"字不當顛倒。

開而 《本義》："'開而'之'而'，亦疑有誤。"按，開，啓也。伏羲有畫无文，道未大啓；文王稱名繫辭，《易》道大明，故曰"開而"。

《易》之興也 《本義》："文王拘于羑里。"按，酈道元：羑水出蕩陰西北，東流經羑城，故羑里也。蓋即今河南之湯陰。

《復》小而辨于物 康伯曰："微而辨之，不遠復也。"與陸象山之說同，不若《本義》"陽微而不亂于群陰"之合于卦象。

出入以度外内使知懼 《本義》："此句未詳。"康伯曰："明出入之度，使物知外内之戒也。"

研諸侯之慮 康伯曰："諸侯，物主有爲者也。……能精爲者之務。"此蓋曲說，當從《本義》"衍文"。

幽贊于神明而生蓍 《本義》據《龜策傳》，以"生蓍"爲"叢生滿

---

① 諸本皆誤作"顯而"，據《周易本義》改。

百莖"，不若《正義》以爲"生用蓍求卦之法"。

《易》逆數也　《本義》之說，以伏羲八卦方位圖及大圓圖，陽順陰逆數之可見。

五章六章　《本義》："此章所推卦位之說，多未詳者。"按，朱子既以先天圖訓解諸章，此即文王八卦方位圖也。

第九章　《本義》"揲蓍求爻"，《語類》"《乾》求《坤》得《震》之類"亦誤。吳幼清之說得之，《啓蒙》與吳說同。

乾爲天　王伯厚謂《釋文》引荀爽《九家集解》，得八卦逸象三十有一。《本義》所引，正與此合，想亦從《釋文》得之。荀《易》早亡，朱子恐不及見。

《大過》顛也　《本義》："《大過》以下，卦不反對，或疑其錯簡。"按，鄭康成云："《大過》以下，卦旨不協，似錯亂失正，弗敢改耳。"然則朱子之云，或指康成也。

卷三

上經

周，代名。易者，交易、變易。交易者，陰交於陽，陽交於陰。變易者，陰變爲陽，陽變爲陰也。《參同契》曰："日月爲易。"蓋"易"字古文從"日"從"月"。月無光，借日之光以爲光，此交易也。日有黃、赤道之遷轉，月有晦、朔之盈虧，此變易也。而不知尤有易簡、不易之義。《傳》曰："乾以易知，坤以簡能。"六十四卦，不外中庸、平常之理，愚夫愚婦皆可與知與能，故其交易、變易者，均歸易簡。又曰："天地之道，貞觀者也。天下之動，貞夫一者也。"非不易而何？即以日月之交易、變易言之，而千歲日至，可坐而定，則易簡也。晝夜代明，萬古常新，則不易也。此《易》之所以名也。張子亦云："《易》乃是性與天道，其字日月爲易，包天道變化。"又羅泌云："易者，廬㡢之名，守宮是矣。身色無恒，日十二變。"則易者，從其變也。

乾

☰乾下乾上

乾：元亨，利貞。

乾者，三畫之卦名，其象則天，其占則當得大通，而尤利於正固。

六十四卦，或言"元亨"，或言"利貞"，皆作占辭，故朱子有象占之説。王弼泥於穆姜之言，以元、亨、利、貞爲四德，後多宗之。殊不知文王有文王之《易》，孔子有孔子之《易》。彖辭（凡卦下之詞，文王所繫，謂之彖辭，亦謂之卦辭）、《彖傳》（孔子贊《易》文也，凡稱"彖曰"者皆是）不相牽合者甚多，蓋朱子之説爲長。

初九：潛龍，勿用。

初，始也。卦自下畫，故下曰初、曰内（《无妄》："剛自外來而爲主於内。"又，下卦曰内、曰貞）、曰本（《大過》："本末弱也。"本指初言）。九、六者，畫成於三，三其三則九，兩其三則六，所謂"參天兩地"者也。《乾》，純陽之卦；龍，純陽之物；故諸爻取龍象焉。初陽在下，其象爲潛。勿用者，蟄以存身也。

乾不爲馬而爲龍，取其潛於陰。

九二：見龍在田，利見大人。

二居初上，出潛離隱，則不在地下而在地上矣（鄭玄曰：地上即田）。其占則利於大人之出現。大人者，君德也，龍德也（《易》通曰"見大人"，只是大人見，猶《春秋》書"龍見"同）。不曰在地，而曰在田，田則耕稼，利益俱見。

九三：君子終日乾乾，夕惕若厲，无咎。

三以剛居剛，又當兩乾之間，宜乎有咎。然三乾體剛正，君子也。晝有省而終日戒慎，夜有存而怵惕惟厲，反復其道，能補過矣，故雖危无咎。此止言占，而象在其中。

王輔嗣以"夕惕若厲"爲句，故云"至於夕惕猶若厲也"。《金縢疏》引此爻亦云"夕惕若厲"。

九四：或躍在淵，无咎。

四居田上，故曰"在淵"。淵似下於田，然淵者水也，地天相接處皆水，正由田而天之際。四陽居陰，疑不遽進，故"无咎"。

九五：飛龍在天，利見大人。

五剛健中正，以居尊位，故曰"飛"，曰"在天"。盛德大業，天下臣民皆樂得而望見之矣。

二之"利見"者，盛德。五之"利見"，兼而有之。二亦君德，故皆稱大人。

上九：亢龍有悔。

居上，位已盈；卦終，時已極。過剛而行失其正者也，故"有悔"。悔者，變之機也，能悔即能變。

用九：見群龍无首，吉（"見"讀與"見龍"之"見"同）。

《説卦》云："參天兩地而倚數。"三三爲九，故用九也。統爲飛潛則一龍，各爲飛潛則群龍。龍德不宜過剛，見尾而不見首乃吉。

《朱子語類》云："《易》中七八九六之數，向來只從揲蓍推起。雖亦吻合，然終覺曲折太多，疑非所以得數之原。因看四象次第，偶得其説，極爲捷徑。蓋因一二三四，便見六七八九。老陽位一便含九，少陰位二便含八，少陽位三便含七，老陰位四便含六，數不過十。惟此一義，先儒未發。"

《彖》曰：大哉乾元，萬物資始，乃統天。

凡稱"《彖》曰"，皆孔子之詞，所謂《彖傳》也。大矣哉，乾德之元，萬物資之以爲始，無所不包，統貫乎天德之始終矣。吾丘衍曰："《夜游録》有言：彖、象皆假畜獸。以彖爲大豕，行則俯首，一望而全體皆見，故統論一卦之體，取以喻之。"

雲行雨施，品物流形。

惟無所不包，故無所不達。雲雨和而氣之亨者，長養發育，而形之亨矣。由春而夏，天道之元亨也。上節元爲禀氣之始，故總謂之

"萬"；亨則有洪纖高下之別，故特謂之"品"。

大明終始，六位時成，時乘六龍以御天。

惟聖人大能明乎元之統乎終，與物之資乎始，則始可貫終，終亦可原始。即此終始，而時生乎其間焉。位以時得，龍以時駕。乘時御極，開一世太平之基，以君道之元亨，配天道也。以所居上下言之，謂之六位；以陽氣升降言之，謂之六龍。

乾道變化，各正性命。保合大和，乃利貞。

乾之道，一變一化，推致無窮。自人而物，各以所賦受者自成，而莫不完全乎天之生理。蓋由秋而冬，天道之利貞也。

首出庶物，萬國咸寧。

元后作民父母，而天下之人，皆得遂生復性，以君道之利貞，配天道也。

李厚庵曰：以德言之，則兼統眾陽，故有"乘六龍"之象。以位言之，則高出群爻，故有"首出庶物"之象。

《象》曰：天行，健；君子以自強不息。

《象傳》有大小，皆孔子之辭。此大象也。天以形體言，健者不息，即乾也。蓋言其體穹窿，而其運行不息。君子之自強，法天也。八卦大象，皆直指其名，如坤、巽、坎、離之類。獨于《乾》卦不曰"乾"而曰"健"，所以尊之，不與他卦同也。

《折中》曰："《象傳》固多與《彖》義相發明者，亦有自立一義，出於《彖傳》之外者。蓋彖、爻辭之《傳》，專釋文、周之書，大象之《傳》，則所以示人讀伏羲之《易》之凡也。"吾丘衍曰："象有六牙，故六爻之義，取以喻之。"

"潛龍勿用"，陽在下也。

凡爻象，皆周公之辭，謂之小象。胡雲峰曰："《乾》《坤》初爻，揭陰陽二字以明《易》之大義。《乾》曰'陽在下'，《坤》曰'陰始凝'，扶陽抑陰之義已見矣。"

"見龍在田"，德施普也。

陽氣見於田，則生植利于民。聖人見於世，則教化漸于物。

"終日乾乾"，反復道也。

自日而夕，自夕而日，無非乾惕，蓋與乾道相爲終始。反復者，終始也。

"或躍在淵"，進无咎也。

難進易退，故無咎戾。石守道曰："非決其疑也。蓋曰如斯而進，斯无咎耳。"

"飛龍在天"，大人造也。

以大人之德，居大人之位，盛德大業由此而造。造者，聚也，作也。

"亢龍有悔"，盈不可久也。

日盈則昃，月盈則虧。悔者，變也。窮則變，變則通，貞下起元也。

"用九"，天德不可爲首也。

用九者，全体天德，循環不已。

《文言》曰：元者，善之長也。亨者，嘉之會也。利者，義之和也。貞者，事之幹也。

《文言》者，順文以爲言，亦孔子之辭。元，無所不包，爲萬善之長。亨，無所不通，爲衆美之聚。利，無所不宜，爲處事之當。貞，無所不固，爲應事之本。蓋推乾之道，施于人事。

君子體仁足以長人，嘉會足以合禮，利物足以和義，貞固足以幹事。

君子體元之德爲仁，可以得衆而長人。體亨之德爲禮，可以類聚而群分。體利之德爲義，可以處事而咸宜。體貞之德爲智，可以制事而有本。蓋四德不及信，以信屬土，土王四季，無位故也。

君子行此四德者，故曰"乾：元亨利貞"。

君子體自強不息之道，故能行此四德，則盡人合天，而乾道在我矣。

初九曰"潛龍勿用"，何謂也？子曰："龍德而隱者也。不易乎世，不成乎名。遯世无悶，不見是而无悶。樂則行之，憂則違之。確乎其不可拔，潛龍也。"

何謂也，自相問答之辭。初，龍德在下者也。守下位而不改其操，是不易乎世也。處黯淡而不鶩乎名，是不成乎名也。夫不易乎世，則遯世矣。不成乎名，則有敗其名而非之者矣。于此而并無悶焉。樂則行之，行其所好也。憂則違之，去其所不願居也。用行舍藏，操持在己，潛龍之德也。

九二曰"見龍在田，利見大人"，何謂也？子曰："龍德而正中者也。庸言之信，庸行之謹，閑邪存其誠，善世而不伐，德博而化。《易》曰：'見龍在田，利見大人。'君德也。"

以位言之，正而且中。信言謹行，以初與三爲之閑，使外邪不得入，而獨守其中孚之誠（乾畫一實則存誠，坤畫--虛則主敬）。以此用世，則有以陶淑天下，而不自以爲功；以此自修，則盛德廣大，有以感動乎人心而相觀而化。是雖未有君位，而君德不外此也。

九三曰"君子終日乾乾，夕惕若厲，无咎"，何謂也？子曰："君子進德修業。忠信，所以進德也。修辭立其誠，所以居業也。知至至之，可與幾也；知終終之，可與存義也。是故居上位而不驕，在下位而不憂，故乾乾因其時而惕，雖危无咎矣。"

所以乾惕者，非役于外，非動于物，進德修業而已。何以進德？忠信是也。何以修業？辭以立誠是也。辭易浮華，故着一"居"字，安而不遷，乃見篤實（進德便是篤實，敬義便是虛靜。故曰：陽實陰虛）。夫内卦至此，已至己終，而能知之，而與爲至與爲終，是介于内外之交而已得其幾，當截然有界限、有裁制之時，而能獨存其義也，則雖處内卦之上，而不失之亢，外卦之下，而不失之戚，又何咎焉？

九四曰"或躍在淵，无咎"，何謂也？子曰："上下无常，非爲邪也。進退無恒，非離群也。君子進德修業，欲及時也，故无咎。"

時至此，則上下進退，俱無所定。上、進釋"躍"字，下、退釋"淵"字。"上下"就豎處説，"進退"就橫處説。"无常"、"無恒"釋"或"字，"非爲邪"、"非離群"釋"无咎"字。蓋可上而不上，疑於偏僻之行；可進而不進，疑於絶世爲高。然推其詳慎之心，則以德業備于身，必待時而後動，欲適中其時之可，故不敢輕進也。項平庵曰："上下之交，皆危疑之地，故三厲而四猶疑之。"

九五曰"飛龍在天，利見大人"，何謂也？子曰："同聲相應，同氣相求。水流濕，火就燥。雲從龍，風從虎。聖人作而萬物睹。本乎天者親上，本乎地者親下，則各從其類也。"

此乃天高地卑，萬象昭呈，山澤雷風，各相效順之際。聲相應者，雷風相薄也。氣相求者，山澤通氣也。水坎就濕、火離就燥者，水火不相射也。然且山澤通氣，并之爲雲；雷風相薄，合而爲風，而皆感契乎龍虎焉。龍虎，乾象也。聖人體天立極，而萬物環向，亦猶是也。所以然者，生乎天者親上，生乎地者親下，變化紛紜，各以類從。夫六子統乎乾坤，而坤又所以承乾，則仍統之一天而已。

李鼎祚《集解》以虎爲坤象。按，《履》卦以乾爲虎，則此節龍虎，皆乾象也。

上九曰"亢龍有悔"，何謂也？子曰："貴而无位，高而无民，賢人在下位而无輔，是以動而有悔也。"

上居五外，師傅之象，貴矣。而非有爲之位，地雖清高，無民可治。三之君子，二之大人，皆賢人也，隔處下卦，乘而不應，是无輔也。是以亢失之也，故有悔。

潛龍勿用，下也。

何妥曰：此第二章，以人事明之。

見龍在田，時舍也。

舍，次也，如出舍舍館之類，言暫次于此。

終日乾乾，行事也。

躬行自修之事。

或躍在淵，自試也。

將用未用之際，疑而不敢輕進。人見者淺，己見者深，故必自試。

飛龍在天，上治也。

居上治下。

亢龍有悔，窮之灾也。

窮者，極也。物極必反，故灾。

乾元用九，天下治也。

舉一元，而亨、利、貞皆在其中。四德備，故天下治。

潛龍勿用，陽氣潛藏。

藏之所以養之，愈養則愈厚，輕用則發洩無餘矣。何妥曰：此第三章，以天道明之。

見龍在田，天下文明。

有大人之德，雖未居大人之位，而以言行化物，天下已被文明之澤，孔子是也。

終日乾乾，與時偕行。

三居內卦之上，時已亢矣，乾惕所以濟時之窮。

或躍在淵，乾道乃革。

此爻離下體而入上體，正當乾道改革之時，故或躍而未果也。"道"字輕看，乾道即乾爻。

飛龍在天，乃位乎天德。

二有天德而無天位，五以天位而備天德。雖有其位，苟無其德，止可謂"位乎天位"而已。

亢龍有悔，與時偕極。

極者，窮也。窮不知變，則與時俱窮矣，故悔。

乾元用九，乃見天則。

九者，三天之數。則者，有限制之義。天數極於九，是有制也。乾元用之，所以合天。統六爻而歸之元，正是貞之極而歸于元。

乾元者，始而亨者也。利貞者，性情也。

又明《彖傳》之義。乾始以生物爲性情，然必物成而後見，故曰"利貞者，性情也"。貞者元之復，四德總以一言，曰"乾元"、曰"乾始"，而四德在其中矣。《彖傳》所謂統天者，以此。

乾始能以美利利天下，不言所利，大矣哉！

"乾元"以德言。"乾始"以功言。美利者，亨也。利天下者，利也。不言所利者，貞也。末贊其大，大即元也。此貞下起元之義。

大哉乾乎？剛健中正，純粹精也。

四德流行，一乾之所爲耳。大哉乾之道乎？朱子曰："剛以體言，健兼用言。中者，其行无過不及；正者，其立不偏。純者，不雜於陰柔；粹者，不雜於邪惡。蓋剛健中正之至極而精者，又純粹之至極也。"

六爻發揮，旁通情也。

爻必以六，而後潛、見、飛、躍之情乃見，起下文"乘六龍"之意。

時乘六龍，以御天也。雲行雨施，天下平也。

唯聖人有見于六爻盡事物之情，而六爻即六龍，六龍即時也。于焉以時而乘此六龍，以御天道，道化覃敷，德澤廣被，與天之雲行雨施者同其化。蓋聖人之功即乾，而雲雨乃聖人之德澤也。

君子以成德爲行，日可見之行也。"潛"之爲言也，隱而未見，行而未成，是以君子弗①用也。

初以剛德居陽位，豈非君子？君子德既成，則可見之施行矣。惟其時隱而未見，故其德行而未成，以其潛也。

君子學以聚之，問以辨之，寬以居之，仁以行之。《易》曰："見龍在田，利見大人。"君德也。

二德既成，則爲龍德；二德未成，則爲君子，故須學、問、居、行之功。

李厚庵曰："聚則理得于心，辨則理驗于事，寬居以待其熟，仁行以固其守。四者亦有元、亨、利、貞之序。人而知學，猶下之種也。辨之明，達其枝也。從容成就，向于實矣。切己實踐，則實之成也。"

九三重剛而不中，上不在天，下不在田，故"乾乾"因其時而"惕"，雖危"无咎"矣。

九三居下乾之終，接上乾之始；九四居上乾之始，接下乾之終，故皆曰"重剛"。三上不及五，下不比二，所以憂也。憂所當憂，卒

---

① 弗：諸本皆作"勿"，據宋本《周易》改。

于无憂，故"无咎"。

九四重剛而不中，上不在天，下不在田，中不在人，故"或"之。"或"之者，疑之也，故"无咎"。

上不在五之天位，下不在二之田位，中不在三爲吾人進修之位，所以形容其在淵耳。四位無定，所以可疑。疑所當疑，卒于無疑，故"无咎"。疑者何？隨時進退而未定也。

夫"大人"者，與天地合其德，與日月合其明，與四時合其序，與鬼神合其吉凶。先天而天弗違，後天而奉天時。天且弗違，而况于人乎？况于鬼神乎？

前明"利見"之義，此明"大人"之義。聖人既備天地、日月、四時、鬼神之德于一身，故能先天弗違，後天奉時，如寒暑天之運也。聖人能逆知其將寒、將暑而爲之備，而天之寒暑，亦如期不爽，以及迎日推算、察政授時，此先之弗違也。當暑則服絺服綌而依暑之製，當寒則擁爐披裘而適寒之宜，以及賞以春夏，罰以秋冬，此後之奉若也。不但此也，致中和而天地位，萬物育，皆先天弗違之事，素位而行，不願乎外，皆後天奉時之義。聖人雖人類，而其道則天，故人與鬼神不能違也。

"亢"之爲言也，知進而不知退，知存而不知亡，知得而不知喪。

前明"亢"所以"有悔"之故，此明所以"亢"之故。《正義》曰："進退據心，存亡據身，得喪據位。"

其唯聖人乎？知進退存亡而不失其正者，其唯聖人乎？

是以貴乎"用九"也。聖人乾元"用九"，則貞而元矣，豈復有進退存亡之不合其宜？知之者，明之也。知始知終，所謂"大明終始"者如此。

不云得喪者，得喪輕于存亡，舉重略輕也。

《乾》卦以義推之，爲聖人之象。六位高下，亦有似聖人之進退，故《文言》因潛、見、飛、躍自然之文，而以聖人之迹，各明其義。

坤

☷☷ 坤下坤上

坤：元亨，利牝馬之貞。君子有攸往，先迷後得主。利西南得朋，東北喪朋。安貞吉。

乾天坤地。地所以承天，故天元亨地亦元亨，惟利于柔順之貞，如牝馬然。牝雖陰物，馬能健行，所以合德于天也。法天之君子，有所攸往，但當處後，不可居先。蓋陰以陽爲主，居先則迷，居後乃得所主也。既得主，則當擇朋。西南陰方，居後者也，利于得。東北陽方，處先者也，利于喪。凡此皆柔順之貞，安之則吉也。

坤不爲牛而爲馬，取其順于陽。

《彖》曰：至哉坤元，萬物資生，乃順承天。

"至"與"大"對。大者無外，至者無間。乾元始物，坤遂生之。是其合之，乃所以順承之，所謂元也。《本義》："始者，氣之始。生者，形之始。"

坤厚載物，德合無疆。含弘光大，品物咸亨。

所謂亨也。無疆者，天道。地無所不載，故能與之合德。含者能容，光者能徹。弘則不隘，大則不細。

牝馬地類，行地无疆，柔順利貞。

所謂利貞也。言卦辭有取于牝馬，以爲類于地者，以牝雖陰物，而馬則行地无疆，終始于順而不息，故坤道柔順而利貞。

君子攸行，先迷失道，後順得常。"西南得朋"，乃與類行。"東北喪朋"，乃終有慶。

釋"君子有攸往"四句。先迷者何？以其爭先而失道。後得者何？以其順乾而得陰道之常。唯得朋于西南，乃獲同心之助。唯喪朋于東北，終有安貞之吉。蓋陰道主成，成在後也。陰非能先陽，離陽自行，則爲先矣。

安貞之吉，應地无疆。

釋"安貞吉"也。安者久而不遷，故應地之无疆。

《象》曰：地勢，坤；君子以厚德載物。

天動曰行，地靜曰勢。勢者，高下夷險，層複相因，極厚無所不載。《乾》不曰"天行乾"，而《坤》曰"地勢坤"，所以尊乾異于坤也。

初六：履霜，堅冰至。

六爻皆陰，而初其始也。如始見霜，而即知堅冰之至矣。冰者乾象，而坤所以配乾，故亦象冰。謝梅莊曰："陽生于子爲冰，陰盛于子亦爲冰。"

《象》曰："履霜""堅冰"，陰始凝也。馴致其道，至堅冰也。

履霜何遽堅冰？蓋霜雖陰之始凝，而由此漸致于堅冰。胡雲峰曰："經曰'堅冰至'，要其終也。傳曰'至堅冰'，原其始也。"

六二：直方大，不習无不利。

地之坦衍不衺曲者，直也。其中正不偏，方也。遍六幕而無所于虧，大也。地道如是，何待學習而後利乎？

夫乾，其動也直，故坤亦直。乾道圓，故坤方。乾元大，故坤亦大。乾不言所利，故坤亦"不習无不利"。坤象皆配乎乾也。

《象》曰：六二之動，"直"以"方"也。"不習无不利"，地道光也。

直方與大，地道如是，然必于六二之動見之。"不習无不利"者，二以坤爻（六爲陰爻）坤位（二爲陰位），坦衍中正，既含弘而又光大也。

鄭康成謂動者生動，即廣生萬物之意。

六三：含章可貞，或從王事，无成有終。

二動而生物，三則物已成章矣。坤能以含弘之德，蘊其菁華，則三位不正，而道固可守以貞矣。守則難進易退，即或出而從王事，亦代終而弗敢專成也。此與乾之九四，進則皆曰"或"，不欲人之急于進也。

毛西河曰："此係臣道，六爻皆然，何獨于三爻發之，不觀《謙》之九三、《睽》之六三乎？一曰'君子有終'，一曰'无初有終'，皆在三爻，皆内卦之終。"

《象》曰："含章可貞"，以時發也。"或從王事"，知光大也。

含章疑于韜晦，而不知時至則發。從王事而无成，疑于樸固，而不知謙以居功，正其知識之高明廣大，故能不矜不伐也。

六四：括囊，无咎无譽。

囊以靜翕動闢取象。括者，結而藏之。四以柔處柔，居上之下，謹慎小心，其象如此，咎譽兩無矣。咎致罪，譽致疑。

《象》曰："括囊无咎"，慎不害也。

括囊則慎，慎則利且不言，何有于害？

六五：黃裳，元吉。

五，君位；坤，又臣道；此王宫之後，下國之侯也。柔得中，順德積中而發外。黃，中色，君象。裳，下飾，臣象。尊而能卑，大吉也。

黃，象地之色；裳，象地之位。毛西河據《周官》掌王后六服曰鞠衣，注"黃裳"也。《詩》曰："綠衣黃裳。"綠衣喻妾，黃裳喻夫人。蓋《坤》五爲《乾》五之配。

《象》曰："黄裳，元吉"，文在中也。

黄裳，文在外而根于中順之德，故曰"文在中"。

上六：龍戰于野，其血玄黄。

上陰勝之極，必與陽爭。爭者，戰也。陰勝爭陽，而反曰"龍戰"者，臣不可與君戰，故曰戰之者龍也。天地色雜，陰陽俱傷，而曰血，惕陰以傷也。此扶陽抑陰之義。野者，卦外象也。

《象》曰："龍戰于野"，其道窮也。

窮者，極也。馴致其道，以極于此。

用六：利永貞。

六爲兩地之數。地道主靜，故利于貞固。永貞與安貞之義同，然惟安，故永。永者，安之有終者也。

《象》曰：用六"永貞"，以大終也。

大，即无疆。大終，即德合无疆。三爲内卦之終，曰"有終"。此爲外卦之終，曰"大終"。

《文言》曰：坤至柔而動也剛，至靜而德方。

乾剛坤柔。柔者，坤體也。而其動而生物，則亦能配乾而沛然莫禦。成物之性，即與俱成；斂物之形，即與俱斂；何如其剛乎？乾動坤靜。靜者坤德也，而因物類之賦于乾者，一定莫移。性殊其性，不相假借；形殊其形，不相凌奪；何如其方乎？動剛者，坤之元亨；德方者，坤之利貞也。

後得主而有常，含萬物而化光。

後得主而有常，即後順得常也。含萬物而化光，即含弘光大也。此蓋融會《彖傳》之意，以贊坤之道而以順承天總結之。

坤道其順乎！承天而時行。

此指明坤以配乾之義。

積善之家，必有餘慶。積不善之家，必有餘殃。臣弒其君，子弒其父，非一朝一夕之故，其所由來者漸矣！由辨之不早辨也。《易》曰"履霜，堅冰至"，蓋言順也。

慶殃由于積，弒逆由于漸。在人心則爲理欲之消長，在人事則爲倫常之順逆。始于一念之微，遂爲亂賊之階，故曰"蓋言順也"。懲治遏絕，所當用力。

"直"其正也，"方"其義也。君子敬以直内，義以方外，敬義立而德不孤。"直方大，不習无不利"，則不疑其所行也。

直者，心之正也。方者，義之行也。君子之學，以敬爲主。邪曲不得萌于心，則内不期直而自直。義以爲質，偏陂無所施于事，則外不期方而自方。敬立則本固，而有以爲致用之基。義行則用利，而有以爲立本之助。内外既合，則德不偏而大矣。不孤者，不偏也，无所施而不利，又何疑乎？

《正義》曰："前云'直其正也，方其義也'。既云'義以方外'，即此應云'正以直内'，改云'敬以直内'者，欲見正則能敬，故變'正'爲'敬'也。"

陰雖有美，含之以從王事，弗敢成也。地道也，妻道也，臣道也。地道無成，而代有終也。

陰雖有章美之德，含藏于中而以從王事則不敢成者，非才之不足，乃分之不敢。地道、妻道、臣道，至柔至静，不敢自專以成其功，唯承天施而代之有終。爻言"有終"，此言"代有終"，則并其終亦非坤之所敢有也。

天地變化，草木蕃。天地閉，賢人隱。《易》曰："括囊，无咎无譽。"蓋言謹也。

天地有變化生物之時，雖草木亦應之而蕃盛，況于人乎？四以陰爻陰位，乃天地閉塞不施之時，故君子亦象之而隱晦。

君子黃中通理，正位居體，美在其中，而暢于四支，發于事業，美之至也。

黃者，中德。中者，內也。通，達也。理，條理也。中德之在內者，通而且理，故黃以正其君之位，裳又居其臣之體，有是美德，積在其中。形諸身而動作謙恭，形諸政而治體渾厚，非美之至不能，所以爲元吉也。

陰疑于陽必戰，爲其嫌于无陽也，故稱"龍"焉，猶未離其類也，故稱"血"焉。夫"玄黃"者，天地之雜也。天玄而地黃。

陰盛極則與陽爭，故戰，若曰陰犯順而龍戰之耳，以討陰之義與陽也。敢與陽爭，則幾于無陽矣，故稱龍以存陽。陰疑于陽，陰已幾于變，聖人以其未離於陰類也，故稱血以別乎陽。又謂"其血玄黃"者，交爭之下，彼此皆傷，是天地之色相間雜也。然一時之變，雖有所雜，而天地之分，終不可易。所謂玄黃者，統同之內，未始無辨分之嚴，是即我夫子作《春秋》之微指也。

屯

☳☵ 震下坎上

屯：元亨，利貞，勿用有攸往，利建侯。

屯者，艱難之象，然有大亨而利于正固之道焉。惟其艱難，故不可輕有所往。唯有元亨利貞之道，故宜樹之君長以濟時艱。此開天首出之主，繼乾坤以立極，故兼四德。

《易》言"建侯"者二，《豫》"建侯"，上震也；《屯》"建侯"，下震也。震長子，震驚百里，皆有侯象。

《彖》曰：屯，剛柔始交而難生，動乎險中。

此釋卦名。《乾》《坤》之後，一索得震，爲始交；再索得坎，爲難生。而，承上接下之辭。震動坎險，是動乎險中。此雲雷之時也，所以名《屯》。

大亨貞。雷雨之動滿盈。

此釋卦辭"元亨利貞"也。震爲雷，坎爲雨，陰陽交而雷雨作。動蕩盈滿于天地之間。屯之鬱結者，可變爲解；未亨者，可以大亨；尤在守之以正。

天造草昧，宜建侯而不寧。

此釋卦辭"勿用有攸往，利建侯"也。此正天地初開、國家肇造之際，如草之勾萌冥昧，未及生成，斷宜有承乾出震，應運而興之人，以爲之康濟時艱焉。

《象》曰：雲雷，屯；君子以經綸。

坎在下爲雨，故曰"雷水解"；在上爲雲，故曰"雲雷屯"。經者，理其緒而分之，法震之初出；綸者，比其類而合之，法坎之潤澤；皆所以解其鬱結。

初九：磐桓，利居貞，利建侯。

張子曰："磐，石也。桓，柱也。"安重寧靜之象。初者，震之剛也，與四爲正應。初有濟險之才，四有求賢之責。然當屯難之時，故安重寧靜，不敢邃進。且貴求賢，賢不求貴，故"利居貞"。負用世之才，亦當出爲世用，故"利建侯"。建侯者，應四之求，出而佐五也。此爻動乎險中，爲濟屯之主，故爻辭與卦辭同。

《象》曰：雖磐桓，志行正也。以貴下賤，大得民也。

磐桓不進，乃其志正守正，所謂"居貞"也。陽貴陰賤，初陽居二陰之下，忘其貴而下體乎民心，故能大得民，而利以建侯也。

六二：屯如邅如，乘馬班如，匪寇婚媾。女子貞不字，十年乃字。

邅，回還不進之貌。班，馬行之聲。如者，語助辭。二、五正應，二柔居剛上，自謂才不如初，故當屯難之時，邅回不進，見五乘馬而來，疑以爲寇，孰知己之正應，非寇也，婚媾也。二讓初避五，如女子守貞，不輕許人，第彼此有婚媾之象，始雖却聘，終當就徵。十年乃字者，視五之志何如耳。

震、坎皆爲馬，故言馬。坎爲盜，故言寇。

《象》曰：六二之難，乘剛也。"十年①乃字"，反常也。

乘者，跨下爻也。屯難之時，陽剛居下，何以濟屯？故其讓初避五，如女子之不字，第女之字夫，臣之事君，皆常道也。今守不字之節，必視求之者之堅，而後許人，無異十年待字，而後女字夫，臣事君，以反乎常道。

六三：即鹿无虞，唯②入于林中。君子幾，不如舍，往吝。

三、上陰柔无應，非濟屯者；動而不能居貞，亦猶田禽而无虞官，豈能獲禽？將入于叢棘，不可復出。君子見幾而作，不如舍而不逐，乃合"勿用攸往"之義，否則吝窮矣。

謝梅莊曰："即鹿，田也，凡坎卦多言田。蓋從獸有行險之象，合圍有陷阱之義。爲血卦，爲弓輪，爲亟心之馬，亦田象也。象无定，亦无盡，盈天地間皆象，全部《易》書皆言象。《說卦》發其凡例，在人引申觸類之耳。掃象非，泥象亦非。"

《象》曰："即鹿无虞"，以從禽也。君子舍之，"往吝"，窮也。

即鹿无虞，乃其志在禽荒，而弗知"勿用攸往"之義。君子之

---

① 年：諸本皆誤作"字"，據宋本《周易》改。
② 唯：宋本《周易》作"惟"。

舍，蓋有見于居貞而後可以出險，否則屯難濟矣，所以深戒以陰爻而居陽位者。

"即鹿"而曰從禽，《曲禮》疏曰："凡語有通別，別而言之，羽曰禽，毛曰獸。禽者，力小可擒捉也。獸者，圍守乃獲也。通而爲說，鳥不可曰獸，獸亦可曰禽。"《書》曰"外作禽荒"，《師》五曰"田有禽"，《恒》四曰"田无禽"，皆是也。

六四：乘馬班如，求婚媾，往吉，无不利。

初與四應，故乘馬而行，所以求其匹也。決然而往，康濟斯民，吉无不利矣。

胡炳文曰："凡爻例，上爲往，下爲來。六四下而從初，亦謂之往者，據我適人，于文當言往，不當言來，如《需》上六'三人來'，據人適我，可謂之來，不可謂往也。"

《象》曰：求而往，明也。

求賢而決然以往，樂道忘勢，其行之當，乃其知之明也。

九五：屯其膏，小貞吉，大貞凶。

居尊位則無屯，但當屯時，六二乘剛未字，有君無臣，且五在雲位，澤不下究，是屯其膏之象。夫膏澤不下，則衆志不歸，以處小事，守正猶可獲吉，若遇大故，即守正亦不免凶。

坎爲水，爲血卦，故云膏，又云泣。

《象》曰："屯其膏"，施未光也。

五不求賢自輔，澤不下逮，則凡施于民者，何能光大乎？

上六：乘馬班如，泣血漣如。

上陰柔无應，且居險極，與三之時又異矣，故乘馬班如，皇皇何之；泣血漣如，憂傷之甚。

俗解皆謂泣盡繼血。按《檀弓》"泣血三年"，疏曰："凡人涕淚，必因悲聲而出。若血出，則不由聲也。今子羔悲无聲，其涕亦出，如血之出，故云泣血。"

《象》曰："泣血漣如"，何可長也。

物極必變，豈可徒憂傷而長自困乎？經綸者，全在于此。此發明爻外之意，所以爲寡過之書也。

蒙

☷坎下艮上

蒙：亨。匪我求童蒙，童蒙求我。初筮告，再三瀆，瀆則不告。利貞。

艮爲止，坎爲通。下欲通而上止之，是蔽也。蔽者，蒙也。蔽必求其通，是《蒙》有亨之道也。五以艮之少男，謂之童蒙。二以坎之中男，而兼互震長男之任，因之統諸蒙以受家政，是主卦者也。主卦則謂之我，顧非我求蒙，蒙來求我。禮聞來學，未聞往教也。有疑而問曰筮。初問之誠，則當告之。至于再，至于三，則褻瀆矣。瀆又何告焉？蓋養蒙之道，以正爲利也。

《象》曰：蒙，山下有險，險而止，蒙。

此釋卦名。艮山之下有坎險，坎險之前遇艮止，悵悵何之，蒙之象也。

"蒙亨"，以亨行，時中也。"匪我求童蒙，童蒙求我"，志應也。"初筮告"，以剛中也。"再三瀆，瀆則不告"，瀆蒙也。蒙以養正，聖功也。

蒙之亨者，以亨蒙行我時中之道也。我不求蒙而蒙求我者，柔之志，先應乎剛也。初筮告者，二有剛中之德，故其告有節。至于再三，則徒以言瀆我，我猶告之，彼將滋夫擬議而益瀆其蒙矣。瀆，亂也。所云"利貞"者，今日之元子，即異日之元后，望其爲堯爲舜也。

《象》曰：山下出泉，蒙；君子以果行育德。

泉者，水之源，所謂純一不雜者矣。果行者，通之至，法坎水之流。育德者，畜之至，法艮山之止。

初六：發蒙，利用刑人。用說桎梏，以往吝。

初者，養蒙之始也。養蒙之始，貴以發之者通之，朴作教刑，施之童穉爲宜。若從寬大而舍夏楚，則无以收其威而失養蒙之道，故吝。"宣公十二年"《傳》："坎爲法律。"故象刑，象桎梏。在足曰桎，在手曰梏。《爾雅》云："杻謂之梏，械謂之桎。"

《象》曰："利用刑人"，以正法也。

養蒙之始，非立法無以正其趣。正法非以致刑，至其極，用師擊之，猶爲禦而不寇。聖人之于蒙，哀矜之意常多，此九二之"包蒙"，所以爲一卦之主歟？

九二：包蒙，吉。納婦吉，子克家。

此一卦之主，亨蒙者也。二、五正應，五柔應二，二包含而教之，吉莫大焉。蓋二以剛中之才，以之取婦，則能正己以正室；以之爲子，則能幹蠱以承家；伊尹、周公是也。

二中而不過爲包蒙，言其量之有容。以陽受陰爲納婦，言其志之相得。居下任事爲子克家，言其才之有爲。

《象》曰："子克家"，剛柔接也。

陽剛陰柔。二爲剛，五爲柔。二之所以能開國承家者，二之忠誠與五相感格，而有泰交之盛。

李厚庵曰："專釋'子克家'，重二、五之應。"

六三：勿用取女，見金夫，不有躬，无攸利。

三不中不正，與上爲應。上陽實爲金夫。當蒙之時，以陰求陽，正也；以下求上，則謟援所不免，非其正矣。故其象如女見多金之夫，不能自持，而取之者无攸利也。謝梅莊曰："《屯》上反下爲《蒙》，《蒙》下反上爲《屯》。聖人多以此取象。《蒙》之三即《屯》之四，故彼曰'求婚媾'，此曰'取女'。《屯》四與初皆當位，《蒙》上與三皆不當位，故彼'无不利'，此'无攸利'。"

《象》曰："勿用取女"，行不順也。

三之不可取女，以其不中不正，行不順理，故不能成刑于之化。

六四：困蒙，吝。

彖以五爲蒙，二爲亨蒙之人。爻以四陰爻爲蒙，二陽爻爲亨蒙之人。初、三、五，二之蒙，三、五又上之蒙，獨四與二、上，非應非比，終無啓發而致困，可羞吝也。

《象》曰："困蒙"之"吝"，獨遠實也。

實指二陽爻言。陽主生息，故稱實。陰主消損，故不得言實。初、三皆比二，五比上應二，獨四與二、上，非應非比，爲遠實耳。

六五：童蒙，吉。

五柔中應二，純一未雜，尊師受教，太甲、成王是也。陰爻體艮，爲少男，故曰童。

《象》曰："童蒙"之"吉"，順以巽也。

五之柔，順乎二之剛，而二之剛中，復有以入乎五之心而感格之，故曰"順以巽"。

上九：擊蒙，不利爲寇，利禦寇。

上陽亦發蒙之人，但過剛則擊矣。強之以所未知未能，雖曰愛之，其實害之，是爲寇也，何利之有？然人之一心，衆欲攻之，若用擊之之術以禁止之，保護天真，如禦寇然，何不利焉？坎①爲盜，艮爲止，故利禦寇。

《象》曰：利用禦寇，上下順也。

利用禦寇者，上以剛而禦蒙之寇，得治人之道，上之順也。蒙者因上之剛以克己之寇，得治己之道，下之順也。上下皆順，所以爲利。

---

① 坎：本衙本誤作"次"，據劉傳經堂本改。

卷四

需

☰乾下坎上

需：有孚，光亨，貞吉，利涉大川。

養蒙必有待，《需》之序也。健于行而險在前，需之由也。時不可進，惟積誠以動之，若果充實積中，光輝發外，則誠無不感，自然通達。然天下固有愚誠而不衷于道者，故又必守之以正則吉，此《需》之道也。大川之險，可以利涉，又豈有需而難進者乎？此《需》之效也。

《彖》曰：需，須也。險在前也，剛健而不陷，其義不困窮矣。

須，待也。何以須？坎險在前，不可輕進。然唯乾德之剛，沉毅不苟，見險而待，不爲所陷，則不至于困窮。若陰柔不能寧耐，未有不陷者也。

"需，有孚，光亨，貞吉"，位乎天位，以正中也。"利涉大川"，往有功也。

天位，九五也。陽實爲有孚。中德爲光亨。居正爲貞。致治功而成大化，《需》道之極善者也。故專舉此爻以釋《彖》義。

《象》曰：雲上于天，需；君子以飲食宴樂。

坎在上爲雲，雨未降而生物之功有待，亦猶時未至而經綸之道難施。飲食者隨分自安，晏樂者知命樂天，此處《需》之道也。《彖》多言人事，《大象》多言天道。此卦《彖》言見險不陷，《大象》言"雲上于天"，是也。《彖》者，文王切指之以示吉凶同患；《象》者，孔子明羲畫之義以通神明之德、類萬物之情。朱子謂有伏羲之易，有文王之易，當分別觀之。

初九：需于郊，利用恒，无咎。

郊、沙、泥，以《象》詞"涉川"及爻位遠近取象。初最遠于坎，待于郊之象也。守而不變，則終不冒險，又何咎焉？

《象》曰："需于郊"，不犯難行也。"利用恒，无咎"，未失常也。

人唯中無常主，故犯難而行。郊尚遠于水，未犯險也。利用恒，則處之如一，不改常度，故无咎。

九二：需于沙，小有言，終吉。

沙者，水石之交。有言者，二、五無應。然沙雖近而未陷，言雖不免，而中誠可信，故終吉。

《象》曰："需于沙"，衍在中也。雖"小有言"，以吉終也。

需于沙，則瀕于水矣，所恃者二位正中，其爲寬衍猶在耳。衍者，寬平之地。《易》之最重者中德，故雖有言而終吉。

九三：需于泥，致寇至。

泥則見水矣。不能慎之于先，陷于泥而乃需，則寇之至也，實自致之耳。

《象》曰："需于泥"，災在外也。自我"致寇"，敬慎不敗也。

需泥致寇，危已甚矣。此孔子教以處之之法，雖曰需泥，然患自外來，回頭則无患矣。寇不自至，我爲之招，敬謹慎重以應之，則頑暴可化，不至爲害。《易》之所以寡過者，全在于此。朱子曰："'敬'字大，'慎'字細小。"

六四：需于血，出自穴。

上三爻皆在坎中，坎爲血，故四爲陷于血之象。然四陰順五陽，終能濟險而出自穴，蓋剛能需，猶乾健知險；柔亦能需，猶坤順知阻。《需》至三、四，皆有不能姑待之意，然無大災者，需故也。四爲坎之二陰，故皆言穴，猶《坎》外卦，初與三皆言坎窞是也。

《象》曰："需于血"，順以聽也。

四所以免陷溺之害者，順以從乎五。五，天位而四承之，有順聽天命之象。

九五：需于酒食，貞吉。

此卦主，所謂"有孚光亨，位乎天位"者也，故爻辭與《大象》同。在國家，則釃酒速客以俟升平；在士君子，則飲醇自放以全患難。此最善于處需者，故吉。

坎中實，果腹之象；爲水，酒漿之象；故《坎》《困》《未濟》多言酒食。干寶以《需》爲游魂之卦，故曰："坤者，婦人之職也。凡百穀果蓏、禽獸魚鱉，皆爲所生，而游魂變化，復能烹饔腥實，以爲和味之具。"穿鑿甚矣。漢儒言象，大率類此。近人每薄宋而稱漢，附識以俟知者。

《象》曰："酒食，貞吉"，以中正也。

二中而不正，五既中且正，以見其飲宴非耽樂也。

上六①：入于穴，有不速之客三人來，敬之，終吉。

坎陷之極，竟入穴矣。然有應于下，而三與二陽并進，有不召而來之象，于此而怠緩從事，則需者德之賊矣（語見《左傳》），故曰"敬之，終吉"。敬則爲客；不敬，則爲寇矣。三人，乾三陽之

---

① 六：諸本皆誤作"九"，径改。

象。三陽非皆與上應，不速之象。上柔順，敬之之象。

《象》曰："不速之客"來，"敬之終吉"，雖不當位，未大失也。

上居險極，故曰"不當位"。凡《易》爻所謂當不當者，多兼論其所遇之時，所處之地，所應之正、不正，不專以陰陽爻位言也。

訟

☷坎下乾上

訟：有孚窒，惕中吉，終凶，利見大人，不利涉大川。

二之中實爲孚，窒塞而不能見信于人，訟之由也。然必小心謹惕，此中乃可表暴，不成訟而吉也。若自以有中德，必欲窮極其訟，則凶矣。又宜見剛中正之大人，然後聽斷得平。凡涉川者，須同心共濟。訟之時，上下違心，不可以濟險，所以深戒之也。大人謂五。

《彖》曰：訟，上剛下險，險而健，訟。

健而不險不生訟，險而不健不能訟。卦体乾上坎下，上剛以制其下，下險以伺其上。卦德險而健，內機詐而外剽悍，皆訟之道也。毛伯玉曰："上剛下險，以彼此言。險而健，以一人言。"

"訟，有孚窒，惕中吉"，剛來而得中也。"終凶"，訟不可成也。"利見大人"，尚中正也。"不利涉大川"，入于淵也。

《需》之外卦，來爲《訟》之內卦，位雖不當，剛仍居中，故曰"剛來而得中"。剛則有孚，得中則不終訟。"訟不可成"，謂上。"中正"，謂五。淵者，一坎居下，雖爲大川，而爲乾健所壅，則成淵矣。夫大人在上，而可以訟乎？大川不利涉，而訟可以終乎？

《象》曰：天與水違行，訟；君子以作事謀始。

健險成訟，一義；天水違行，又一義。天左旋，水東注，此違行一義。天上浮，水下流，此違行又一義。夫天爲三才之始，水爲五行之始，故法之。所謂有德司其契而訟自息者，謀始焉耳（見王弼説）。

初六：不永所事，小有言，終吉。

初險体，非險之主，不終訟事，雖有訟言，而獲吉矣。曰事，冀不成訟也。

《象》曰："不永所事"，訟不可長也。雖"小有言"，其辨明也。

訟豈可長？惟其不長，故得辨別明白。若尚口，乃窮矣。

九二：不克訟，歸而逋，其邑人三百户，无眚。

二剛居險中，此真健而險且得位者，則其爲訟主故也。二、五正應，以剛對剛，理不相下；以卑應尊，勢不相敵；且有孚而室，剛得中，有乾惕之心焉，故不成訟而歸而逃焉。其邑人三百户，皆化爲善讓之風，無復爭競之過。《榕村語録》曰："雖未足以成風教，而已足以化小邑。"坎爲隱伏，逋竄象，剛入坤中体而成坎，二逋則坎仍爲坤。坤爲衆①，三偶成群，邑人三百户之象。

《易》例陽爲七，陰爲十，若泛及數目則皆稱三，以爻數在三，如"三品"、"三狐"、"三驅"、"三錫"之類。

《象》曰："不克訟"，歸逋，竄也。自下訟上，患至掇也。

下謂二，上謂五。以下訟上，若不中止。患如掇拾，豈无災乎？

六三：食舊德，貞厲，終吉。或從王事，无成。

三與初并居險体，非險之主。三與上應，上居高以臨下，不可與爭，故初猶有訟，三則安其常分，守之以正，尤惕厲不敢自逸，終身之慶可知，豈復有訟哉！或不得已，不免訟于王庭，則亦謙讓不遑，無終其事也。食舊德者，不爭利。從事无成，不爭功。總之，君

---

① 衆：本衙本訛作"象"，據劉傳經堂本改。

子無所爭而已，又何訟焉？

《象》曰："食舊德"，從上吉也。

守分順上，自然訟消而吉。即從王事，而无成也。

九四：不克訟，復即命，渝，安貞吉。

四以剛爻而處陰位，亦一訟人矣。第四與初對，顧理不可而不訟，則必反而聽命，曰渝矣。吾改行矣，是已安于正，而何勿吉焉？即，就也，謂俯而就聽訟者之命。渝，變也，如《春秋》"鄭人來渝平"之"渝"。

二以下訟上，不克者勢也。四以上訟下，不克者理也。二、四皆剛居柔，故能如此。但二阻于勢，四屈于理，故四之吉優于二之无眚。

《象》曰："復即命，渝"，"安貞"不失也。

始雖有訟，終能改行，又何失焉？

九五：訟，元吉。

諸爻皆訟者，五位尊体健，得中而不險，聽訟者也，故元吉。此一卦之主，《彖》所謂"利見大人"，尚中正也。

《象》曰："訟，元吉"，以中正也。

王肅曰："以中正之德，齊乖爭之俗。"

上九：或錫之鞶帶，終朝三褫之。

"桓二年"《傳》："鞶厲旒纓"，注云："鞶，大帶也。"鄭康成以"三褫"爲三拕。晁以道云："三拕即拖紳之拖，謂拽也。"蓋訟勝受服，矜喜不能自持，服而解，解而服，至于再，至于三也。舊說以褫爲他人褫革，與以訟受服不合，世亦無終朝三褫之理。鄭說爲是。乾爲圓，帶亦圓，故象之。

《象》曰：以訟受服，亦不足敬也。

以訟受賞，亦不足貴，況未必賞，賞亦未必能久。甚矣！訟之不可成也。

師

☰☷坎下坤上

師：貞，丈人，吉无咎。

坤爲田土，爲國邑，而險即存乎其間，無異畫井里而藏兵甲，如所謂寓兵于農者，古之師也。貞者，出師有名。丈人謂二，一陽統五陰。互震爲長男，又剛中應五，故五臨之曰長子，衆仰之曰"丈人"。"吉无咎"者，功可成而無後患。《存疑》云："言其功可成，于理又无咎。"

有吉而有咎者，嬴秦之滅六國是也。有无咎而不吉者，孔明之伐魏是也。

坤衆水亦衆，而坤爲大輿，震爲小車，坎爲車輪，皆兵象。服虔以互震爲雷，雷，鼓類；又爲長子，長子帥衆，鳴鼓巡水而行，行師之象也（見"宣公十二年"《傳》疏）。

《彖》曰：師，衆也。貞，正也。能以衆正，可以王矣。

師者衆也，出之无名則爲窮兵黷武，故宜以正行之。"能以衆正"二句，謂五。以，用也。言五用二統衆，而出之以正，乃王者之師也。

剛中而應，行險而順，以此毒天下而民從之，吉又何咎矣！

二陽剛而中，復得五應，自能出坎險而遇坤順。"以此毒天下"二句，總承上文，以釋"吉无咎"之義。毒，荼①苦也，如毒藥之攻

---

① 荼：諸本皆誤作"茶"，據文義改。

病，戡暴亭毒天下歸往，吉又何咎焉？

《象》曰：地中有水，師；君子以容民畜衆。

水之爲物，有行險乘危之勢，然在地中，則蓄聚而不散。容，用也。君子用民爲兵，畜兵于民，法地水之象也。

初六：師出以律，否臧凶。

此行師之始。律有二義：未出之先，除殘而動；將出之際，節制而行。反是，雖臧亦凶矣。胡雲峰曰："不言吉，律令謹嚴，出師之常，其勝負未可知也。"

坎爲法律。

《象》曰："師出以律"，失律凶也。

不曰"否臧凶"，而曰"失律凶"，明否臧之爲失律。

九二：在師中，吉无咎，王三錫命。

此一卦之主，故辭與《象》同。《象》云"丈人"，九二是也。"師中"即《春秋傳》所謂"將中軍"者，二位正中，故以爲象。王謂六五。錫命者，柔應乎剛也。《周禮》："一命受職，再命受服，三命受位。"

《象》曰："在師中吉"，承天寵也。"王三錫命"，懷萬邦也。

禮任不隆，則將既失寵，士必不從。二在師中而五應之，榮寵不亦多乎？然王之任將，非以樹威，懷柔天下而已，故不曰"威"而曰"懷"，見王者用師之本心。

六三：師或輿尸，凶。

輿，衆也。尸，主也。三以陰柔之才，居二上而爲出師之佐，分其事權，凶可知矣。

《象》曰："師或輿尸"，大无功也。

大无功，則必致喪敗，所以爲凶。

六四：**師左次，无咎。**

《春秋傳》："三宿爲次。"左次，退舍也。兵家尚右，故以退爲左。四柔得位，知己知彼，全軍而退，又何咎焉？

兵家右爲前，左爲後，如《史記》"上將軍居右，偏將軍居左"，又《八陣圖》以前衝爲右，後衝爲左。

《象》曰："左次，无咎"，未失常也。

知難而退，師之常也。

六五：**田有禽，利執言，无咎。長子帥師，弟子輿尸，貞凶。**

五柔順而中，有恭儉玄默之德，无喜功生事之心，故或寇賊侵害，如田有禽而害稼，則利搏執，何咎之有？言者，有罪可聲也。然而師出有名，尤必擇將。若以二剛之長子帥師，復以三柔之弟子分主其衆，則雖正而亦凶矣。五柔，恐信任不專，故戒之如此。

化坎豕于坤中，故其象爲"田有禽"。

《象》曰："長子帥師"，以中行也。"弟子輿尸"，使不當也。

"以中行"，明二之可任。"使不當"，戒五之器使。

上六：**大君有命，開國承家，小人勿用。**

此用師已畢，論功行賞之候也。大君，謂王也。開國，封諸侯也。承家，立都邑也，或錫土地，或定采食。不可復用小人，以釀他日之亂階。自古戰勝之後，多致驕盈，小人因以得志，故特戒之。

《象》曰："大君有命"，以正功也。"小人勿用"，必亂邦也。

正功，言賞必當功。弟子輿尸，戒于師始；小人勿用，戒于師終。甚哉小人之害，聖人之慮深矣！

初，師之始，紀其出師而有律。上，師之終，紀其還師而賞功。六爻中將兵將將，伐罪賞功，靡所不載，末言"小人勿用"，則又戒辭也。

比

☷☵ 坤下坎上

比：吉。原筮，元永貞，无咎。不寧方來，後夫凶。

水附地曰比，下從上亦曰比。夫比則必附，比則必以下從上，有何勿吉？有疑而問曰筮。《蒙》之筮，問之人者也，不一則不專。《比》之筮，問之我者也，不再則不審（原，再也，《左傳》"原田"，《漢書》"原廟"，《本草》"原蠶"，皆是）。貞下起元，"元永貞"者，終有始，始又有終，非剛中之九五不能，何咎之有？此所以爲比之主也。"不寧方來"，指上下五陰言，相從乎五也。後夫，專以上言，四陰皆從五，上獨遲遲不前，故凶。

《彖》曰：比，吉也。比，輔也，下順從也。

比近于私，而云吉者，以比有輔之義也。"下順從"，專指四陰爻言。

"原筮，元永貞，无咎"，以剛中也。"不寧方來"，上下應也。"後夫凶"，其道窮也。

九五陽剛，居上之中，故可當衆之歸而无咎。上下應，非上六之上，謂上卦與下卦應，五與二應也。後夫者，上爻也，以陰處高位，又乘剛而抗陽，故曰"道窮"。

《象》曰：地上有水，比；先王以建萬國，親諸侯。

地上有水，相涵相浸，親切無間，天下之相比，莫過于是。建萬國，所以親諸侯；親諸侯，所以代爲王者親民，比道之最大者也。

初六：有孚比之，无咎；有孚盈缶，終來有他，吉。

初遠于五，恐其貌從心違，故必積誠以比之，乃得无咎。又恐其有初鮮終，故必積誠盈滿。雖位遠于五，未必即能感格，而終必見信而從之，故吉。

謝梅莊曰："坤爲釜，故取缶象。離亦取缶象，中虛也，中虛故言鼓。坎亦取缶象，中實也，中實故言用。三卦皆取此象，《說卦》豈能盡載之哉？"

《象》曰：比之初六，有他吉也。

初與五不相應，則外之。外之者，他也。初既爲他，則所謂方來者，或疑其未必來，而吾則終以爲來，以其孚也。六服交孚，不止要荒，他皆我有矣。

六二：比之自內，貞吉。

二居內體而應乎五，比之得其正者，其吉固宜。

《象》曰："比之自內"，不自失也。

二五內外相應，非枉道援上而失其自守之操者。

六三：比之匪人。

三與五无應，承、乘、應皆陰，比非所比。

《象》曰："比之匪人"，不亦傷乎？

言傷，則凶可知。

六四：外比之，貞吉。

四與五同居外體而承乎五，比之得其正者，故吉。

《象》曰：外比于賢，以從上也。

四外比，則疑于援上矣。不知所比者乃陽剛之賢，比所當比，順以從之而非援也。

九五：顯比；王用三驅，失前禽，邑人不誡，吉。

五爲比之主，然非有私暱，坦然明白，人人共見。私，故計較于物之往來；公，故渾忘于彼之順逆。雖衆之中，猶有不比如後夫者，亦明明舍之，如三面合圍，前開一面，使之可去。其不出而反入者，則射之。去者乃前禽，則免而不射。邑人皆信其大公無私，不用相告誡也，而群相附和，故吉。

六爻皆言比之，陰比陽也。五言"顯比"，陽爲陰所比也。三驅失禽，上之比下也顯；邑人不誡，下之比也亦顯。

《象》曰："顯比"之吉，位正中也。舍逆取順，"失前禽"也。"邑人不誡"，上使中也。

所以能顯比者，五以陽居陽，正而且中也。陰承陽爲順，乘陽爲逆，舍上一陰以其逆也，取下四陰以其順也。邑人共信，《書》曰"民心罔中，惟爾之中"，有使者然也。

上六：比之无首，凶。

九五卦主，无首也。上出其外而不比于五，无首之象，故凶。

《象》曰："比之无首"，无所終也。

《本義》："以上下之象言之，則爲无首。以初終之象言之，則爲无終。"九五一陽，同爲初、上之所推，乃初曰"終來"，而上反"無首"，祗一順逆間，而吉凶至于如此。

小畜

☰乾下巽上

小畜：亨，密雲不雨，自我西郊。

畜，聚也。《大畜》陽以類聚，一陽上而三陽皆上，故《雜卦》曰"時"。《小畜》陽以陰聚，一陰止能孚一陽，而不能孚五陽，故《雜卦》曰"寡"。陰畜陽，則陽得其和，故亨。但倡之陰，不倡之陽，止爲密雲而已，不能成雨。何也？以其來自陰方故也。

互兑爲西。密雲，謂六四一爻。不雨，謂不能畜五陽也。"自我西郊",又申明之。周文居西,故曰我。

雨雖陰寒,而本于陽氣。蓋由日爍地中濕熱之氣,逼迫上冲空際冷域,陰陽相薄,降而成雨。今一陰爲主,故但爲雲,不爲雨。朱漢上謂坎、兑一水也,坎上爲雲,兑亦爲雲。此卦互兑,故有雲象。

《彖》曰:"小畜",柔得位而上下應之,曰"小畜"。

卦名《小畜》者,卦體六四之柔居得其位,上下五陽皆欲應之,故曰"小畜"。然欲應者其志,有應有不應者,限于位也。

健而巽,剛中而志行,乃亨。

卦德健而巽,五剛中而與四合志,故亨。亨者,指四、五兩爻有孚而言。有孚者,陰陽相和而雨也。

"密雲不雨",尚往也。"自我西郊",施未行也。

尚往,謂一陰不能畜五陽。陽往而不來,蓄聚未固,故不能成雨。施者先施,陰倡于先,則醖釀不厚,故澤不下行。上文"剛中志行",就四、五兩爻而言,則爲既雨,故曰"亨"。此就全體而言,則爲不雨,故曰"往"曰"未行"。

《象》曰:風行天上,小畜;君子以懿文德。

風行則雲霞變幻,有文象焉。君子法之,以美其文德。文暴于外,所畜者小。若《大畜》德蘊于中,則所畜者大矣。

初九:復自道,何其咎?吉。

爻以四陰爲主,初雖相應,而地位甚遠,不能相孚,唯退而自安其位,則无援上之嫌,不唯无咎,而且得安貞之吉。

《象》曰:"復自道",其義吉也。

安于義命,不妄進取,故吉。

九二:牽復,吉。

二與四非應非比,志不相合;與初相牽連而復居于下,吉之道也。

《象》曰:"牽復"在中,亦不自失也。

二有中德,是我本來面目,未爲自失。

九三:輿説輻,夫妻反目。

三陽象夫,四陰象妻。三與四相比而不相應,故不相孚。進不利于行,如輿之脱輻而不前。退不安其室,如夫妻之反目而不和。三稱妻,言相敵也。上稱婦,言相順也。

輻,輪中直木,所以揸輪者。惟輿壞,故輻脱,與《大畜》"輿脱輻"爲輿下縛木,可自脱者不同。乾爲天爲圓,故多言輻。互兑爲毀折,故曰脱。互離爲目,外卦巽爲多白眼,故曰反目。

《象》曰:"夫妻反目",不能正室也。

不能正室,以喻三陽四陰不能相孚。

六四:有孚,血去惕出,无咎。

四與五比,以臣畜君者也。勢位相隔,必有壅閼未能通者,唯積誠之至,則壅閼可通,亦如人身之有結滯,血去而氣通也,如是則可免于憂惕而无咎。

坎爲血卦,爲加憂,四離体,與坎相對,故曰"血去惕出"。

《象》曰:"有孚惕出",上合志也。

上,謂五。

九五:有孚攣如,富以其鄰。

五比于四,相孚者也。攣如,固結之象,則真爲四所畜矣。畜者,養也,聚也,所謂富也。以比鄰而得之,五君四臣,臣亦曰鄰。《書》曰:"臣哉鄰哉,鄰哉臣哉。"

巽爲近利市三倍,故多言富。

《象》曰:"有孚攣如",不獨富也。

四五相比，故曰"不獨"，以誠感誠之謂也。

六爻惟四、五曰"有孚"，可見卦之所謂雨者，此二爻而已。雨者，卦之所謂亨也。

上九：既雨既處，尚德載，婦貞厲。月幾望，君子征凶。

處，止也。載，積也。既雨謂五，既處謂上。上與四非應非比，居巽陰之極，方雨忽止，澤上積而不下施，婦不隨夫。月盈則虧，君子于此，便宜引退。若以寵利居成功，必致凶咎。

舊説以此爲陰德之盛，畜道之成，故爲既雨之象。夫陰陽相和而後雨，第言陰德，未足致雨也，又何以爲畜道之成？故余謂既雨者五爻，既處者此爻也。《易》中以上爻終五爻之義者甚多。"月幾望"，諸家不言其象。《紫巖易傳》以納甲言之，謂兑納丁，值上弦，爲幾望之象。余思經言"月幾望"者三，《歸妹》《中孚》皆兑，此卦互兑，紫巖之説是也。

《象》曰："既雨既處"，德積載也。"君子征凶"，有所疑也。

德積載，澤上積而不下。疑，如陰疑于陽之疑。蓋巽陰盛極，疑于偕陽，又豈可以畜陽乎？故征行則凶。卦以六四爲主，蓋陽者陰之所求，故曰"柔得位而上下應之"。應者，聲應氣求之謂。第五陽皆欲求陰，而位有不同。初與四應，而相隔最遠；二非應非比，是以進不如退；三雖比，而四志與五合，近不相得，是以有凶辭焉；四、五相比而有孚，《象》之所謂"剛中志行，乃亨"者也。亨者，和也，雨也。然畜之小，則雨亦小，故至上九而止矣。陰陽不應，如德澤之積而不下，如婦之剛而不順，如月之既盈而虧。君子于此，不可行矣。不行維何？復自道而已。

三、四不相得，上亦不相得，故詞與三同。婦厲月望，三之夫妻反目也；征行則凶，三之輿説輻也；皆以不相應取象。應者唯五而已。

履

☱兌下乾上

履虎尾，不咥人，亨。

虎以乾剛言，履以兌柔言，觀《象傳》"柔履剛"可見。王輔嗣以兌爲虎，則非柔履剛之義。毛西河以一柔踐五陽爲虎，則四爻何以亦稱"履虎尾"？皆失之矣。

《彖》曰：履，柔履剛也。説而應乎乾，是以"履虎尾，不咥人，亨"。剛中正，履帝位而不疚，光明也。

八卦之中，乾剛兌柔。乾剛爲虎，兌之一柔踐躡其後，有似乎履虎尾者。所幸兌説而應乾，以柔馭剛，雖其間履之所及，或凶（六三）或吉（九四），而以概視之，則固不咥而亨者，蓋履非一履。若推之九五之履，則爲"剛中正"，所謂"履帝位而不疚"，何則？以乾道光明也。

《象》曰：上天下澤，履；君子以辨上下，定民志。

上天下澤，卑以承尊，君子象此，以辨尊卑上下之分，則民各安其分，而心志于是乎定，故曰："履，禮也。"

《漢書·宣帝紀》引《詩》"率禮不越"，以"履"爲"禮"，可見二字通用。

初九：素履，往无咎。

初剛在下，素位而行，何咎之有？素者，無文之謂，蓋履禮也，《履》初言素，禮以質爲本也。

《象》曰："素履"之往，獨行願也。

所謂素位而行者，獨行己志而無願外之心。

九二：履道坦坦，幽人貞吉。

二以剛居中，是履道而得其平坦者也。進无應而退有比（无應謂九五，有比謂初九），非幽人乎？兑位西，象幽。

《象》曰："幽人貞吉"，中不自亂也。

剛在兑中，二本正位，貞而能中，所履自不亂矣。

六三：眇能視，跛能履。履虎尾，咥人凶，武人爲于大君。

柔不中正，不能視而自以爲能視，不能履而自以爲能履，以此而履虎尾，則爲所咥矣。夫此一柔也，陰也，武人之象也。一往直前，唯武人爲大君效命疆場則可耳。

卦以柔履剛，故不咥。爻以柔居剛，故咥。兑爲毀折，故象眇跛咥人。

《象》曰："眇能視"，不足以有明也。"跛能履"，不足以與行也。"咥人之凶"，位不當也。"武人爲于大君"，志剛也。

眇而視，實無視遠之明。跛而履，實无致遠之能。《象》言"不咥人"，而爻"咥人"者，位當兑口故也。所可取者，志剛不回，效力大君耳。

九四：履虎尾，愬愬終吉。

三在乾後，故曰"履虎尾"。四在乾尾，故亦曰"履虎尾"。餘爻但言履，不言虎矣。然三多凶而四多懼，吉凶分焉。

《象》曰："愬愬終吉"，志行也。

唯其危懼，乃能免患而行己志。

九五：夬履，貞厲。

以剛卦剛爻而當此剛位，所應所輔皆莫有以柔濟者，此其所履，所以多剛果而少從容也。所貴大居正而嚴天威，斯善矣！此《傳》所謂"剛中正，履帝位而不疚"者。"厲"與《乾》三之"厲"同，非占辭也。惟剛，故曰"夬"；惟中正，故曰"貞"；惟常存危懼，所以不疚。

《象》曰："夬履，貞厲"，位正當也。

戒夬履者，以其正當尊位也。

上九：視履（句），考祥其旋（句），元吉。

上居前，在履之外，但回視以考其中規中矩者，故其吉尤大。

《象》曰："元吉"在上，大有慶也。

周旋中禮，則大慶矣。

泰

☰☷乾下坤上

泰：小往大來，吉亨。

往者自內卦而達之外，來者自外卦而達之內。小大者，陰陽也。陽主生息，故稱大；陰主消耗，故稱小。

《象》曰："泰，小往大來，吉亨"，則是天地交而萬物通也，上下交而其志同也。內陽而外陰，內健而外順，內君子而外小人：君子道長，小人道消也。

陽本在上，陰本在下，今反之何與？所謂交也。交則天氣下降，地氣上升，萬物于是乎發生。交則君能接下，臣能忠上，志意默相感乎。天地以氣交，人以心交，此以重卦上下為義也。下即內，上即外。下陽上陰，即內陽外陰。陽為健、為君子，陰為柔、為小人。君子居于內，小人居于外，此以卦体內外為義也。在內者日來而長，在外者日往而消，此以六爻消長為義，故曰泰也。

《象》曰：天地交，泰；后以財成天地之道，輔相天地之宜，以左右民。

"財"與"裁"同。天本渾体，必分作三百六十五度，而後推算可施。地亦衍体，必區作九州，而後井里可畫。裁成者，分作段子，始能成就也。輔相者，燮理陰陽，无過不及之差。然此必聖人在天子之位，故曰"后"。

初九：拔茅茹，以其彙，征吉。

茹，根之牽者。彙，類也。初陽居下，當《泰》交之始，有志上進，如拔根連類以進，賢人并登，征行之吉可知。

茅，以爻位取象，根必下生，茅在二，則根在初。

《象》曰："拔茅"，"征吉"，志在外也。

外謂五，在天下，不在一身。

九二：包荒，用馮河，不遐遺。朋亡，得尚于中行。

此上交之主。荒，大也，以寬大之量，兼馮河之勇，然且遠邇同觀，中外一體，三陰雖遐而不遺，三陽兼征而非比，其剛中行健爲何如者？

中爻兌澤，內卦乾行，故曰"馮河"。

《象》曰："包荒"，"得尚于中行"，以光大也。

"包荒"，"得尚于中行"，總括馮河不遺朋亡在內，約兩端以該之，此非乾之光大不能也。

九三：无平不陂，无往不復。艱貞无咎，勿恤其孚，于食有福。

以剛居剛，慮其上交而躁進，故戒之曰：天下无有平而不險、往而不來者。君子一以人事持之，修盈保大，艱而能貞，有何咎焉！孚者，上下相信也。任其自然，勿以爲慮，則寢食俱安，獲泰交之福。

舊以此爲治極將亂、持盈保大之戒詞，不知此卦至五爻方治，何得越位立言？故不可從。

《象》曰："无往不復"，天地際也。

所以无不陂、无不復者，以三當上下之交，由下卦之天，至上卦之地。

六四：翩翩，不富以其鄰，不戒以孚。

四之翩然而來者，不恃其生物之富而下交，并其同類三陰，不用告戒，而交相信孚矣。此下交之始也。四、五君相之位，下交之主。

坤卦皆言"不富"，《謙》《升》是也。三畫皆耦，虛而不實，故曰"不富"。

《象》曰："翩翩，不富"，皆失實也。"不戒以孚"，中心願也。

坤道生物，莫富于此，而云不富者，樂交忘勢，不恃其富也。"不戒以孚"，由于中心，所謂上下交而志同如此。

六五：帝乙歸妹，以祉元吉。

此下交之主也。五柔中，應剛中，如帝女下嫁，以福德而不以貴位。

二、四互兌，三、五互震。震爲長子，兌爲少女；震爲兄，兌爲妹；故與《歸妹》同象。程子及項平庵据荀爽《傳》謂帝女下嫁之禮，至湯而備。湯稱天乙，或者亦稱帝乙。按"哀九年"《傳》：晉卜伐宋救鄭，筮得此爻，曰："宋方吉，不可與也。微子啟者，帝乙之元子也。"則固以此爻之帝乙爲紂父矣。

《象》曰："以祉元吉"，中以行願也。

五交于二，陰之從陽，順之從健，小人之從君子，皆得隨其心之所欲而見諸行矣。陰皆欲從陽，故四、五皆曰"願"。

上六：城復于隍，勿用師，自邑告命，貞吝。

《泰》至此而否象生焉。城，土也。隍，去土者也。向取隍之土以爲城，今復傾城之土以填之，平无不陂，往无不復也。衆亦將散，故不可用，猶幸未崩未散，邑象也。從此下罪己之詔，以收衆心。然不能保邦于未危，雖正以守之，不免于吝。

《象》曰："城復于隍"，其命亂也。

泰反爲否，人皆謂時勢使然，不知由命亂自上，以致如此，所以補備爻意，責人之義深矣。

否

☷坤下乾上

否之匪人，不利君子貞，大往小來。

匪人謂小人。否世之小人，佞邪相傾，不利君子之守正，以陽往而陰來也。

《彖》曰："否之匪人，不利君子貞，大往小來"，則是天地不交而萬物不通也，上下不交而天下无邦也。內陰而外陽，內柔而外剛，內小人而外君子：小人道長，君子道消也。

與《泰》相反。

《象》曰：天地不交，否；君子以儉德辟難，不可榮以祿。

《書》曰："慎乃儉德。"謂以貶損爲德。不樂榮利，六二是也。《榕村語錄》曰："當否時，稍有識者，便知不貪爵位，然或迫于貧，不得已而爲祿仕者有之矣。唯儉德辟難之君子，人君不可以祿釣之。"

初六：拔茅茹，以其彙，貞吉，亨。

初位遠而在下，所當辟者也。拔茅連根，同類以退，守不仕之貞，吉莫大焉，身雖否而道則亨矣。《泰》之"征吉"，引其類以有爲；《否》之"貞吉"，潔其身以有待。

《象》曰："拔茅"，"貞吉"，志在君也。

遯居不仕，或疑其果于忘君，不知其抱道自高，礪名節，所以爲吾君振綱常也。

六二：包承，小人吉，大人否，亨。

此下卦之主。所謂匪人者，包藏禍心，唯以順承爲是，希榮固寵，小人之吉也。君子反是，則困而不通，然身愈困而道愈亨，所謂"儉德辟難"者也。

《象》曰："大人否，亨"，不亂群也。

大人當此，肯亂其群而與小人作緣哉？不亂，故否。亦惟不亂，故亨。

六三：包羞。

二曰"包承"，三則含垢納污，無所不至，極小人之情狀者也。

《象》曰："包羞"，位不當也。

二、三同曰"包"，三獨言"羞"者，以三位不中不正，不得與二同也。

九四：有命无咎，疇離祉。

命者，天之所令，君之所造。四否已過中，人既思治，天亦厭亂，豈唯一身以之，同類皆藉以獲其福焉。疇，類也。

項平庵曰："《泰》雖極治，以命亂而成否。《否》雖極亂，以有命而成泰。"

《象》曰："有命无咎"，志行也。

志即初之志。天命維新，向之志在君者，至是乘時有爲，皆得見諸施行。

九五：休否，大人吉。其亡其亡，繫于苞桑。

不曰"否休"而曰"休否"，專其責于人，所以承天命，正大人之事也。前者否，今則吉矣。然消長之理，循環无端，故嘗念曰："其亡乎？其亡乎？繫于叢生之桑，殆哉岌岌乎？"

孔穎達以"休否"爲遏絶小人，是否之休美者，與卦詞大小之義甚合。中爻巽，陰木，故取苞桑象。苞者叢生，以喻柔弱。舊說以

"苞"爲根,以喻堅,則與"其亡其亡"文義不合。巽又爲繩,故取繫象。

《象》曰:大人之吉,位正當也。

大人前否而今吉,前无位而今有位也。无其位,雖有其道,將何爲乎?故聖人之位,謂之大寶。

上九:傾否,先否後喜。

傾者,覆而去之也。不曰"否傾"而曰"傾否",人力爲多,先否而今泰,喜可知矣。

《否》爲《泰》之覆卦,故象傾。

《象》曰:否終則傾,何可長也。

天下无長否之世,要當盡人事以格天心,信必退小人而進君子也。《泰》以陰柔處《泰》之終,故不能保泰而否;《否》以陽剛處《否》之終,故卒能傾否而泰。

卷五

同人

☰☲ 離下乾上

同人于野，亨，利涉大川，利君子貞。

同人者，同于人也。野者，曠遠之地，以喻大公无私。同人如是，何勿亨焉？相親相濟，雖涉險亦无不利。然天下固有相合而不以道者，故又利于君子之貞。

《彖》曰："同人"，柔得位得中而應乎乾，曰同人。

乾謂外卦。一柔虛中，與五陽相應，所以爲同人也。不言上下應者，居下體也。《比》《小畜》《大有》陰居上體，則曰"上下應"。

同人曰，

《同人》之卦曰。

"同人于野，亨，利涉大川"，乾行也。文明以健，中正而應，君子正也。惟君子爲能通天下之志。

乾體在外，乾行之象，剛健无私，故於野而亨、涉川而利也。卦德内離文明，外乾剛健，卦體中正，二、五相應，此君子之正道也。正，故能合天下而同之，不然，一陰五陽，陽誰不欲同乎陰，相攻无已時矣。

《象》曰：天與火，同人；君子以類族辨物。

天體在上，火又炎上，其性同也。類人之族，辨物之宜，所以教之不同，然必如是而後各得其分，无爭奪之虞，乃所以同也。丘建安曰："以三畫卦言之，二、五皆在人位，相應則相同，故曰'同人'。"

初九：同人于門，无咎。

門以內多私，門以外則遠于私而無室家之戀。初陽无應，其象如此。无咎之道也。

朱可亭曰："二、三爲半艮，艮爲門，半艮則門之象失矣，是爲出門象。"丘建安曰："兩戶爲門，陰畫耦，有門之象。《同人》與《隨》之初九、《節》之九二，皆前遇偶，故謂之門。一扇爲戶，陽畫奇，有戶之象。《節》之初九，亦前遇奇，故謂之戶。戶一而門二也。"

《象》曰：出門同人，又誰咎也？

爻曰"于門"，《傳》曰"出門"，明"于門"之爲出門也，故无咎。

六二：同人于宗，吝。

二、五陰陽正應，有宗親之象，同人如此，則不免于私矣，故吝。馮時行曰："卦體有大同之義，爻義示阿黨之戒。"

《象》曰："同人于宗"，吝道也。

同人貴公，宗則不免于私，吝之道也。九五、六二雖正應，然于六二，每有戒辭如此。

九三：伏戎于莽，升其高陵，三歲不興。

三居下體之極，同而異之際也。三近乘二，欲同于二而忌二正應之五，又以剛居剛，不畏五之尊，伏戎以待之，升陵以望之，然尊卑不敵，遲之三歲，不能舉也。

離爲戈兵，戎象。互巽陰木，莽象；性入，伏象；爲高，升陵象；爲進退，不興象。離爲目，望象。朱可亭曰："高陵指四，升四而望五也。"

《象》曰："伏戎于莽"，敵剛也。"三歲不興"，安行也。

敵者，應也。剛不可敵，安其自然而行之，可矣。

九四：乘其墉，弗克攻，吉。

四隔於三，忿不得同乎二，而欲乘三以攻二，幸以剛居柔，畏二有五之應，雖乘之，勿克攻之，故吉。離中虛，外堅，故三有墉象。

《象》曰："乘其墉"，義弗克也。其吉，則困而反則也。

言能以義自反。

九五：同人先號咷而後笑，大師克相遇。

五之所應者二，則其所同亦二。然二以一陰，而所承、所乘、所比皆陽，亦如居尊而同於下者，其間必有勢分所隔，衆情所阻，焉能遽遇哉？夫先反側而後友樂，《關雎》之義也，《同人》亦然，故有升陵者，有乘墉者，必用乾行之衆，借離應之兵，以克之，二、五始得同矣。

《象》曰："同人"之"先"，以中直也。大師相遇，言相克也。

"先號咷而後笑"者，以五居上卦之中，九有剛正之德，能興師以克敵也。

上九：同人于郊，无悔。

上處卦外，郊關之象。同人如此，雖未能如野之大同，較之於門、於宗，則固廓然矣，故无悔。

《象》曰："同人于郊"，志未得也。

《同人》之卦，以野爲大公，郊未至於野，故其同人之志猶未滿足也。

李厚庵曰："內卦自同而漸異，外卦返異而之同。三、四二爻，同異之際也，故皆不言'同人'，以其未能同也。餘爻言'同人'，而二有'于宗'之戒，五有攻克之難，其于卦義近者，于門、于郊而已，終未能至于野而大同也，故'同人于野'之義大矣！"

大有

☰乾下離上

大有：元亨。

此卦一陰居尊，五陽歸之，所有者大也。《易》義最重尚賢，《大有》與《鼎》，皆以六五之君，下上九之賢，故直曰"元亨"而無餘辭。

《折中》曰："《比》以九居五，視《大有》之六五爲優矣。然《比》之應之者五陰，民庶之象也。《大有》之應之者五陽，則賢人之象也。賢人應之，所有孰大于是？故《比》之'吉，无咎'，不如《大有》之直言'元亨'。"

《彖》曰："大有"，柔得尊位大中，而上下應之，曰大有。

一陰踞五中，而上下諸陽皆爲所有，不亦大乎？

其德剛健而文明，應乎天而時行，是以"元亨"。

內卦乾爲剛健，外卦離爲文明。以六五之柔，應九二之剛，而復下于上九，行得其當，與時合宜，是以"元亨"。

《象》曰：火在天上，大有；君子以遏惡揚善，順天休命。

明以別善惡，健以行遏揚。天命之性，有善無惡，遏而揚之，順天之命也。休，美也。

初九：无交害，匪咎，艱則无咎。

大有之時，豐亨則逸豫，易涉乎害者也。然初與四皆陽而无應，則无交矣。无交則不牽于外，何咎之有？然初陽在下，猶恐有躁進之嫌，故必艱貞以處之，乃得保其終而長无咎也。

《象》曰：《大有》初九，"无交害"也。

他卦初多與四應，《大有》初不與四應，故无交物而引之之害。

九二：大車以載，有攸往，无咎。

二剛中，才堪任重，又以下應上，毫無阻滯，往何咎？

胡雲峰曰："坤爲大輿。輿指輻之方而能載者，車則以其全體而言。引之以馬之健，行之以輪之圓，皆乾象也。況九二以剛居柔，柔則其虛足以受，剛則其健足以行，有大車象。得應乎五，載上之象。"

《象》曰："大車以載"，積中不敗也。

二有中德，故德能積載。

九三：公用亨于天子，小人弗克。

以乾三而踞下國之首，三公象也。《大有》至此，衆多之極，公不自有其多，進而亨獻于天子，可謂善處盈矣。若小人則利欲錮蔽，私爲己有，豈能如是？

"僖二十五年"《傳》，以天子亨諸侯爲訓，乃斷筮也，與《大有》卦義不合，故不可從。

《象》曰："公用亨于天子"，小人害也。

大有之時，唯公能用此以亨上。小人則擅其富强，益爲不順而反爲招禍矣。

九四：匪其彭，无咎。

《韻會》曰："彭，多也。"四位近君，所有之大可知。以剛居柔，高而善下，非恃其多者也，咎自无矣。

《象》曰："匪其彭，无咎"，明辨晳也。

處高不危，處近不偪，處極甚而不盈，非得離火之明，而辨而能晳,何以至此?明者見之到,辨者考之詳。晳即晰,剖之精也。

六五:厥孚交如,威如,吉。

五離中虛,中孚象也。近交四,遠交二,誠信及人,所謂應乎乾也。雖不立威,而人畏懷之,吉何如也!

《象》曰:"厥孚交如",信以發志也。"威如"之"吉",易而無備也。

一人之信,虛己應賢,而上下歸之,是有以發上下之志也。威非作威,簡易無備,人自畏之,所謂不戒而孚也。

上九:自天祐之,吉无不利。

以陽剛之賢,居五柔之上,是君能虛心下賢者也。夫賢人簡在帝心,豈有不保祐之乎?不惟爲宗社之慶,措之政事,无往不宜矣!

《象》曰:《大有》上吉,自天祐也。

他卦上九多不吉,《大有》之上吉,以六五下之,故"自天祐之",尚賢之義大矣哉!項平庵曰:"《大有》上吉,明事關全卦,非止上爻也。"

謙

䷎艮下坤上

謙:亨,君子有終。

謙者,有其德而不居也。達理,故樂天而不競。內充,故退讓而不矜。亨者,事之可通。有終者,道之可久。

艮者,萬物之所以成始而成終,故其象爲有終。

《象》曰:"謙,亨",天道下濟而光明,地道卑而上行。

下濟,謂退居坤下。艮爲篤實輝光,故多言光明。上行,謂坤居艮上，所以爲謙。

天道虧盈而益謙，地道變盈而流謙，鬼神害盈而福謙，人道惡盈而好謙。謙尊而光，卑而不可逾，"君子"之"終"也。

"天道虧盈"四句，釋"亨"之義。虧盈益謙者，日盈則昃，月盈則虧，虧極復盈也。變盈流謙者，高山之下，必有浚谷。害盈福謙者，高明之家，鬼瞰其室。惡盈好謙者，滿招損，謙受益也。"謙尊"二句，王童溪曰："尊者，三居下卦之上也。光，艮體也。卑者，三居上卦之下也。不可逾，謂位雖居下而德剛，莫有過之者，蓋以謙居尊而道光，以謙居卑而德不可逾。此專以九三爻言'君子有終'之義也。"

《象》曰：地中有山，謙；君子以裒多益寡，稱物平施。

山下地，君子下人。裒益在我，多寡在物。稱而施之，不敢自有其權衡，故"《謙》者德之柄也"。

初六：謙謙君子，用涉大川，吉。

初居下卦之下，謙而又謙。君子持此道以涉險，亦可獲吉，況處順乎？蓋天地神人，皆祐之矣。此在下之君子，所謂卑而不可逾也。

《象》曰："謙謙君子"，卑以自牧也。

牧，養也，如牧牛、羊之牧。君子用此道，以自涵養其性情，使之馴服，乃可爲謙。

六二：鳴謙，貞吉。

二比三，三且謙，何況二又居下卦之中，有諸內必形諸外，故以謙鳴，得其正而吉矣。

三體震，爲善鳴。蘇子瞻曰："二其鄰也，上其配也，故皆和之而鳴。"

《象》曰："鳴謙，貞吉"，中心得也。

鳴則疑于務外，而不知其由于心之自得，非勉爲之，所以補備爻辭。

九三：勞謙，君子有終，吉。

此卦主也，故辭與《象》同。三以一陽居互坎之中，坎爲勞，勞于謙而不以爲苦，真能謙者也，故有終。此在上之君子，所謂尊而光也。

《象》曰："勞謙"君子，萬民服也。

以剛統柔，有群陰歸向之義。

六四：无不利，撝謙。

下卦山居地下，上卦則地反居山上，宜非謙矣。地勢卑，坤性順，故无所不利而發揮其謙。

程《傳》："撝，施布之象。"坤爲布，故曰撝。

《象》曰："无不利，撝謙"，不違則也。

則，準也。言非過爲貶抑，所以補備爻辭。

六五：不富以其鄰，利用侵伐，无不利。

五爲君位，富有四海而不恃其富，謙之至也。然君德不可過柔，故或有不服者，則用我臣鄰以之征伐，无不利矣。

五中虛，故言不富鄰，即臣也。《書》曰："臣哉鄰哉，鄰哉臣哉。"《春秋傳》曰："有鐘鼓曰伐，無曰侵。"

《象》曰："利用侵伐"，征不服也。

非不服則不征，仍不失其爲謙。

上六：鳴謙，利用行師，征邑國。

上近五，又應三，于是乎謏聞于人，人亦加以謙之名也。謙德之盛如此，可以行師矣。然君子行有不得，則反求己，故用師止以征己之邑國而已，不用剛克而能勝己之私者，未之有也。

互震爲長子，爲雷，爲鼓，故象師。坤爲土，爲衆，象邑國。

《象》曰："鳴謙，志未得也，"可用行師，征邑國也"。

謙極而鳴，猶以其謙爲未足，而志不自以爲得，故雖可用行師，亦止自治其私邑而已。上六之謙，配乎有終，而思以善承其謙有如此。

李厚庵曰："謙德之光，至于遠播，然微有責人之意，則猶未謙也。五言以其鄰而利用侵伐，先近而後遠也。上言利用行師而征邑國，後遠而先近也。兩爻互發，其實一意。"

豫

☷☳ 坤下震上

豫：利建侯，行師。

豫，和也。和則易流，故《雜卦》曰"怠"。和以統同，故《象》曰"建侯行師"。侯以輯民人，師以除暴亂，亦莫非致豫之道。

邱氏富國曰："《屯》有震无坤，則言建侯而不言行師；《謙》有坤无震，則言行師而不言建侯；此合震坤成卦，故兼之。"

《彖》曰：豫，剛應而志行，順以動，豫。

卦所以名"豫"者，以爻位言，九四剛雖不中，然一剛而衆柔應之，居上則其志得行，衆應則人心和附；以卦德言，内順外動，爲順乎理而動，動而得和，故名"豫"。曰"以"者，重在上一字。曰"而"者，兩字并重。

豫順以動，故天地如之，而況"建侯行師"乎？天地以順動，故日月不過而四時不忒。聖人以順動，則刑罰清而民服。豫之時義大矣哉！

下順上動，此與天動于上、地順于下者相同，而況君之撫有此衆乎！故其在天地，則日月代明而四時循序；其在聖人，則刑罰清明而萬民悅服。凡贊其大者，皆舍其瑕而取其瑜，欲人識時，精義以致用也。

《象》曰：雷出地奮，豫；先王以作樂崇德，殷薦之上帝，以配祖考。

雷以啓蟄，樂以宣和。殷，以雷聲喻樂聲也。《詩》云："殷其雷。"

初六：鳴豫，凶。

四震爲善鳴，而初應之，猶小人依附權勢，志意滿極，不勝其豫而以自鳴，凶之道也。《豫》之初六，即《謙》上六之反對，故皆曰"鳴"。

《象》曰：初六"鳴豫"，志窮凶也。

豫未至凶，以豫爲鳴，則其志趣卑小，盡于此矣，故凶。窮者，極也，盡也。

六二：介于石，不終日，貞吉。

无偶曰介，又硜硜貌。二居坤中，而五不我應，堅于自守，如石之不可轉，然其見幾而作，不待終日，而計畫已定，處逸豫而不耽，最得其正，故吉。

二至四互艮，艮爲小石。

《象》曰："不終日，貞吉"，以中正也。

二不終日而見凡事之幾微，得正而吉者，由其中正自守，不溺于豫，其介如石也。

六三：盱豫，悔，遲有悔。

盱，上視也。以坤迷之盡，當艮止之半，不能早計，徒仰視上震，羨其所得，可悔甚矣。惟悔而速去之則可，遲則必至于有悔也。

"盱豫"與"介石"相反，"遲悔"與"不終日"相反。

《象》曰："盱豫""有悔"，位不當也。

三不中正而比四，故不能自守而仰視之，位使然也。

九四：由豫，大有得，勿疑，朋盍簪。

此成卦之主，卦之所由以爲豫者，得應于上下，是大有得也。然居上位而近，乃危疑之地，必開誠布公，不參疑貳，則五陰爲朋，連類而至。盍，合也。簪，總也。以一陽括衆陰而貫乎其中，如簪之括髮者然。

上下皆偶，四以一陽貫乎其中，簪象。

《象》曰："由豫，大有得"，志大行也。

象則萬物莫不由雷以豫，爻則五陰莫不由陽以豫，故大有得，即《彖傳》所謂"剛應而志行"者。

六五：貞疾，恒不死。

五坎爲疾，當逸豫之時，恣驕侈之欲。四以陽剛，爲法家拂士，使不得逞其欲，若常有疾然，則常有戒心，不至于大病而傷其壽年矣。

《象》曰：六五"貞疾"，乘剛也。"恒不死"，中未亡也。

五柔四剛，以君之逸豫，見正于近臣之匡弼，是常有危難之象。有難則警戒震動，不得宴安，而不失其中德矣。《易》之所重者乘剛，亦最重中德，皆于此發之。

上六：冥豫，成有渝，无咎。

陰柔處豫之終，沉冥于豫者也。苟能于豫之既成，翻然變悔，則可以无咎。

上處震動之極，動爲明，動極則明者復入于幽，故象冥。

《象》曰："冥豫"在上，何可長也。

樂不可極，故知其不長。

謝梅莊曰："《彖》言豫之利，爻言豫之弊。豫恐其怠，豫不由五而由四，恐其偪。四无貶詞，尊陽也。五乘四，有危詞。三比四，初應四，皆有戒詞。上遠四而不中，猶有勉詞。三遠四而得中，始有予詞。五不爲《豫》之主，二不在《豫》之中，故兩爻不言豫。"

隨

☷震下兌上

隨：元亨，利貞，无咎。

《雜卦》曰："《隨》，无故也。"乃治世无事之象，自然大亨，利在正固而已，何咎焉？

李厚庵曰："《比》者，人來比我也，而我往比人之義次之。《同人》者，人我相同也，而我往同人之義亦次之。《隨》則主于我往隨人，而人來隨我之義亦次之。此其所以異也。《比》言'吉'不言'亨'，《同人》曰'亨'，《隨》曰'元亨'者，深著以己下人之美。"

《彖》曰：隨，剛來而下柔，動而悅，隨。

以卦體言，震剛下于兌柔，初剛下于二柔。以卦德言，震動兌悅，動而得悅，所以名隨。

大亨，貞，"无咎"，而天下隨時。

《隨》固大亨，然必貞乃无咎，而天下皆因時而隨之。震位正東，爲初春之卦，雷動水隨，則陰本從陽；而兌位正西，爲秋盡之卦，雷收澤中，則陽又從陰；所謂時也。《本義》以"時"作"之"，《觀象》以"時"作"是"，皆非。

隨時之義大矣哉！

時者，《易》之妙用也，故贊其大。

《象》曰：澤中有雷，隨；君子以嚮晦入宴息。

雷以至剛之性，藏于兌澤至柔之中，隨之象也。王者嚮明出治，此云"嚮晦宴息"，亦所謂時也。謝梅莊云："《彖》爻言隨時而行，《大象》言隨時而止。"

初九：官有渝，貞吉，出門交有功。

渝，變也。震爲長子，爲官，宜長人者也。乃居二柔之下，官有愉矣。然當隨之時，義主于隨，變而得正，故吉。出門，隨人之始，即交有功之人，皆剛來下柔之義。

門以互艮取象。九爲卦主，不可隨人，故不曰"隨"而曰"交"。

《象》曰："官有渝"，從正吉也。"出門交有功"，不失也。

剛下柔而得隨時之正，出門交而无詭隨之失。

六二：係小子，失丈夫。

震爲丈夫，二至四互艮，爲小子。二之所隨，本近丈夫，而忽與小子同體，是前所見係者爲小子，而後所失者在丈夫。三至五互巽，巽爲繩，故諸爻多言係。

《象》曰："係小子"，弗兼與也。

前後牽曳，勢不兼顧。不言凶吝者，二中正也。

六三：係丈夫，失小子，隨有求得，利居貞。

三比四，隨四陽之丈夫，舍二柔之小子。四近君有位，故三有求必得。然與卦以剛下柔之義相反，故戒以守正則利。

三至五互巽，巽爲近利，故象有得。

《象》曰："係丈夫"，志舍下也。

三不中正，志在援上，詭隨者也。

九四：隨有獲，貞凶。有孚在道以明，何咎？

四隨五，臣隨君，是有獲矣。然剛上柔下，反乎卦義，揆以正理，則凶也。然當隨時，若誠以結之，道以事之，明哲以保其身，何咎乎？

《象》曰："隨有獲"，其義凶也。"有孚在道"，"明"功也。

義，謂卦義。有孚能在于道者，明理知人之功也。

九五：孚于嘉，吉。

嘉謂上，五隨上，是信于善也，其吉宜矣，所以別于《兌》之"孚于剝"也。

《象》曰："孚于嘉，吉"，位正中也。

五位正中，故陰陽有相孚之美。

上六：拘係之，乃從維之。王用亨于西山。

亨，通也。上无所隨，遯于山林，嘉美之士也。五陰陽相孚，拘係之，從而執維之，其固結不可解，至通于山以求之，蓋隨之時如此。互艮爲山，兌位西，爲西山。

《象》曰："拘係之"，上窮也。

窮，極也。上位已極，則有高亢之意，不易係也，故係之不足而維之，維之不足而通于山以求之。

蠱

☴巽下艮上

蠱：元亨，利涉大川。先甲三日，後甲三日。

蠱，壞也。器不用則壞，人不事事則亦壞。然不事則蠱，而蠱必有事，是蠱有大亨之道也。誠能事其所不事，則治亂之功，勇於治治，大川之涉，有何勿利？又當法天行之健，先甲三日而有終，後甲三日而有始，則可以長保其不蠱矣。中爻震足、兌澤，故象涉川。十幹除本位，分始、中、終各三日。蠱有事取創始之義，故以甲言。先甲三日——辛、壬、癸，終也；後甲三日——乙、丙、丁，始也；故曰"終則有始"。《書·多方》云："因甲于内亂。"亦以甲爲始。

《左氏》筮法，風吹落草木之實爲《蠱》（僖十五年《傳》），然實落更生，故取象于甲。甲者，草木始拆也。又十干之首，爲東方木，亦異象。

《彖》曰：蠱，剛上而柔下，巽而止，蠱。

卦體上剛則驕，下柔則諂，有不交之象焉；卦德巽則怠緩，止則廢弛，有積敝之象焉；故名《蠱》。

蠱"元亨"，而天下治也。"利涉大川"，往有事也。"先甲三日，後甲三日"，終則有始，天行也。

不事事則壞，誠能事事，則大亨而天下可治。大川之涉，貴有事也。自甲至癸，終而復始，所以法天行之健。

《象》曰：山下有風，蠱；君子以振民育德。

風爲山所阻，不能條達，故不曰"行"而曰"有"，蠱之象也。振民如風，作新民也。育德如山，復民性也。

初六：幹父之蠱，有子，考无咎，厲，終吉。

事壞非一日，自其父而已然。巽爲木，故能幹之，則是父有克家之肖子，入廟稱考，亦可告无過于先人矣。初剛位，故厲。爻柔位，剛柔相濟，終必獲吉。

朱可亭曰："皿有虫爲蠱。皿，木器也。木器壞，更以木爲之，故爻詞俱言幹。"

《象》曰："幹父之蠱"，意承考也。

前人致蠱，未必無悔過之心，不襲父之事，而善繼父之志，此考之所以无咎也。

九二：幹母之蠱，不可貞。

父爲考，則所存者母也，父蠱母亦蠱矣。喻母于道，視父尤難，故不可一于貞固，當巽順以入之。

此雖陽畫，居于陰位，又承上爻父象，故言母。王輔嗣以居內處中，是幹母之象。

《象》曰："幹母之蠱"，得中道也。

二居柔得中，合乎幾諫之道也。朱可亭曰："幹父蠱易，幹母蠱難。唯二之中，能幹人所難幹也。"

九三：幹父之蠱，小有悔，无大咎。

三太剛，故有悔。然犯親之罪小，陷親之罪大。小有悔，無大咎矣。巽之究爲躁卦，此爻在巽上，正其究也，故過剛而有悔，不徒以陽爻陽畫取也。

《象》曰："幹父之蠱"，終无咎也。

幹蠱所以補過，三雖不免于剛，而過因之去矣，又何咎焉？

六四：裕父之蠱，往見吝。

四體艮之止，而爻位俱柔，不幹而順從之，蠱益深矣。率是以往，可羞孰甚焉？

此爻艮初，山下之象。山下水草沮洳，含納荒穢，裕象也。

《象》曰："裕父之蠱"，往未得也。

能裕而不能幹，未得乎中道也。

六五：幹父之蠱，用譽。

幹蠱之道，過柔必詘，過剛必戇。五柔中居尊，无過不及，幹蠱而有聲譽者，用者用此譽加之父也。

艮爲篤實輝光，張子所謂"著則明"者也，故象譽。

《象》曰："幹父""用譽"，承以德也。

无才固不能幹蠱，此則濟之以德，所以有譽。

上九：不事王侯，高尚其事。

艮剛在上，高蹈山林之象。幹蠱之世，局内之人，以事爲事。上處局外，王侯不得而臣，似乎无事，而不知其清風高節，厲一世之貪頑，乃以不事爲事者也。故不曰"高尚其志"，而曰"高尚其事"，此亦幹蠱者也。

《象》曰："不事王侯"，志可則也。

不事王侯，則无事矣。然其志趣之高潔，可以立懦起頑，其有功于世道人心，豈淺鮮哉！

李厚庵曰："父母，尊者也，故下卦則取諸所應，上卦則取諸所承。凡以陰遇陰，以陽遇陽，及以陰遇陽，皆曰父，無嫌于稱父也。獨以陽遇陰，則曰母，不可以稱父也。上雖無復父母之象，然不可言不事父母，故曰'不事王侯'也。《易》于上下之位，陰陽之分，義理倫常之間，其稱名之必謹，有如此者。"

臨

☷☱ 兌下坤上

臨：元亨，利貞，至于八月有凶。

臨有二義：以上臨下謂之臨，彼此相近亦謂之臨。故以卦言，爲坤以高臨澤；以爻言，爲陽以剛逼陰。高臨澤者君道也，陽逼陰者天道也。君道天道之大，是以具元、亨、利、貞之四德。八月者，陽生于三而成于九，陰生于八而成于六。日以象陽，月以象陰也。或曰：八月以覆卦言，即此《臨》之十二月，覆之爲《觀》之八月，雖同是二陽，而《臨》之所爲陽長者，亦即《觀》之所爲陽消。

《象》曰：臨，剛浸而長，説而順，剛中而應，大亨以正，天之

道也。"至于八月有凶"，消不久也。

以卦體言，二陽方長，至三陽而爲《泰》，四陽而爲《大壯》，方長而未已也。以卦德言，兌悅坤順。以爻位言，二以剛居中而應乎五。此三者，其道大通，而出之以正，無所矯强，乃天道之自然也。祗其所爲陽者不可久恃，數月之間，陰氣已生，蓋消長之幾，循環無窮。

《象》曰：澤上有地，臨；君子以教思无窮，容保民无疆。

岸高于澤，俯臨之也。澤之盛滿，將與地平，大之義也。君子觀此，不以盛大之勢，而以久大之德，教思如澤，容保如坤，勢有時而消，德無時而盡。

初九：咸臨，貞吉。

謝梅莊曰："卦以陽臨陰取名，内臨外也。然以德言，陽貴陰賤；以位言，外貴内賤，外又臨内者也；故六爻皆稱臨焉。咸有周遍之義，又有感通之義。蓋無心之感，無不周遍，其義一也。初剛方長，正則吉也。"李舜臣曰："山澤通氣，故山上有澤，其卦爲《咸》。而澤上有地，初、二亦謂之'咸'者，陰陽之氣相感也。"

《象》曰："咸臨，貞吉"，志行正也。

初兌體，兌爲説，以説感人，易失之流，故其志其行，必出于正。

九二：咸臨，吉，无不利。

二剛已長，得中而應，則正不必言也，故吉无不利。

《象》曰："咸臨，吉，无不利"，未順命也。

李厚庵曰："臨之盛大，天之命也。君子但知大亨以正之爲天道，不知浸長之爲天命也。順乎道，則有无窮无疆之業，順乎命，而消不久矣。是故君子未順命也。"

六三：甘臨，无攸利。既憂之，无咎。

三不中正而兌體，居下之上，以勢臨物，而以爲甘，不知其消不久也。何利之有？苟能知懼，而咎可免矣。

兑爲説，象甘。變乾爲乾惕，象憂。

《象》曰："甘臨"，位不當也。"既憂之"，咎不長也。

自三至上皆柔，而三不當位，反説爲憂，則不順命而咎乃可免。

六四：至臨，无咎。

四居地澤之交，親切之至者也。以非卦主，又非尊位，故僅曰"无咎"。

《象》曰："至臨，无咎"，位當也。

三、四皆有臨人之位，而四无咎者，德柔位柔也。

六五：知臨，大君之宜，吉。

五得尊位，以柔中應剛中，知親賢之爲吉，臨之知者也。此大君之宜也，吉可知矣。

《象》曰："大君之宜"，行中之謂也。

剛柔相應，乃得中道。

上六：敦臨，吉，无咎。

上純坤，安土敦仁，厚于臨者也。臨之道，有終爲難，非厚德以行久道，不能吉且无咎。凡言"吉无咎"者，皆吉而後得无咎者也。

《象》曰："敦臨"之吉，志在内也。

李厚庵曰："因上居事外而發明之，言敦厚于臨，乃存心天下，非在事外者也。"

觀

☷坤下巽上

觀：盥而不薦，有孚顒若。

二陽在上，四陰在下，陽爲陰觀，然必有爲觀之德，然後可以稱觀之義。誠敬常存，視聽言動，爲天下法，如祭者盥手未薦之初，有孚在中，顒然可仰，斯可爲觀于天下也。"有孚顒若"，亦就祭祀說，爲觀之義，在于言表。

劉炫曰："下體坤，坤爲地，爲衆；上體巽，爲風，爲木；互體艮，爲門闕。地上有木而爲門闕，宮室之象。宮室而可風化，使天下之衆觀焉，故謂之'觀'。"

《彖》曰：大觀在上，巽而順，中正以觀天下。

二陽在上，下順上巽，九五又居中得正，所以爲觀于人。

大觀，統謂二陽。中正以觀天下，獨舉九五。

"觀，盥而不薦，有孚顒若"，下觀而化也。

上釋卦名，此釋卦詞。垂觀者不待言動，仰觀者莫不敬信，有"奏假無言，時靡有爭"之象焉。

觀天之神道，而四時不忒。聖人以神道設教，而天下服矣。

天不言而時行，聖無爲而化成。

此"神"字，鬼神之"神"，乃陰陽不測之謂神，無聲無臭，妙萬物以爲言者也。

《象》曰：風行地上，觀；先王以省方觀民設教。

下觀上，上亦觀下。省方觀之禮，設教觀之事。

初六：童觀，小人无咎，君子吝。

六爻皆觀乎五，初居下，去五甚遠，童稚无遠見之象。此童，小人也，固无足咎。倘君子出此，不其羞乎？

艮爲少男，象童。

《象》曰：初六"童觀"，小人道也。

人卑地遠，遙望不及，小人之道則然。

六二：闚觀，利女貞。

艮爲門闕，坤爲闔戶，二以陰居陰，去五甚遠，不應觀而欲觀之，在重門半闕之間，非門內窺人之象乎？此女子之正道也。

《象》曰："闚觀""女貞"，亦可醜也。

當大觀之世，不入廟駿奔，同于助贊，而僅僅以觀女自居，女雖貞，不亦羞乎？

六三：觀我生進退。

三去五甚遠，不中不正，何以觀中正之五？若能返而自觀，則進可以爲四，退亦不至爲初、二。觀我生者，觀我所行也。行自我出，故曰"生"。

《象》曰："觀我生進退"，未失道也。

進可以爲四，退亦不爲初、二，合于道矣。

六四：觀國之光，利用賓于王。

此正《載見》之詩，群公助祭，休有烈光者。四近君而加于臣（三）、民（初、二）之上，得以觀之，如二王之後，作賓王家。

《象》曰："觀國之光"，尚賓也。

尚，上也。上能賓臣，則賢者來賓。

九五：觀我生，君子无咎。

五、上二爻，所謂大觀在上，而五則中正以觀天下者也。五處君位，有下觀而化之責，然不必觀下，唯當觀我生平之所爲。君子之道，何咎之有？

《象》曰："觀我生"，觀民也。

何以觀我？觀之于民而已。形端則影正，源清則流潔。

上九：觀其生，君子无咎。

上無位無民，而陽剛在上，下所觀仰，生平操履，不可不修。君子之道，何咎之有？五當君位，故曰"我"。上非君位，故曰"其"。

朱可亭曰："初民，二妾，三、四臣，五君位，上師位也。"

《象》曰："觀其生"，志未平也。

五曰"君子无咎"，庶可問世。上曰"君子无咎"，止堪問心。不能見諸行事，其於觀民設教之志，未能釋然。蓋世道人心，不可一刻忘也。

噬嗑

☳☲震下離上

噬嗑：亨，利用獄。

噬者，齒決物。嗑者，合也。初、上二陽爲齦剛，上下相向，而置物于其中，名爲噬嗑。《賁》象覆看，亦與此同，而不名《噬嗑》，則以上開下動，與上止下開有分殊也（離開震動，上噬下嗑。《賁》則艮止離開，不能合矣）。夫開而能動，中有決斷，自能亨通，即因而用獄，亦有利焉。

《彖》曰：頤中有物，曰噬嗑。

外實中虛，頤象。九四一陽，爲有物梗之，必噬乃能合，故名噬嗑。

噬嗑而亨，剛柔分，動而明，雷電合而章。柔得中而上行，雖不當位，"利用獄也"。

《彖》言"噬嗑，亨"，《傳》言必噬而嗑之，而後亨也。以卦爻言，三陰三陽，剛柔均分。以卦德言，震動離明。以卦象言，震雷離電，相合而章明。以卦主言，六五一爻，柔而得中，居于上位。惟五與三、四皆不當位，然剛柔相濟。治獄之道，無取過剛，故利用焉。

《象》曰：雷電，噬嗑；先王以明罰敕法。

天地生物，有爲造物之梗者，必用雷電搏擊之。先王法此，明其刑罰，則民畏而不陷；申其法令，則民曉而知警。明罰象離之照，敕法象雷之威。用法則曰君子，立法則曰先王。

舊說"雷電"當作"電雷"，不知《泰》卦宜言"地天交"而《象》曰"天地交"，地不可以先天也。電爲雷火，亦不可以先雷。《傳》曰"雷電合而章"，明明以雷先電，又何疑焉？

初九：履校滅趾，无咎。

卦以初、上兩剛爲用刑之人，爻以初、上兩剛爲受刑之人。初无位而剛，未有不犯刑者。校，械也。械足而遮沒其趾，罪之輕者。初犯于始，故无咎。

震爲足，故曰趾。

《象》曰："履校滅趾"，不行也。

初當震動，過于行者也。校之則不行，不行則不過，故无咎。

六二：噬膚滅鼻，无咎。

中四爻，治獄者也。因在頤中，故皆以噬物爲喻。《禮》有膚鼎，肉之柔脆。二治初，初獄本輕，二用獄太過，如噬膚鼎而深入，滅沒其鼻。治獄得情，又何咎焉？

吳草廬曰："膚者，豕腹之下，柔軟无骨之肉。古禮別臺于一鼎，曰膚鼎。"

《象》曰："噬膚滅鼻"，乘剛也。

初獄本輕，然剛者也。二以柔中乘之，恐其不勝，用獄太過，故有深入之象。

六三：噬腊肉，遇毒，小吝，无咎。

腊者，火所乾也。《周禮·腊人》有腊鼎。毒者，甘脆肥膿腐腸之藥。張協《七命》云"甘腊毒之味"是也。三應上，治上之獄。上獄本重，三位卑，柔而不中，折獄反爲人所折，或致失出，噬腊遇毒之象。然與其殺不辜，寧失不經，小吝无咎也。

肉因六柔取象，腊因上剛取象，毒因互坎取象。

《象》曰："遇毒"，位不當也。

柔不得位，是以有遇毒之象，明所處之難，非所行有不當也。

九四：噬乾肺，得金矢，利艱貞，吉。

肺，乾肉之有骨者也。四明體剛爻，明不足而剛有餘，以剛遇剛，如噬乾肺，難而不可入，如得金矢，直而不可曲，幸以剛居柔，故必艱難居心，守法之正，則得其情而吉矣。

四離體，離爲乾卦，故曰乾肺。金矢，箭鏃也。世之食田肉而得丸鏃者，固有之。四一剛梗于中，故曰金矢。凡言矢者，非坎即離（《解》"得矢"，《旅》"亡矢"）。坎得乾之中爻，乾爲金，一奇貫乎二耦，其直如矢。又坎爲弓輪，離爲戈兵也。舊説據《周禮》"先入其金而後聽其訟"，雖昏亂之世不爲，此必劉歆竄入之言，非《周禮》之本文也。

《象》曰："利艱貞吉"，未光也。

此爻未在離中，故未能得獄之情，勉以艱貞，所以爲明罰敕法之本。

六五：噬乾肉，得黃金，貞厲，无咎。

五近上，亦治上獄，居尊受成，易于四矣。然用獄危道也，如噬乾肉，用力乃可入；如得黃金，從革乃可曲；處之無不正，則雖危而无咎。

謝梅莊曰："金本乾象。黃本坤象。坎得乾中爻，亦言金（《困》'金車'），子象父也。離得坤中爻，亦言黄（《離》'黄離'，《革》

'黄牛'），女象母也。乾入坤中體而成坎，有時坎亦言黄（《解》'黄矢'），子又象母也。坤入乾中體而成離，有時離亦言金（《鼎》'金鉉'），女又象父也。知卦辭、卦名皆可取象，父母、男女亦可交互取象，始可與言象也已矣。"

《象》曰："貞厲，無咎"，得當也。

五柔而得中，正合治獄之道，故曰"得當"，不以爻位言。

上九：何校滅耳，凶。

上亦受刑之人。荷校者，項械也。荷械于項，則并耳而滅没之矣，不亦凶乎？

《象》曰："何校滅耳"，聰不明也。

滅耳則不聰，所以致此，由失離明，措置不宜故也。

朱可亭曰："不明之惡甚于行，行不過一失足之差，不明則以是爲非，所害大矣。故初无咎，而上則凶。"

九四於卦，噬嗑之物也，在爻則反爲用刑之主；初、上象頤，噬物者也，在爻則反爲受刑之人。蓋卦論統體，爻則有上下貴賤之位，故其取象不同如此。

卷六

賁

☲☶離下艮上

賁：亨，小利有攸往。

賁本無而飾爲有也（《雜卦》"《賁》，無色也"，《序卦》"賁者，飾也"），有亨道焉。亨則所往必利，但質爲本，飾爲文，不惟其本而惟其文，亦不過小有所利而已。鄭康成、王肅皆云："賁者，黄白色。"

《彖》曰：賁，亨。柔來而文剛，故"亨"。分剛上而文柔，故"小利有攸往"，天文也。

此以卦變釋卦辭，剛柔各離其類則成《泰》卦。今上爻之柔來居于二，以文初、三之剛，内有文可觀，故"亨"。二爻之剛，往居于上，以文四、五之柔，由中分出，故曰"分"。外亦有文可觀，故"小利有攸往"。剛柔之交，其即日月星辰之運，天道自然之文也。

文明以止，人文也。

又以卦德言之。文明則亨通，止則小利有攸往。燦然有禮，截然有分，人道自然之文也。

觀乎天文，以察時變；觀乎人文，以化成天下。

李厚庵曰："時變者，如春夏敷華，柔來文剛也；秋冬成實，剛上文柔也。化成者，如禮樂明備，文明之功也，性命各得，以止之效也。"

《象》曰：山下有火，賁；君子以明庶政，无敢折獄。

山下有火，其明有限。政可以文飾，獄不可以文飾，故言治獄者曰文網、文法、文深，曰曲文、舞文。甚矣，折獄之無取乎文也！

初九：賁其趾，舍車而徒。

初爲二所賁者也。初最在下，故爲賁其趾之象。既在下，則當舍車徒步矣。居下不援上，其象如此。

《賁》覆則爲《噬嗑》，故初六言"趾"，如《大壯》《夬》《鼎》《艮》之類，皆以爻位取象，不必震也。互坎爲輪、爲輿，故言車。在初爻之上，故言"舍"。

《象》曰："舍車而徒"，義弗乘也。

舍車徒步，豈好爲矯情哉？以在下之義，不當乘車而行。孔子之不徒行，與此反，觀同一義也。

六二：賁其須。

須者，鬚也。人之一身，皆爲質幹，其華而文者須耳。二自上來而賁内，三至上有頤象，賁頤者須也。

朱可亭曰："三至上爲頤，二上比三，須象。"

《象》曰："賁其須"，與上興也。

二柔隨三剛以動，動止惟由所附，猶善惡不由於須也。

九三：賁如濡如，永貞吉。

須以賁頤，故曰"賁如"；亦賴頤養之潤以自賁，故曰"濡如"。此以賁爲賁者也，然不可溺於所安，守正乃吉。

《象》曰："永貞"之"吉"，終莫之陵也。

以賁爲賁，則過於文飾。守之以正，則文不失之浮，莫有陵侮之者矣。

六四：賁如皤如，白馬翰如，匪寇婚媾。

陰求陽德以自賁者也。四與初相應。初賁趾于下，質素者也。與之相賁，則皤然而馬亦白矣，如翰之飛，豈爲寇哉？只求初之婚媾而已。但近相比則能賁，遠相應則不能賁，故初惟賁其趾，四惟賁其馬而已。

互震爲馵足、的顙，故言白馬。互坎爲盜，故言寇。

《象》曰：六四，當位疑也。"匪寇婚媾"，終无尤也。

以柔居柔爲當位，遠而不相比，故疑。陰與陽應，故終无尤。

六五：賁于丘園，束帛戔戔①，吝，終吉。

帛者，白也。以白繒爲束，故謂之帛。丘園者，上九也。卦有剛上文柔之義，剛爲質，柔爲文，乃返朴還淳之象也。竹籬茅舍，別有風味。儉嗇太甚，又有束帛淺小之象。雖不免于吝，然國奢示儉，終必獲吉。

艮爲山，上值艮剛，故象丘園。文反于質，則艮仍爲坤。坤爲布、爲吝嗇，故象束帛戔戔。

《象》曰：六五之"吉"，有喜也。

五有得士之喜。慶大喜小，不曰"有慶"但曰"有喜"者，從善之初，未及乎化成天下之盛也。

上九：白賁，无咎。

賁至外卦，文明以止，文反于質。艮剛在上，篤實輝光，歸真反樸之士，又何咎焉？

賁本白色，或間以黑，或間以黃，此則去其雜矣，故曰"白賁"。

---

① 戔：諸本皆誤作"箋"，據宋本《周易》改。

《象》曰："白賁，无咎"，上得志也。

上不假飾，得遂其優游之志。

謝梅莊曰："以不賁言，四不來，初不往，无亨亦不利。以賁言，二來猶賁其須，亨也；上往僅致戔戔之束帛，其爲利也小矣。"

剝

☷☶ 坤下艮上

剝：不利有攸往。

群陰剝陽之世，不利前進，利于退也。

《彖》曰：剝，剝也，柔變剛也。

剝者，消落之義。《夬》爲君子去小人之卦，則曰"決"，何等明白正大。《剝》爲小人害君子之卦，則曰"變"，無限委曲機械。

"不利有攸往"，小人長也。順而止之，觀象也。君子尚消息盈虛，天行也。

當此之時，小人道長，尚可進乎？以卦象言，坤順艮止，其止而待剝，象固然也。夫止而不往者，人之行也。而消而復息，虛而復盈，小人之進而復退者，天之行也。君子所尚者，天行而已，往與止何計焉？

《象》曰：山附于地，剝；上以厚下安宅。

附者，頹而委于地也，故曰剝。凡增高者必培下，厚下乃以安上。厚下如地，安宅如山。

初六：剝床以足，蔑貞凶。

夫其所以欲剝而尚未剝者，止此艮之一陽耳。坦然平直，橫亘衆陰之上，有似乎床者，而剝之，是剝床也。當剝之初，必自近乎地之床足始，然已滅在下之一陽，是以邪蔑正也，故凶。

陽亘陰上，床象。

《象》曰："剝床以足"，以滅下也。

明蔑之爲滅，下謂初陽。

六二：剝床以辨，蔑貞凶。

辨者床桄，在第足之間，足與身分辨處也。二漸進而上，其滅正更甚于初矣。

《象》曰："剝床以辨"，未有與也。

與，類也。承、乘、應皆无陽，故曰"未有與"。若君子有與，則可以勝小人。惟其無與，所以被蔑而凶。

六三：剝之，无咎。

三承、乘雖陰，獨與陽應，棄邪歸正，故當剝之時，其道爲无咎。

胡雲峰曰："《復》四不言'吉'，君子之事，明道不計功也。《剝》，小人之事，不許以'无咎'，則無以開補過之門。"

《象》曰："剝之，无咎"，失上下也。

三與陽應，則所得在陽，所失者上下四陰，近君子而遠小人，故无咎。

六四：剝床以膚，凶。

四與上同體，剝愈切近，有傷及肌膚之象，不待言蔑貞而後知其凶也。

《象》曰："剝床以膚"，切近災也。

漸與上近，故曰災。

六五：貫魚以宮人寵，无不利。

剝至五陰，極矣。然五有柔中之德，上承上九，若不剝陽而率衆陰以承乎陽，排連駢頭，有似魚貫然者，此非以足、以辨、以膚可同日語也。蓋以宮人寵矣，何不利之有？

陰居陽下，魚象。衆陰居一陽下，宮人象。

《象》曰："以宮人寵"，終无尤也。

不剥陽而承陽，尤且无矣，何有于凶？

上九：碩果不食，君子得輿，小人剥廬。

五陽剥落，一陽獨存，是碩果也。不食者，不能害也。輿，衆也。此一陽之君子，得乎衆心，若小人必欲剥之，是自剥其庇身之廬而已矣。

艮爲果蓏，碩果象；爲闕，廬象。坤爲大輿，輿象。一陽爲覆，亦廬象。

《象》曰："君子得輿"，民所載也。"小人剥廬"，終不可用也。

君子之得衆，民所藉以生者，厚下安宅是也。小人之害君子，終必覆國喪邦，并其身亦不能保，則天下之事已去，不可復爲。不有君子，其何能國？

卦以陰剥陽而陽凶，爻則以陰剥陽而陰凶。上陽爲一卦之主，碩果得輿，五順之"无不利"，三應之則"无咎"也。

復

☳震下坤上

復：亨，出入无疾，朋來无咎。反復其道，七日來復。利有攸往。

陽窮于上而反于下，故名復。復則貞下起元，亨可知也。反曰入，長曰出。朋以陽言，陽之反而長也。无有疾惡之者，陽之由一而二而三，謂之朋來，亦无有過咎焉。計其反復之程，七日而復。陽成于九，而生于七也。陽長陰消，是以所往而利。

《彖》曰："復，亨"，剛反。

復之亨，以陽剛反生于下也，指初九言。

動而以順行，是以"出入无疾，朋來无咎"。"反復其道，七日來復"，天行也。

震動有爲，而以坤順行之，《剝》以順而止，《復》以順而行，不可有一毫不順。陰陽消息，天行自然之運。

"利有攸往"，剛長也。

剛長即君子道長，故利有攸往。剛反，言方復之初。剛長，言已復之後。

復其見天地之心乎？

陽長陰消，天行也，而天心見焉。蓋天地以好生爲心，在人爲道心，道心甚微，故曰"《復》小而辨于物"。

《象》曰：雷在地中，復；先王以至日閉關，商旅不行，后不省方。

至日，即《月令》冬至之日。閉關不行，以陰陽絶續之交，忌妄動也。不省方，不巡狩也。《虞書》"十有一月朔巡狩"，在冬至以前。

初九：不遠復，无祇悔，元吉。

祇，大也。《彖》言天道，爻、象皆言聖學。初陽剛，爲《復》之主，失而後有復，非失則無復。不遠復者，不待其失之久而即反于道，則不至陷于過而悔矣，故元吉。

《象》曰："不遠"之"復"，以修身也。

有過不貳，三月不違，所以修身。

六二：休復，吉。

二柔中比初，見初之復，能休容而下之，好德親仁，故吉。

《象》曰："休復"之吉，以下仁也。

爻曰"休復"，蓋實能下之，不但休容而已。

六三：頻復，厲，无咎。

三與初非應非比，又居動極，屢失屢復，若能持以惕厲之心，乃得无咎。

《象》曰："頻復"之"厲"，義无咎也。

頻復而厲，乃可以復，故于義无咎。

六四：中行，獨復。

四處群陰之中，曰"中行"；獨與初陽相應，曰"獨復"。

《象》曰："中行獨復"，以從道也。

修身以道，故應初即爲從道。此以友輔仁，賴初以復者也。

六五：敦復，无悔。

五坤居中，安土敦仁，反身而誠，樂莫大焉。然遠于陽，故初曰"元吉"，而五曰"无悔"。

項平庵曰："《臨》以上六爲'敦臨'，《艮》以上九爲'敦艮'，《復》于五即言'敦復'者，《復》之上爻迷而不復，故《復》至五而極也。"

《象》曰："敦復，无悔"，中以自考也。

五有中德，故雖與初相遠，而能自考其善、不善。

上六：迷復，凶，有灾眚。用行師，終有大敗，以其國君凶，至于十年，不克征。

上去初最遠，沉迷而不復者也。凶自己作，且有以召夫灾眚。灾者不幸，眚者過誤，以此行師，必致大敗而凶，及其國君，至于十年猶不可以有行，在人則私欲橫流而失其心者也。

迷復與初反，十年與七日反。

《象》曰："迷復"之"凶"，反君道也。

心爲天君，唯君能役群動，而反爲群動所役，與心之道相背馳者也。

《屯》有震無坤，則言"建侯"而不言"行師"；《謙》有坤無震，則言"行師"而不言"建侯"；《豫》震、坤合體，則兼言"建侯"、"行師"。此卦坤、震合體，故言"師"、言"君"，君即侯也。

无妄

☶震下乾上

无妄：元亨利貞，其匪正有眚，不利有攸往。

《序卦》："復則不妄矣。"无妄者，誠也。以乾元而當首出之震，自宜大亨而利之以正，特其所爲利者，惟正故利，非正則勿利。此卦得天之初，故能備元、亨、利、貞四德。匪正有眚者，反以決之也。

《雜卦》曰："《无妄》，災也。"災即眚也。

《彖》曰：无妄，剛自外來而爲主于內，動而健，剛中而應，大亨以正，天之命也。"其匪正有眚，不利有攸往"，无妄之往，何之矣？天命不祐，行矣哉！

何元子曰："震初一剛，其所從來，即乾之初畫。《无妄》外乾內震，初九得外卦乾剛初爻，以爲內卦之主，故曰'剛自外來而爲主于內'。"震動乾健，誠于中而形于外。五剛中而二應之，誠能動物也。此皆大亨至正之道，蓋天德之流行而發見者，人能合天行，安得有眚？匪正則妄矣。而猶自以爲无妄而往，不合乎天，而天不祐之矣。其可行乎？

《象》曰：天下雷行物與（句），无妄；先王以茂對時育萬物。

與，猶應也。茂，盛也。對，猶配也。雷始發聲，物之相與以應，无妄之象。因時生物，天之時育萬物也。使物各得其性，先王之對時以育物也。

初九：无妄，往吉。

震陽初動，誠一未分，《无妄》之主也。如是而往，其吉可知。

《象》曰："无妄"之"往"，得志也。

言忠信，行篤敬，雖蠻貊之邦行矣，故曰"得志"。

六二：不耕穫，不菑畬，則利有攸往。

耕穫者，耕即望穫。菑畬者，菑即望畬。田一歲治爲菑，三歲治爲畬。二柔中，陽德未能充實，不無爲善望報之心，必如耕而不計其穫，菑而不計其畬，先事後得，然後往而無眚也。震爲耒耜，爲反生，爲蕃鮮，故以取象。

《象》曰："不耕穫"，未富也。

舉一不耕穫，而不菑畬即統于其中。所以不望報者，非必以穫畬之富而後爲也。三至五互巽，巽始稱富，故二曰"未富"。

六三：无妄之灾：或繫之牛，行人之得，邑人之灾。

時窮則有灾。三居內卦之極，故有无妄之灾。或繫牛于此，行者牽去，居者反遭詰捕之擾。然灾自外作，故無凶害之詞。內震互巽，上入下動，耒耨之象，故二曰耕，三曰牛。巽體，故曰繫。本體震動，故繫而終失。

《象》曰："行人"得牛，"邑人"灾也。

行者得而居者受擾，所以爲无妄之灾。

九四：可貞，无咎。

四居乾體之初。以初言，本自无妄。但能長守其固有，往而得咎，吾知免矣，又何有于眚灾？

《象》曰："可貞，无咎"，固有之也。

无妄乃天德，不假外求。

九五：无妄之疾，勿藥有喜。

五居乾體之中，以剛中應柔中，真無妄者也。如人内氣充和，無致疾之道，而忽得疾，不藥自愈。若求所以解免，則生妄心矣。

《象》曰："无妄"之"藥"，不可試也。

疾而无妄，行將自已，其藥不可輕嘗，亦四爻可貞之意。

上九：无妄，行有眚，无攸利。

上居乾體之終，以剛極應動極。心即无妄，行必有眚，何所往？

《象》曰："无妄"之"行"，窮之灾也。

无妄至此，而震動窮，乾亦窮，不利有攸往者在此。

大畜

☰乾下艮上

大畜：利貞，不家食，吉，利涉大川。

畜有二義：止也，聚也。大者，所畜者大也。世固有畜不以正者，利于正焉，所以聚吾德也。德既聚，則可以享大烹之養，成濟川之功。

朱漢上謂坎、兑一水也，此卦互兑，故有川象。

《象》曰：大畜，剛健篤實，輝光日新。

剛健謂乾，篤實謂艮。艮多言光明，充實而有光輝也。日新，乾乾不已也。

其德剛上而尚賢能止健，大正也。

以卦德言，剛上謂上九，尚賢謂五陰下于上陽，以上剛之賢而能止乾，順乎正理，豈非大正者乎？

"不家食，吉"，養賢也。

又分尚賢之義，以釋"不家食，吉"。變"尚"言"養"，以食言也。

"利涉大川"，應乎天也。

又分止健之義，以釋"利涉大川"。能止其健，天之德也。

《象》曰：天在山中，大畜；君子以多識前言往行，以畜其德。

小能容大，君子法之，以一心載萬理焉。

或疑山中如何有天。夫天一積氣之爲，故曰地以上皆天。山中有氣，則山中有天矣。

初九：有厲，利已。

初最下，利于止，而未必能自止也，故戒以往則厲，而已則利。

《象》曰："有厲，利已"，不犯災也。

初即《无妄》之上，故爻曰"厲"，象曰"災"。

九二：輿説輹。

輹者，車下縛木，與輻不同。説者解之，停不進也。二隔于三，猶不利于往。然二有中德，能自止而不進，故其象如此。

《象》曰："輿説輹"，中无尤也。

《小畜》初、二，以理自止，故皆吉。《大畜》初、二，勢不得不止，免於災尤而已，故无過。

九三：良馬逐，利艱貞，曰閑輿衛，利有攸往。

三與上雖不相應，但以類聚，可以前進，將見初之良馬。二之輿衛，秣馬膏車，利有所往矣。

良馬謂初，艱難貞固，初之"有厲，利已"也。輿衛謂二爻，所謂"輿説輹"者也。至是則馬可馳逐，輿可閑習，故曰"利有攸往"。乾爲馬，故言馬；爲天，爲圓，故言輿。

《象》曰："利有攸往"，上合志也。

三、上皆陽，故有同志而可以進。《小畜》三、上亦同德而義異者，此卦有剛上之象也。

六四：童牛之牿，元吉。

四，近臣之位，虛心下賢，畜童牛以養賢，大吉之道。牿，楅也，以木爲之，橫施于角，以止其牴觸。《詩》曰"設其楅衡"是也。

《象》曰：六四"元吉"，有喜也。

有得人之喜。

喜小慶大，四爲"元吉"而止曰"喜"者，四爲臣位，不能施及天下。五止爲"吉"而曰"慶"者，五爲君位，恩能周于海内也。

六五：豶豕之牙，吉。

五柔中，下上九，畜豕以養賢，吉之道也。豶豕，舊説爲無勢之豕，蓋閹者也。牙，以栈繫豕，防其逸也。四大臣，五人君，皆不敢自是。惟知畜牧牛羊，烹以養賢，此堯舜爲天下得人之心也，故皆吉。

謝梅莊曰："牿、牙以艮止取象，牛、豕以不家食取象。坤爲牛，坎爲豕。豕就濕居下，陰始生而不進似之。巽亦取豕象（《姤》初），牲牷肥腯，繫之維之，以御賓客。艮亦取牛象、豕象。泥《説卦》以言象，所謂膠柱鼓瑟、刻舟求劍者也。"

《象》曰：六五之"吉"，有慶也。

慶者，得人而福庇天下。

上九：何天之衢，亨。

至此賢路大闢。三既膏車秣馬，初、二亦應彈冠。將利己者，不終已。説輹者，不終説。馳驅皇路，此之謂"利貞"，此之謂"不家食""利涉"，此之謂"大畜"。

上艮爲徑路，而曰"亨衢"，互震爲大塗也。

胡雲峰曰："此不獨爲仕者之吉占，《大學章句》所謂'用力之久，一旦豁然貫通'者，亦是此意。《象傳》言'多識前言往行以畜其德'者，即此。"

《象》曰："何天之衢"，道大行也。

畜養者其德，行之即爲道矣。

頤

䷚震下艮上

頤：貞吉。觀頤，自求口實。

二陽含四陰，外實内虛，上止下動，頤之象，養之義也。頤之道，以正則吉，若口腹之人，則人賤之矣。觀頤，謂觀其所養之人，以上卦言。自求口食，謂觀其自養之道，以下卦言。

《彖》曰："頤，貞吉"，養正則吉也。"觀頤"，觀其所養也。"自求口實"，觀其自養也。

觀頤者，當於所養觀之，又當於所養中自養處觀之。

天地養萬物，聖人養賢以及萬民。頤之時，大矣哉！

天地以生物爲心，聖人代天養民，不能自養也，必得賢人，承流宣化，而後萬民得所，此養道之所以大也。萬物之生與養，時爲大，故云時。《易》言"尚賢"、"養賢"者，皆六五、上九相遇也。

《易》之最重者二義：在下則寡過，在上則養賢。《大畜》曰"不家食，吉"，《鼎》曰"大烹以養聖賢"，此曰"養賢以及萬民"，其丁寧諄切之意，情見乎詞矣！

《象》曰：山下有雷，頤；君子以慎言語，節飲食。

雷在山下，動而能止。飲食言語，動者也。慎之節之，止之也。

命令政教，皆言語；貨資財用，皆飲食。

初九：舍爾靈龜，觀我朵頤，凶。

上體止也，下體動也。在上而止，養人者也。在下而動，求養於人者也。求養于人，則不免於口體之累。初陽在下，上應于四，見其眈眈①逐逐之象，而垂涎焉，動於欲，凶之道也。我謂四，然非四謂之也，假設之辭耳。

項平庵謂我爲上，以其爲卦主也。舊説，卦大象似離，故初取龜象。

《象》曰："觀我朵頤"，亦不足貴也。

朵頤，下頤而垂其涎也，即使不凶，賤亦甚矣。

六二：顛頤，拂經，于丘頤，征凶。

顛，上也。二陰柔不能自養，求養于上，拂養道之常，而望于艮之丘頤。上非正應，非類往干，凶之道也。

六爻只是"顛"、"拂"二字，求養於上則爲顛，求養於下則爲拂。

《象》曰：六二"征凶"，行失類也。

以明上不與二應。

六三：拂頤貞（句），凶，十年勿用，无攸利。

三亦求養于上，雖屬正應，亦不同體，失養道之正，凶可知矣。雖久困涸轍，誰能救之？

三言"拂頤"，不言"經"與"顛"者，省文也。

《象》曰："十年勿用"，道大悖也。

《彖》言"頤貞，吉"，爻曰"拂頤貞"，卦中惟此一爻，與卦義相反，故曰"道大悖"。

---

① 眈眈：諸本皆誤作"耽耽"，據宋本《周易》改。

六四：顛頤，吉；虎視眈眈，其欲逐逐，无咎。

四當位而近，有養人之責，而陰柔不能養人，待養于上，故亦爲"顛頤"。然四有求賢之任，雖求養而吉也。望之甚專，如虎視之不移；求之當繼，如逐漸之不匱。此乃得以人事君之道，何咎之有？

或曰：艮爲山；虎，山君也。山有虎，則人止焉。故《荀九家》艮亦爲虎。

《象》曰："顛頤"之"吉"，上施光也。

二、三顛頤皆凶，四獨吉者，以有求賢之責，養賢及民，可以施恩光于下也。

六五：拂經，居貞吉，不可涉大川。

五居尊爲主，陰柔不能養而待養于上，失養道之正，然能養賢及民，惟當安居靜守，以聽賢者之作爲則吉。不可涉大川，戒其自用也。

《象》曰："居貞"之"吉"，順以從上也。

五之居貞，非自守也，貞于從上耳，故曰"順以從上"。從上，即養賢也。

上九：由頤，厲，吉，利涉大川。

卦分上下，下自養，上養人。上分陰陽，陽養人，陰養于人。上九陽剛，諸爻之所以養者也。然必出以惕厲之心，然後養其正而吉，即大川之險可涉，所以勉其有爲，以副四五之望。"由豫"在四，猶下于五也，而已有可疑之迹。"由頤"在上，則過中而嫌于不安，故厲。

《象》曰："由頤，厲，吉"，大有慶也。

上之厲吉，非能自吉也，得五之委任而吉，故曰"由頤，厲，吉，大有慶也"。慶者，養賢及民，物物得所也。

養正則吉。艮止庶得其正，震動必不得正，故上卦吉，下卦凶。頤不由五而由上，故五不言"頤"，與《豫》卦同。

大過

☴ 巽下兑上

大過：棟橈[①]，利有攸往，亨。

卦體二陰在外，四陽象棟，則二陰者，楹柱之象也。四陽居中過盛，棟强楹弱，必有橈患。棟橈似无亨義，以二、五得中，内巽外悦，過終有濟，故亨。

《彖》曰：大過，大者過也。

大者，謂四陽居中，在人則爲處大事而有過者。

"棟橈"，本末弱也。

本謂初，末謂上。二爻皆陰，故弱。

剛過而中，巽而説行，"利有攸往"，乃"亨"。

剛過，亦謂四陽。中謂二、五。巽順兑悦，中爻互乾爲健，故曰"行"。凡先言"亨"後言"利"者，亨自亨、利自利也。今先言"利有攸往"後言"亨"者，明亨因于往也。

"大過"之時，大矣哉！

《本義》云：大過之時，非有大過人之才，不能濟也。

《象》曰：澤滅木，大過；君子以獨立不懼，遯世无悶。

不言澤風而言澤木，以四剛皆木，二、五木之體，三、四木之用也。滅木者，澤水潤養乎木，乃至泛濫而滅没乎木，即"過涉滅頂"之義。上柔爻，故凶。《大象》以陽德言，故"不懼""无悶"。不懼象巽之順，進則大有爲。无悶象兑之悦，退則貞所守。

初六：藉用白茅，无咎。

---

① 本卦"橈"，諸本皆誤作"撓"，據宋本《周易》改。

藉，憑藉也。初爲巽順之主，柔居過初，小心鄭重，如將置重物于上，先設柔物于下以承藉之，則不虞于傾撓，乃大有爲之基本也。何咎之有？

巽爲白，又陰木柔弱，故象白茅。

《象》曰："藉用白茅"，柔在下也。

《折中》曰："高以下爲基，剛以柔爲基，'柔在下'對'剛在上'。"

以卦論，則初柔爲本弱；以爻論，則初柔爲謹慎；故卦凶而爻無咎。

九二：枯楊生稊①，老夫得其女妻，无不利。

二比初。初陰，有水象。楊柳，近水之木，以枯楊而近水，則有生意，故發荑焉。猶之以老夫而得女妻，老陽配少陰，陰勉順乎下，可成生育之功，故无不利。巽爲陰木，以初爲木根，二過乎初，故曰"枯"。《程傳》"稊"與"荑"同。《夏小正》："正月柳稊。稊，發荂也。"

《象》曰："老夫""女妻"，過以相與也。

老少非配，然以陽從陰，過而不過，生道也。

九三：棟橈，凶。

三、四居兩卦之中，故皆有棟象。第三居過用剛，巽既終而將變，豈復有用柔之義？況下卦上實而下弱，下弱則上傾，有不橈敗者乎？此《象》所以有取於"剛過而中，巽而説行"也。

《象》曰："棟橈"之"凶"，不可以有輔也。

輔，指四剛言。本末弱，故橈。雖有四剛，不可以爲輔。

項平庵曰："卦有棟橈之象，三獨有之。卦有利往之象，二獨

---

① 本卦"稊"：諸本皆誤作"梯"，據宋本《周易》改。

有之。"

九四：棟隆，吉；有它，吝。

隆，高起也。上卦上實而下實，下實則可載，故四居上卦之下而曰"棟隆，吉"。它，謂應初。初弱不能承載，則可羞矣。

《象》曰："棟隆"之"吉"，不橈乎下也。

下，謂初。四之棟隆，不可因初弱而橈敗，所以勉之。然四與初應，未有不橈者也，故《象》總曰"棟橈"。

九五：枯楊生華，老婦得其士夫，无咎无譽。

五比上陰，故亦爲楊。但上六過者也，其象爲楊之枯而生華，適以竭其氣也，如以老婦而配士夫，適以蠱其心也。時當大過，故无可咎。不能生育，故无可譽。

《象》曰："枯楊生華"，何可久也？"老婦""士夫"，亦可醜也。

枯木而華，行將萎敗。老婦惑男，必有醜行。

二陰下于陽，故云老夫得女妻。此爻陽下于陰，故云老婦得士夫。

上六：過涉滅頂，凶，无咎。

上爲兌說之主，柔居過極，无才濟時，以身殉國，故爲涉河滅没之象，于身則凶矣，于理則殺身成仁，義无咎也。

《折中》謂柔爲說主，從容隨時，故雖處過涉滅頂之凶而無咎（如申屠蟠、郭太者）。在通卦則巽爲木，謂之滅木；在本文則互乾爲首，謂之澤滅頂。

《象》曰："過涉"之凶，不可咎也。

時在則然，無可咎病，孔子所以觀卦象而有獨立不懼之思。

《雜卦》："《大過》，顛也。"蓋上卦爲倒巽，下卦爲倒兌，二卦皆覆，故曰"顛"，而總以"棟橈"蔽之。

坎

☵ 坎上坎下

習坎：有孚，維心亨，行有尚。

八純卦皆心德，獨坎爲險，不可以言德，故加一"習"字。習者，學習，所謂生于憂患是也。坎中實，故曰"有孚"。孚則境險心亨，率是以行，可出險矣。

《彖》曰："習坎"，重險也。

言險體相重，解所以習之之意，非以"重"訓"習"。

水（句），流而不盈，行險而不失其信。

坎，險也。水之所行，而非水也，故提起"水"字。晝夜不息，無盈溢之虞，時止則止也；行于陷中，不失東流之信，時行則行也。此坎之德，惟五足以當之。

"維心亨"，乃以剛中也。"行有尚"，往有功也。

上專言五。此剛中，兼二言之。有功，所以明習之之效。

天險，不可升也。地險，山川丘陵也。王公設險以守其國，險之時用大矣哉！

由坎險之義而推言之，險非美德，而亦有時用之。觀察天地，設險守國，亦王公所不可少，故贊其用。

《象》曰：水洊至，習坎；君子以常德行，習教事。

洊，再也。川流不息，君子法之。德行，就己言，學不厭也。教事，就人言，誨不倦也。

初六：習坎，入于坎窞，凶。

窞，坎中之坎也。初處險之下，習險而入險益深，小人避就之私，僥倖之術也，故凶。

《象》曰："習坎"入坎，失道凶也。

境險心當平，則化險爲夷。若境險而心與之俱險，則失處險之道，故凶。

九二：坎有險，求小得。

二陽在兩陰之間，此險中也。然剛能處險，可小事不可大事。以之視初，彼失此得矣。小得者，如水雖涓涓而有源，乃行險之本。

《象》曰："求小得"，未出中也。

人在險中，思旦夕求免于險者，求其大得也。君子第從其小者求之，所謂"有孚""心亨"者以此。

六三：來之坎坎，險且枕，入于坎窞，勿用。

之，往也。下來爲來，上往爲之。三處重險之際，來往皆險，宜且倚險以待時。若不能待，其險益深，无可爲矣。

內卦爲往，外卦爲來。枕，所以爲後倚也。

《象》曰："來之坎坎"，終无功也。

失道則凶，无功故勿用。

六四：樽酒簋貳，用缶，納約自牖，終无咎。

六爻上下无應，四承五，五比四，明信顯著，有孚之象。遇主于巷，不事繁文。一樽之酒，簋以副之，盛以瓦器，其相接之密，不納于户而納于牖，約之又約，終必相孚而无咎矣。

坎爲堅木，樽象。互震爲竹，簋象。坎有穴，牖象。坎爲水，酒象；中實，缶象。貳，副也，所以佐酒。

《象》曰："樽酒，簋貳"，剛柔際也。

薄物可以將敬。以六四之柔，與九五之剛，兩相交際而相親，故得以此儉約而爲禮也。

九五：坎不盈，祇既平，无咎。

五剛中，水流之象。涓涓不息，卒无盈溢之患，止得其平而已，此所謂"流而不盈，行險而不失其信"，何咎之有？

《象》曰："坎不盈"，中未大也。

大，即滿也。坎无盈溢之患，以有禽受之量，不自滿足，滿而不溢，高而不危，聖人望道未見之心也。

上六：係用徽纆，寘于叢棘，三歲不得，凶。

索三股曰徽，兩股曰纆。獄外種九棘，故稱叢棘。上居險極，出水之險，又入陸之險，爲徽爲纆，係而寘之叢棘之中，三歲之久，終不得改過悔罪之道，故凶。

上居互艮之上，險而止，故曰"係"曰"寘"。《九家易》曰："司寇公卿議獄，上罪三年舍，中二年舍，下一年舍。"不舍，故不得。

《象》曰：上六失道，凶三歲也。

三歲不出，則終不出矣。聖人教人動心忍性，以習于險，雖罪罟已成，猶不忍棄絕如此。

離

☲離下離上

離：利貞，亨，畜牝牛吉。

一陰附于二陽之中，中不必言，貴得其正則亨。正者何？順也。牛順，牝則順之至矣。蓋坎之明在內，以剛健行之于外；離之明在外，當柔順以養于中。坤爲牛，離得坤中爻，故以取象。不爲雄而爲牛，明以順爲本也。

《彖》曰：離，麗也。日月麗乎天，百果草木麗乎土。重明以麗乎正，乃化成天下。

離以麗爲義，麗者附也。以一柔附兩剛而命名，亦以離體爲火，火隱乎形，必着物而後能形，如附麗然。日月草木，以明物必有麗。但《離》爲兩明，物無不照。若不出之以正，則爲苛察小慧，不可以化天下矣。

柔麗乎中正，故"亨"。是以"畜牝牛，吉"也。

二柔中而且正，正則順。以一爻而蔽全卦之義，五非不中，特不正耳，故《傳》詞專指二言。

《象》曰：明兩作，離；大人以繼明照于四方。

兩作，重離也。《坎》言"至"，《離》言"作"。趨而下者，至也；起而上者，作也。明取諸離，繼明取諸重離。

初九：履錯然，敬之，无咎。

兩作，取晝夜相繼，此日出之離也。如人早作，爲履交錯，賓從雜沓，小心以處之，乃得无過。

互巽爲股，初居股下，故有履錯之象。

《象》曰："履錯"之"敬"，以辟咎也。

初剛易過，敬所以寡過。

六二：黃離，元吉。

此日中之離也。坤爲黃，牛屬土亦黃。此卦主，所謂畜牝牛者也，足蔽全卦之義，故大吉。

《象》曰："黃離，元吉"，得中道也。

黃中色，二居中，故曰"中道"，言中而正在其中矣，柔居柔故也。

九三：日昃之離，不鼓缶而歌，則大耋之嗟，凶。

此日昃之離也。既嘆光陰之易逝，復悲遲暮之將死，不鼓呼以行樂，則歔欷而嗟老，喻心之昏，非境之變，哀樂无常，凶可知矣。離爲乾卦，喜則笑，悲則號咷。互兌爲口，故曰歌曰嗟。中虛，故曰缶。鳌者，八十之稱。

《象》曰："日昃之離"，何可久也。

日昃，則行入地矣。

九四：突如其來如，焚如，死如，棄如。

此暗暮之離也。剛不中正，處上明之終，有如昏夜瞀亂，突然火至，焚物之死，火亦無所附麗，有若棄之者然，不明之極也。

《象》曰："突如其來如"，无所容也。

无所容，離无所容也。火必麗物，物焚則火亦失其所麗，故曰"无所容"。

六五：出涕沱若，戚嗟若，吉。

此夜中之離也。夜氣將復，悔心乃萌，既流涕以自傷，復嗟嘆以悔過，其吉可知。

互兌爲澤，爲口，故象涕嗟。

《象》曰：六五之"吉"，離王公也。

明極故憂深，憂深故禍弭。又麗於尊位，所以致吉。豈若婦人之泣，與孤士之嘆也哉？

上九：王用出征，有嘉折首，獲匪其醜，无咎。

此再照之離也。剛明在上，當甲胄戈兵之時，命將出師，王之所爲，其最善者。第折取其魁首，而不及其醜類。在國家，則爲除亂而去其元惡；在人心，則爲克己而盡其根株；善補過者也，故无咎。

《象》曰："王用出征"，以正邦也。

出征非以耀武，靖我邦國，用得其正，此之謂"利貞，亨"也。

離爲明明德之學。出征以喻克己，正邦以喻修身。

離爲戈兵，故終以征伐，與坎爲法律，故終以刑律正同。吳曰慎曰："坎險，欲之類也。離炎，忿之類也。"

卷七

下经

咸

☷艮下兑上

咸：亨，利貞，取女吉。

感則能通，故咸有亨道。然感者情也，必正而固，則情不流，故利於貞，如取女然則吉。取女者，止於禮義者也。

胡雲峰曰："《乾》《坤》氣化之始，故曰'元亨利貞'。《咸》《恒》形化之始，故不言'元'。"

《彖》曰：咸，感也。柔上而剛下，二氣感應以相與。止而説，男下女，是以"亨，利貞，取女吉"也。

咸爲无心之感，猶兑爲无言之説。蓋有心感人，則必違道干譽，惟出以无心，而人自感之，乃得其正。此釋卦名也。以卦體言，柔上謂兑，剛下謂艮。山澤通氣，故曰感應。《恒》曰"剛柔皆應"，以六爻相應。此曰"二氣感應"，以六爻有應，有不應，此所以亨也。以卦德言，艮止兑説，和而不流，所以貞也。以卦象言，艮之少男在下，兑之少女在上，男先于女，惟婚姻之道則然，此所以"取女吉"也。《傳》雖總結，義實分承。

天地感而萬物化生，聖人感人心而天下和平。觀其所感，而天地萬物之情可見矣！

于《彖》外推廣言之，以明感之妙，而感之義備矣！

《象》曰：山上有澤，咸；君子以虛受人。

山虛，受澤之潤。澤虛，受山之流。心虛，受人之益。思何可廢？朋從則非虛。志何可無？而末、而外、而隨人則非虛。

初六：咸其拇。

《彖》言感正之利，爻言不正之害。《彖》言男女之感，爻言一身之感，故六爻以身取象。初最在下，下以足爲始。拇者，足之將指。

呂與叔曰："不曰'足'而曰'拇'，以陰居下，靜而未行也。"

《象》曰："咸其拇"，志在外也。

初與四應。四在外卦，故曰"外"。《彖》以無心爲咸，而初之咸，志即在焉，其不正可知。

六二：咸其腓，凶，居吉。

拇之上爲腓。腓者脚膊，即俗所稱脚腨肚者。二、五不應，本不動者，如腓之不能自動。今二因初以動，亦如腓因拇而動，故凶。若順其不動之體，則吉矣。二當腓位，而有中正之德，故兩發其義。

《象》曰：雖"凶，居吉"，順不害也。

腓以不動爲順，順則无害矣。

九三：咸其股，執其隨，往吝。

腓之上爲股，股亦不能自動，隨人而動。三陽剛止体，如感在股。股不自主，唯持其隨人之道，因九四以動，則吝甚矣。四者心位，心動則形隨之。

《象》曰："咸其股"，亦不處也。志在隨人，所執下也。

處，安也。感在股，股不能自安，唯以隨從爲事，其志之卑陋可知。

《象傳》屢言"志"字，正與咸之无心反對。

九四：貞吉，悔亡。憧憧往來，朋從爾思。

下卦之感，皆以四動之故。動則有悔矣。蓋四爲心，心以靜爲正，靜則思慮兩忘，吉而悔可亡；動則憧憧然用意於往來之間，一切私意，以類相從，拇、腓、股皆不寧矣。

卦体下二陰象足，上一陰象口，中三陽象身，四又當三陽之間，則心位也。憧憧，煩擾之意。往來，即感應。

《象》曰："貞吉，悔亡"，未感害也。"憧憧往來"，未光大也。

貞吉悔亡，即是光大。憧憧往來，即是感害。

九五：咸其脢，无悔。

脢，背肉。五與上比，其位背也。不受物感，故感在脢爲无悔。

四之"悔亡"，本有悔而貞可以亡之也。此之"无悔"，則本无可悔者也。餘俱仿此。

《象》曰："咸其脢"，志末也。

末謂上。初本上末，觀《大過·象傳》及《繫辭》第九章可見。《傳》言五之感在脢，脢雖不動，而志與上比，將隨上而動矣。

上六：咸其輔頰舌。

脢之上爲口，又值兌口，口旁有輔，口外有頰，口内有舌，一舉口而無不相感。自初至此，皆以人身取象。囿于有我，安能無所不感乎？馬融云："輔，上頷也。"

《象》曰："咸其輔頰舌"，滕口說也。

虞氏《易》云："滕，送也。咸道極薄，徒送口舌，言語相感而已。"

以口說人，雖不因心以宣，未嘗不由脢而出。然啟羞興戎，悔仍在心，脢无與焉？

恒

☴☳巽下震上

恒：亨，无咎，利貞，利有攸往。

凡事可久則可通，是《恒》有亨道。積久而通，何咎之有？然又必持之以正，乃謂之恒。至于貞，則下又起元，无往不利矣。

《彖》曰：恒，久也。剛上而柔下，雷風相與，巽而動，剛柔皆應，恒。

恒，常久也。卦体剛上柔下，定位之常。卦象雷風相與，氣化之常。卦德巽而動，人事之常。六爻剛柔應，交感之常。常則久，故名恒。

《咸》以少男下少女，爲人道昏姻之始。《恒》以長女下長男，爲夫婦居室之常，故彼爲感而此爲恒。

"恒：亨，无咎，利貞"，久于其道也。天地之道，恒久而不已也。

恒之所以亨、无咎者，居所不遷，所謂不易也。豈惟人事？天地之道，不過曰正曰久而已。動靜不窮，所謂不已也。

"利有攸往"，終則有始也。

物不可以久于其所，隨時變易，乃常道也。

日月得天而能久照，四時變化而能久成，聖人久于其道而天下化成。觀其所恒，而天地萬物之情可見矣。

日月久照，恒久不已也。四時久成，終則有始也。聖人之道，若是而已。凡天地萬物之偶然不常者，非其情也。故觀其所恒，而天地萬物之情可見。

《象》曰：雷風，恒；君子以立不易方。

天地之間，變化莫測者，莫如雷風。然而萬古如斯，乃其恒也。

他如卯發聲，酉收聲，雷不易方。未溫至，申凉至，風不易方。君子法之，疆立而不反，故"《恒》者，德之固也"。

初六：浚恒，貞凶，无攸利。

浚，深也。初爲巽主，性入。方始事之時，即有求效之心，雖正亦凶。非急遽則苟且，何所利乎？抵掌抗談，賈誼之痛哭是也。

《象》曰："浚恒"之凶，始求深也。

求深非不善也，所惡者始耳。

九二：悔亡。

二婦五夫。婦反剛，夫反柔；剛宜有悔，中猶可久；故悔亡。

《易》之最重者，中也。此爻得中，故直曰"悔亡"而無餘詞。但位柔爻剛，亦不能盡守常之義，故第曰"悔亡"而已。

《象》曰：九二"悔亡"，能久中也。

諸爻不中，故不能久，中則常矣，合乎卦義。

九三：不恒其德，或承之羞，貞吝。

三居躁卦之極，厥德靡常，人所共羞也。以剛居剛，豈不爲貞？但取羞則吝甚矣！

《象》曰："不恒其德"，无所容也。

行無常度，則己不安。事無常法，則物不順。故動若無所容，乃無恒之驗。

九四：田无禽。

四爲震主，不中不正，如獵非其地，而無以獲禽。後之爲政願治，而操非其術者，此爻之謂也。

震爲車，爲殺（見《左傳》），故多言田獵。

《象》曰：久非其位，安得禽也。

非位，謂震主而居柔爻。

六五：恒其德，貞。婦人吉，夫子凶。

五柔中，可久者也。但婦柔中則從夫而吉，夫柔中則從婦而凶。位亦得中，但位剛爻柔，故不能制義而爲婦人之吉。

《象》曰："婦人"貞"吉"，從一而終也。夫子制義，從婦凶也。

五宜陽位，以《咸》之九五覆之爲六，以應乎二。向使五而婦人耶，則應二爲吉，所謂從一而終也。使五而夫子，則宜以義制，而下從乎婦，凶也。

上六：振恒，凶。

陰柔无守，恒極震終，振動不安，其凶甚矣。

《象》曰："振恒"在上，大无功也。

喜功好大，變制紛更，秦皇之擾亂是也。又豈有功乎？

全卦合看爲恒，六爻分看皆不得爲恒。初、四夫婦之位當，而本位不當。三、上本位當，而夫婦之位不當。二、五本位與夫婦之位皆不當，所以不得爲恒也。

遯

☶艮下乾上

遯：亨，小利貞。

遯，退也。身雖退，道則亨。君子當此，不可直行己志以賈禍，唯小利于持正而已，所謂危行言孫者是也。

《象》曰："遯亨"，遯而亨也。剛當位而應，與時行也。

唯《遯》乃亨，《否》則攖于世網。所以能遯者，以五剛得位，與二相應，故能見幾而作，以時遠去也。

"小利貞"，浸而長也。

所以小利貞者，以卦体四陽二陰，陽衆陰寡，似陰宜避陽。無如陰少在内，陽衆在外。在内者有日進之幾，在外者有日消之勢。進從内升，消向外退，乃小人道長之時也。

遯之時義大矣哉！

天下唯陽剛之君子不爲利禄所染，能蕭然遠引。若小人，溺情聲華，至死不悟，豈能行遯？故特贊其時義，以見君子能識時，能就義也。

《象》曰：天下有山，遯；君子以遠小人，不惡而嚴。

積陽爲天，積陰爲地。山起地中，有似陰長然。天與山相望而不相接，有似乎退避然者，君子待小人亦如是也。惟遯，故不惡；唯嚴，故遯。張子曰："'惡'讀爲憎惡之'惡'。"

初六：遯尾，厲，勿用有攸往。

尾，以爻位言。上爲首，則初爲尾。卦惟四陽能遯，初與二，皆以陰止遯者。遯者外向，而我從其後而追之，是尾之也。初陰未盛，徒見其厲而已，勿往躓可也。

舊説以尾爲後，謂初亦能遯，但見幾不早，遲遲在後耳。則與卦体陰長陽遯之義不合，且初遯已遲，速往猶有可及，何以又曰勿用攸往？故不可從。

《象》曰："遯尾"之"厲"，不往何灾也。

外爲往，内爲來。蓋四陽尚衆，以初長之陰而思往躓之，非其時耳。

六二：執之用黄牛之革，莫之勝説。

二亦陰之欲止遯者，而不可止也，猶用黄牛之革，作鞏鞇以執遯者，誰曰能脱，而早已脱矣、遯矣。"莫之勝説"，言不勝其脱也。

陰浸長，則艮變坤，故曰黄牛。或曰艮体半坤，坤爲牛，体半未全，故有革無膚。

《象》曰："執用黃牛"，固志也。

遯者不可執而欲執之，小人害正之志固然也。

九三：係遯，有疾厲。畜臣妾，吉。

三以卦言，則山當爲止遯者。以爻言，則固四陽之首遯者也。第位居下，與二陰鄰，于此而係戀焉，容亦有之。係戀則名節有虧而疾，且不免中傷而厲矣。夫此係戀之心，止可用之以畜臣妾，豈處遯之宜乎？

互巽爲繩，故曰係。

《象》曰："係遯"之"厲"，有疾憊也。"畜臣妾，吉"，不可大事也。

心有係戀，則必耗敝其精神。身有係戀，則必困躓于禍機。以畜臣妾則吉，若出處去就，事之大者，不可處也。大事即遯。

九四：好遯，君子吉，小人否。

好，上聲。從容以遯，不爲忿戾之行者也。否，不然也。四位已遠，可以遯矣。然不應陰則爲君子，應陰則爲小人。君子能之，小人不能也。好者，惡之反，言其不惡也。

《象》曰："君子好遯"，小人否也。

李厚庵曰："明小人不能好遯也。此小人，如孟子所謂小丈夫者，非與君子敵之小人也。"

九五：嘉遯，貞吉。

五剛中而位益遠，當位而應，與時偕行者也。此得其正而最吉者。或曰：四與初應，好仇也。五與二應，嘉耦也。而上下相遯，一如夫婦之違背然者，故曰"好"曰"嘉"，其象如此。

《象》曰："嘉遯，貞吉"，以正志也。

二、五皆中，亦皆處正，而志各有在。遯者以之，不遯者不以也。

上九：肥遯，无不利。

上位益遠，下無係戀；見幾早去，逍遙自得；何不利之有？

《象》曰："肥遯，无不利"，無所疑也。

三係于陰，四、五應于陰，上無係無應，故決然而無所疑。

大壯

☰ 乾下震上

大壯：利貞。

大謂陽，壯謂四。陽盛長，此君子道長之時也。第恐恃其盛而有輕進之心，故利于貞。貞者，守之固，不輕進而已矣。

《遯》二陰方長，戒以"小利貞"，恐君子爲小人所害；《大壯》四陽方盛，戒以"利貞"，恐君子忽小人而終受其害；皆爲君子謀也。

《彖》曰："大壯"，大者壯也。剛以動，故壯。"大壯，利貞"，大者正也。正大而天地之情可見矣。

《大壯》，《遯》之反也。《遯》以陰在內，故陰雖少而不以爲少，曰"小浸長"。《大壯》陽在內，故陽已盛而猶幸其盛，曰"大者壯"。乾剛震動，故壯。然不惟其壯，惟其正。正者天地之情也。

震動在下，坤柔在上，謂之"見天地之心"。乾剛在後，震動在前，謂之"見天地之情"。心存乎內而情見乎外，所動有淺深，故所見有隱顯。

《象》曰：雷在天上，大壯；君子以非禮弗履。

禮者天秩，正而已矣。克己復禮，壯莫甚焉。

初九：壯于趾，征凶，有孚。

震爲足，而初在下，則趾也。四陽之壯，以趾爲始。初者，壯之始也。然而過也。天下無趾大于足而可行者，進必見凶。所以然者，恃其同類之盛故也。孚，謂同類之盛。

《象》曰："壯于趾"，其孚窮也。

一往直前則必窮，并其同類而亦窮矣。

九二：貞吉。

二以剛居柔，非正也。然乃處壯之宜，則正道在是矣。此卦主也，故《象》曰"利貞"而此曰"貞吉"。

《象》曰：九二"貞吉"，以中也。

二以陽居陰，得中道，不輕進，故吉。

九三：**小人用壯，君子用罔，貞厲。羝羊觸藩，羸其角。**

三以剛居剛，小人之恃強則然，君子所用者无壯而已。三隔于四，正猶有厲，如羝羊勇進，有藩在前，觸之而羸其角。羸，瘠也。羊喜群好鬥，陽盛長而壯于進似之。又互兑爲羊。震爲竹、爲葦，故曰藩。

《象》曰："小人用壯"，"君子""罔"也。

罔，无也，言不用也。《雜卦》曰："《大壯》則止。"止，即不用之謂。

九四：**貞吉，悔亡。藩決不羸，壯于大輿之輹。**

四以偏位居偏剛，陽窮于此，宜有悔矣。幸以剛居柔，故貞吉而悔可亡。且前遇陰而復乘乾，進無所隔，藩撤矣，角不羸矣。其壯也，有若大輿之輹。輹者，車下縛木也。

震爲車（見《左傳》），故象輿。

《象》曰："藩決不羸"，尚往也。

尚往，幸陽之長也。

六五：喪羊于易，无悔。

五陽位，以陰居之，不覺失其所謂壯，如喪羊然。在無意之間，直易易耳，然無輕進之悔。

《象》曰："喪羊于易"，位不當也。

四陽已過，五所處非當壯之位。

上六：羝羊觸藩，不能退，不能遂，无攸利，艱則吉。

上壯終動極，不能詳審而輕進，亦如三之觸藩。三可退而此不能退，以諸陽在後也。三可遂而此不能遂，以前無所之也。夫如是，則亦何利乎？亦惟艱以自守，則得其正而吉矣。前無滯碍，亦言觸藩者，處一卦之窮也。

《象》曰："不能退，不能遂"，不詳也。"艱則吉"，咎不長也。

躁妄抵觸，絀于進退，惟不自量以至此。然能艱則得其正，咎自去矣。

晉

☷坤下離上

晉：康侯用錫馬蕃庶，晝日三接。

康侯，安國之侯，謂三。下卦坤爲國，爲邑。三居坤上，故爲康侯。上卦離爲日。五居離中，故爲天子。四陰同類，侯覲天子之象。錫之馬而寵賚優渥，接之殷而召對頻繁。侯之志，于是乎上行矣。

《象》曰：晉，進也。明出地上，順而麗乎大明，柔進而上行，是以"康侯用錫馬蕃庶，晝日三接"也。

晉者，日出也，進也。下坤上離，日出乎地，而因而進之，是之謂晉。不曰"大明麗乎順"而曰"順麗乎大明"者，地非日則不明，猶侯无君命則不得爲侯。此以卦体言也。柔進上行，專指三爻。觀《象》言"志上行"，分明爻、《彖》同辭。或以三在下卦，不得云上行。夫三雖在下，而志與五合，則謂之上。故《傳》不曰"位上"而曰"志上"，是以有錫馬之多、接見之殷也。

舊説皆以上行謂五。五爲君，卦義重在康侯，故言三不言五。凡《彖傳》所言，多係卦主，非卦主者雖尊不及。

《象》曰：明出地上，晉；君子以自昭明德。

明德，離德也。出乎地，則自明矣。此即《大學》之"明明德"。

初六：晉如摧如，貞吉。罔孚，裕无咎。

卦以三爲上行，與三合志者五也。六爻以柔進爲義，與他卦陰陽比應不同。五爲《晉》之主，初與五非應非比，進而若有摧頹之者，雖有守正之吉，不能見信于人（孚，信也），然而守道優游，無急于乘勢趨時之意則无咎。

二、四互艮，甫欲進而丘阜當前，有似傾壓之者，故取摧象。

《象》曰："晉如摧如"，獨行正也。"裕无咎"，未受命也。

初與五非應非比，故曰"獨行"。進退裕如，雖當君子道長向用之時，而無躁進之心，與《臨》之"未順命"同。

六二：晉如愁如，貞吉；受兹介福，于其王母。

二、五不相應，故進而愁如。然當晉時，彼此柔中，若守正待時，終當受大福于五而吉。以爻言，二、五皆陰，五爲王母，則二爲孫婦。禮重昭穆，孫祔于祖，則孫婦祔于祖姑。以理言，《周官·大司樂》"奏夷則，歌小吕，舞《大濩》以享先妣"，而序于先祖之上。蓋生民之功，本于姜嫄。周公繫爻，多用時事，如"王用亨于岐山"之類。

《爾雅》云："父之妣爲王母。"上離爲中女，故有母象。三、五互坎，坎爲加憂，故有愁象。

《象》曰："受兹介福"，以中正也。

二居中，以柔居柔爲正。

六三：衆允，悔亡。

柔居下卦之上，近于亢矣，故宜有悔。然當晉時，衆陰同志，皆欲上行，不嫌于亢，故可以亡其悔。

或曰：坤爲衆，則三坤俱有之，然初、二尚未衆耳。

《象》曰："衆允"之志，上行也。

曰"志"，以明非位。曰"上行"，以見三、五同心。因之有寵錫、接見之隆，明明以此一爻當康侯矣。

九四：晉如鼫鼠，貞厲。

四不中不正，以處高位，瞻慮顧畏，鼫鼠之象。以此爲正，厲道也。

中爻艮，鼠象。

《正義》曰："蔡伯喈云：'鼫鼠五能不成一技。'《說文》云：'能飛不能過屋，能緣不能窮木，能游不能度谷，能穴不能掩身，能走不能先人。'"

《象》曰："鼫鼠，貞厲"，位不當也。

無德而處高位，故曰"不當"。

六五：悔亡，失得勿恤；往吉，无不利。

柔居尊位，似乎有悔，然離明在上，下皆順從，故可以亡其悔，有得無失，勿用憂恤。持是道以行，吉而且利者也。

《象》曰："失得勿恤"，往有慶也。

爻曰"吉，无不利"，孔子直加之曰，此其往將有慶焉。蓋既得安國之侯，自然治登上理。

上九：晉其角，維用伐邑，厲，吉无咎，貞吝。

離爲牛，上者離牛之角也。上進无所之，故有此象，是危地也。然惟勤于自治其私，則雖危而吉无咎。若以進爲常，不知戒懼修省，則吝矣。

下卦坤，邑象。離爲甲胄戈兵，伐象。《正義》以角爲西南隅，蓋曰過于中者也。

《象》曰："維用伐邑"，道未光也。

離爲明德，上處尊位，不能降康侯之錫，分王母之享，而徒以甲胄戈兵，轉而陵下，道未明矣。何光之有？

明夷

☷☲ 離下坤上

明夷：利艱貞。

《晉》之反爲《明夷》。離日之傷，傷于入地。向非歷艱難而守正固，亦又何利？

《彖》曰：明入地中，明夷。內文明而外柔順，以蒙大難，文王以之。

論全卦之体。日在地下，謂之"明夷"。其德離文明而坤柔順，其象離在坤下，蒙難之義。苟非体文明之全，處憂患之極，恐未足以當此，非文王之以而誰以也？此以文王屬全卦也。

"利艱貞"，晦其明也。內難而能正其志，箕子以之。

《彖》曰"利艱貞"者，韜晦其明也。商辛至親，發爲內難，終能佯狂受辱，不失其守正之志，非箕子之以而誰以也？此以箕子屬六五一爻，故《象》曰"艱貞"，爻曰箕子之貞，經文明白了當。或且以初爲夷、齊，二爲文王，三爲武王，四爲微子，五爲箕子，何不取此《傳》而細思之？且微子去殷，箕子爲奴，俱在伐紂以前。三既爲武王伐紂，四猶爲微子去殷，五猶爲箕子受辱，此尤難通者也。當依《象傳》，隨文解義爲是。

《象》曰：明入地中，明夷；君子以莅衆，用晦而明。

"莅衆"以坤言，"用晦而明"以離言。人君自恃其明，則臣下緘默，夷人之明矣。惟不自恃，則四目俱明，始無明夷之患。

初九：明夷于飛，垂其翼。君子于行，三日不食。有攸往，主人有言。

卦象明入地中，爻象上爲夷主，下五爻皆受夷者也。下卦離爲雉，初、上兩剛，以健羽相夾而爲之翼。初固離之一翼也，受夷于上，頹然下垂，似乎傷其翼者。如君子動而見困，在塗則枵腹不果，信宿則居停紛呶。君子所爲，衆人固不識也。

離爲大腹，中虛，故曰"不食"。位三，故曰"三日"。此文王在羑里時也。

《象》曰："君子于行"，義不食也。

君子動輒見困，乃以義自守，忠而獲罪，故有不食之憂。

六二：明夷，夷于左股，用拯馬壯，吉。

二之受傷，傷于左股，其可不救乎？馬壯則救之速而吉。文王爲紂左右股肱之臣，故曰"左股"。"用拯馬壯"，乃獻洛西之地并珍奇玩好，以求出羑里是也。

互坎爲通，爲溝瀆，股亦人身之溝瀆，以通穢惡者，故坎亦有臀象（《困》初）股象。坎爲美脊之馬，故曰"馬壯"。

《象》曰：六二之"吉"，順以則也。

順以則，謂巽順以合乎人臣之準則。

九三：明夷于南狩，得其大首，不可疾（句），貞。

三居離上，離位爲南。三亦受夷于上，而化行南國，三分有二，是我所夷者，或翼或股，而我所得者，反在乎首，所得大矣。然文王不肯遽興問罪之師，仍守臣節之常，所以爲貞。剛居柔上，故象首。舊說以此爲武王之事，無論《象傳》專言文王，即武王伐紂，乃東征，非南狩也。文王化行江漢，乃合南狩之義，況武王未受紂傷，"明夷"二字亦屬無着。《本義》以此爻爲成湯起于夏臺，文王興于羑里，可謂特識。

坤西南，離正南，故曰"南狩"。

《象》曰："南狩"之志，乃大得也。

化行南國，文王濟天下之志，于是大得矣。

六四：入于左腹，獲明夷之心，于出門庭。

紂左右腹心之臣，費仲、惡來是也。文王之出珍好，由費仲以進，是入于左腹而得紂之心，知其不可復有爲也。門庭以喻疆域。伐崇戡黎，皆在岐周域外，故曰"于出"。

坤爲腹。胡雲峰曰："左辟爲幽。坤偶，有門象。"

《象》曰："入于左腹"，獲心意也。

由其腹心之臣，而知其君之心之意。

六五：箕子之明夷，利貞。

五近上而受夷，箕子之囚也。佯狂受辱，晦其明而能正其志者也。

《象》曰："箕子"之"貞"，明不可息也。

受夷而不正，則失其明。晦其明，明乃不失，而《洪範》于是傳矣。

上六：不明晦。初登于天，後入于地。

此闇主也。不明而晦，初居上位，以不明夷人之明，及其後，賢者受傷，彼亦無以自存而入于地矣。

上居坤極，坤於地爲黑，故曰"不明晦"。

《象》曰："初登于天"，照四國也。"後入于地"，失則也。

惟其初照四國，所以能夷人之明。則者，君德也。二守臣節，曰"順以則"；上失君德，曰"失則"；緊相關照。

家人

☲離下巽上

家人：利女貞。

卦體陽居陽，陰居陰，男女內外，各得其正，故名"家人"。夫家道離，必起于婦人；則家道興，亦必始于婦人；故"利女貞"。然齊家必先修身。正在女，所以正之者，夫也。

《彖》曰：家人，女正位乎內，男正位乎外。男女正，天地之大義也。

卦所以名"家人"者，以男女言也。男女者，陰陽也。內外者，以分卦言，下卦爲內，上卦爲外；以合卦言，則中間爲內，兩際爲外。此之二爲陰，四又爲陰者，女正位乎內也。初爲陽，上亦爲陽者，男正位乎外也。六雖陰位，而以外位言之，則又當陽，故上亦爲正位。男女正，乃天地陽奇陰耦之大義也。先言女正位乎內，釋"利女貞"也。《象》以卦言，止有二女。《傳》以爻言，二陰間四陽。故《象》曰"女貞"，《傳》曰"男女正"。

家人有嚴君焉，父母之謂也。父父，子子，兄兄，弟弟，夫夫，婦婦，而家道正；正家而天下定矣。

人第知家人爲夫婦耳，不知有嚴君焉。父稱君，母亦稱君（如女君、小君、太君類）。蓋家人相將以情，情勝則流。約之以嚴，而後父子、兄弟、夫婦，各有禮以相接而家道正。正家而國治天下平矣。

父子、兄弟，推言其理耳。學者必求其爻以實之：李鼎祚以五爲父，二爲母；荀爽謂五父、四子、三兄、初弟、五夫、二婦，俱不合；《本義》以上爲父，初爲子，則三五外又多一子矣；吳澄以上象父，亦象母，考妣同位也，然以初爲子，與《本義》同；皆不免于鑿。

《象》曰：風自火出，家人；君子以言有物而行有恒。

風從火出，火因風發，兩相入而兩無間，如家人然。物，則也。恒，常也。有物有恒，乃嚴而不敢放縱之意。李厚庵曰：「言有物，如火之發明而必有所麗。行有恒，如風之行漸而必有所入。」

初九：閑有家，悔亡。

《家人》「利女貞」，女何以皆能貞？男防之以禮也。防之在初，有家之時，則不至於溺情而悔可亡矣。初以剛居剛，故能閑如此。一牡外橫，而二柔之居正者，得位乎內焉，乃「閑有家」之象。

《象》曰：「閑有家」，志未變也。

志未變，以初有家言。若溺情床笫，必流于褻狎，不可得而制矣，故閑之自未變始。

六二：无攸遂，在中饋，貞吉。

閑則女无不貞。貞者，順而已。二柔中，與五相應，无所專成（遂，專成也）而有饋食之常職，何勿吉乎？

《象》曰：六二之「吉」，順以巽也。

上本巽也，而我以黃離之順承之，故吉。

九三：家人嗃嗃，悔厲吉；婦子嘻嘻，終吝。

三過剛不中，未免過嚴，然悔厲而吉。若過寬，則吝矣。《說文》云：「嗃嗃，嚴酷貌。」侯果曰：「嘻嘻，笑也。」雷風相薄而有聲，三當上下之交，故其象如此。

《象》曰："家人嗃嗃"，未失也；"婦子嘻嘻"，失家節也。

雖嗃嗃而規矩不逾，嘻嘻則必有蕩軼之失。

六四：富家，大吉。

初閑之，二无攸遂，三雖過剛而亦能閑，至此則女貞。女貞則家道昌，吉自大矣。

巽爲近利市三倍，故曰富。凡陰爻在他卦，爲虛中抑損之象，故曰不富。在此卦則爲助陽治家，厚殖廣生之象，故曰富。

《象》曰："富家，大吉"，順在位也。

家之肥也，豈以多財爲吉哉？亦曰順而已。《折中》曰："順者，女之貞也。四位高，故曰'順在位'；二位卑，故曰'順以巽'。"

九五：王假有家，勿恤，吉。

勿謂《家人》止家事已也。夫所謂家正而天下定者，王者也。初猶閑，三猶厲，王者則格之而已。曰"有家"，則父子、兄弟、夫婦皆在其中，無復內顧之憂矣，故吉。

"假"與"奏假無言"之"假"同，皆以感格言。

《象》曰："王假有家"，交相愛也。

曰閑、曰厲，正之者在我。至于假，則舉家化之，相尚以德，相勖以道，莫煩一人之倡導矣，故曰"交相愛"。"愛"字與"嚴"字緊相對照。正家以嚴，假家以愛，惟初之嚴，乃有此之愛。

上九：有孚威如，終吉。

孚，信也。交相愛則交相信矣，然嚴終不可廢也。上爲家道之成，故合而言之。王輔嗣曰："凡物以猛爲本者，則患在寡恩；以愛爲本者，則患在寡威。故家人之道，尚威嚴也。"

《象》曰："威如"之"吉"，反身之謂也。

《象》曰"嚴"，爻曰"威"，豈以督責爲事哉？反躬修身而已。所謂"言有物而行有恒"者是也。

睽

☱兌下離上

睽：小事吉。

睽，乖也。《睽》爲《家人》之反。家人則和，非家人則乖。象如是，理亦如是。小事吉者，猶言以柔爲事，如下文遇巷、見惡人、噬膚之類，非大事不吉而小事吉也。

《彖》曰：睽，火動而上，澤動而下。二女同居，其志不同行。

上火下澤，其性乖；中、少二女，生則同居，長則各歸其夫，其行乖；故名《睽》。

說而麗乎明，柔進而上行，得中而應乎剛，是以"小事吉"。

卦德說能順人情，明能察事理。卦體柔居尊則有位，居中則有德，應剛則有輔。何玄子曰："《易》無樂乎柔主也，獨離居外体者每稱焉。柔，故小事吉也。"

天地睽而其事同也，男女睽而其志通也，萬物睽而其事類也。睽之時用大矣哉！

天高地下而氣相交，男外女内而志相合，物以群分而方以類聚，睽固有時而用也。睽與險，皆非德也，故不曰"時義"而曰"時用"。

《象》曰：上火下澤，睽；君子以同而異。

火澤相交亦相違，君子不絶俗亦不隨俗。同者，兌之和說；異者，離之明察。

初九：悔亡，喪馬，勿逐自復。見惡人，无咎。

當睽之時，宜有悔也。然居初，睽隔未深，故得亡之，象如喪馬弗尋而自復。是合者雖睽，而不用心于合也。惡人來見，不惡而嚴，是睽者偶合，而亦不立意爲睽也。

互坎爲亟心之馬，爲盜，故有喪馬、見惡人之象。

《象》曰："見惡人"，以辟咎也。

不絕人太甚，善于處睽者也。若遂與之和比，則有咎矣。

九二：遇主于巷，无咎。

《春秋》之法，備禮曰"會"，禮不備曰"遇"。五爲離明之主，與二相應。二剛中說体，亦能達權以通乎五。巷者紆徑，以喻委曲相通之意。巷遇非野合也，何咎焉？《象》所謂"得中而應乎剛"者。

《象》曰："遇主于巷"，未失道也。

遇者，不期而會之名，非阿意趨奉者可比，故曰"未失道"。

六三：見輿曳，其牛掣，其人天且劓，无初有終。

三應上，爲四所隔。四坎象，三、上彼此猜疑，妄有所見。三居坎下，離体，又兌体，坎于輿爲多眚，離爲牝牛，兌爲毀折，故見上有曳掣髠劓之象。然三以說麗明，初雖睽，終必合矣。

曳者，持其後；掣者，牽其前；皆不行之象。天者髠其髮，劓者割其鼻，皆受害之象。其人，謂上。

《象》曰："見輿曳"，位不當也。"无初有終"，遇剛也。

位不當者，本爻既不正，又爲九四所隔也。二、五、上皆然，而三爲四所乘，故獨以不當位言之，始遇九四之剛，故无初；卒遇上九之剛，故有終。

九四：睽孤，遇元夫，交孚，厲无咎。

九四孤而无應，然上比于五。二應五曰"遇主"，尊之也。四比五曰"遇夫"，親之也。夫而曰"元"，親而兼尊也。夫柔妻剛，宜乎有厲，然陰陽相孚，何咎之有？

《象》曰："交孚，无咎"，志行也。

行其志，則不睽矣。

六五：悔亡。厥宗噬膚，往何咎？

二、五相應，如同宗然。奈九四孤而无應，隔于其中，宜乎有悔。然柔中，下應剛中，則亡其悔矣。略分言情，如噬膚之易，往而合之，莫能爲之間矣。何咎之有？

《象》曰："厥宗噬膚"，往有慶也。

柔中下應剛中之賢，豈止无咎，且有得人之慶。

上九：睽孤。見豕負塗，載鬼一車；先張之弧，後說之弧。匪寇婚媾，往遇雨則吉。

上與三應，然上以剛處明極睽極之地，无所不疑，故見三有豕負泥塗、車載鬼魅之象，始焉致疑則張弧，終焉釋疑則脫弧，知其非寇仇，乃婚媾也。自此以往，陰陽和暢，三之有終者此也，故吉。三直兑口，兑爲毀折，故有脫弧之象。坎在上爲雲，在下爲雨，互坎在中，欲其下降而後雨，故曰"遇雨"。

上與三，關鍵在彼此設爲虛象，全是一團疑心，故以兩"見"字相爲呼應。

程子曰："見豕負塗，載鬼一車，皆自任己察之所致。"

《象》曰："遇雨"之吉，群疑亡也。

孔子恐人之泥象以求也，故示之曰。豈真有豕鬼張弧之紛紜哉？睽而不合，致生群疑耳。又豈真有雨可遇哉？陰陽无阻，則疑慮盡消耳。此示人以觀象之要也。

三應上，五應二，初睽終合，故内卦皆睽而有待，外卦皆反而有所應。

蹇

☷ 艮下坎上

蹇：利西南，不利東北。利見大人，貞吉。

蹇以跛得名（見《說文》）。坎險在前，而艮止不進，如跛者艱于行，故謂之《蹇》。東北，陽也，居先者也。西南，陰也，居後者也。蹇之時，見險而止，故利于處後，不利于爭先。然非有德位之大人，正以濟之，不得吉也。

西南東北，皆《坤》卦之辭。朱子謂陽卦多自陰來，陰卦多自陽來。震是坤第一畫變，坎是第二畫變，艮是第三畫變，故其詞得同。

《彖》曰：蹇，難也，險在前也。見險而能止，知矣哉！

險在前，謂坎。能止，謂艮。坎爲通，艮爲光明，故曰"知"。

"蹇，利西南"，往得中也。"不利東北"，其道窮也。"利見大人"，往有功也。當位"貞吉"，以正邦也。

西南陰方，處後而夷。東北陽方，居先而險。當蹇貴于處後，持是以往，乃得中道。若爭先而涉險，則必窮于道而困矣。然蹇非自濟，必有德位之大人，乃可濟險而有功。所謂大人，當位之五，外此則九三是也，可以正邦而出險。

蹇之時用大矣哉！

蹇非美德，故不言"義"而言"用"。

《象》曰：山上有水，蹇；君子以反身修德。

水在山上，紆曲不能暢流，蹇之象也。反求諸己，所以法"艮其背"；"進德修業"，所以法坎之習。

初六：往蹇，來譽。

《象》言地、言位、言德，爻專言有德、位以濟蹇。往來，以内外言，亦以蹇爲不良于行起義。初陰在下，不能濟蹇。上无應與，亦不利見大人，故前進則蹇，而退後則有知幾之譽。退後者，止于本位也。

《象》曰："往蹇，來譽"，宜待也。

時無可爲，宜靜以待之。

六二：王臣蹇蹇，匪躬之故。

二身在蹇中，又值蹇之時，身世兩蹇，故曰"蹇蹇"。應五，義無所逃；柔中，才不能濟；鞠躬盡瘁，不自有其身者也。

二、五君臣濟蹇，故不言來往。

《象》曰："王臣蹇蹇"，終無尤也。

才雖不濟，而以身殉國，何尤之有？

九三：往蹇，來反。

三當位，能濟蹇者。然當蹇時，非一人所能出，故往則蹇而來則反乎其位，所謂見險而止者。

《象》曰："往蹇來反"，内喜之也。

内謂二陰。陰賴陽以濟，故喜其來而有恃。

六四：往蹇，來連。

四陰不能濟蹇，故往則蹇，而來則連乎三以承乎五。三爲内喜，故四連之。

《象》曰："往蹇來連"，當位實也。

四之所以連三者，以三居三爲當位。三陽爻爲實，當位且實，能濟險者，故四就之。

九五：大蹇，朋來。

五居尊位，有天下之責，凡天下之險，皆其險也，故曰"大蹇"。剛而得中，下與二應。二必萃朋以升于五，何蹇之不解哉？

《象》曰："大蹇，朋來"，以中節也。

剛中，則凡事能中節。

上六：往蹇，來碩；吉，利見大人。

上與三正應，居蹇之極，往則蹇，而來就碩德之三（碩，充實也），吉之道也。然尤必見大人而後可以出險。大人者，五也。

《象》曰："往蹇，來碩"，志在内也。"利見大人"，以從貴也。

内謂三，貴謂五。就三原以從五也。

項平庵曰："上六本無所往，特以不來爲往耳。初六本無所來，特以不往爲來耳。"

解

☷坎下震上

解：利西南。无所往，其來復吉。有攸往，夙吉。

《蹇》之反爲《解》。解者，散也。東北先而西南後，難雖解于爭先，利仍在于處後。難已解，即不往而來，何嘗不吉。然坐視無爲，亦非出險之道，不若往之早得吉也。

《象》曰：解，險以動，動而免乎險，解。

上震下坎，動出乎險而免乎險，則謂之解。下三爻不言"解"，上三爻言"解"，所謂"動而免乎險"也。

"解，利西南"，往得衆也。"其來復吉"，乃得中也。"有攸往，夙吉"，往有功也。

蹇初解，創痍未復，則必藉長養之地以休息之。致養者莫如坤，養則得衆。得衆則可往，即使不往而來，亦爲得中。有所往，則解去群小，難不復作而有功矣。蓋患難方平，既不欲以多事自疲，又不可以無事自怠。

天地解而雷雨作，雷雨作而百果草木皆甲坼。解之時大矣哉！

以畫反對，則《解》爲《蹇》之反。以卦反對，則《解》又爲《屯》之反。《屯》不云乎"雷雨之動滿盈"。雨在雷上，草木句曲而成屯。雨在雷下，則水澤解散，百果草木皆甲坼。雖蹇難已解，無藉于用，然此時何時，而尚得以往來細小視之哉？故贊其時大。

《象》曰：雷雨作，解；君子以赦過宥罪。

天地解萬物鬱結之難，君子解一世冤滯之難。赦過如雨之潤枯，宥罪如雷之啓閉。

初六：无咎。

卦以解難爲義，難作于小人，故諸爻皆以君子解小人爲義。初柔，小人也。應剛承剛而處其後，得卦義矣，是以無咎。義明故辭寡。

《象》曰：剛柔之際，義"无咎"也。

四剛初柔，彼此相應，有交際之象焉。四之剛不爲初之柔所惑，故得无咎。

九二：田獲三狐，得黃矢，貞吉。

二剛中，解難者也。上應六五，如君賜之矢，命之獵，所獲必多，并所發之矢而亦得之，常吉之道也。貞有二義，曰正曰固，固守此則常也。

狐善媚能幻，坎内險外柔，爲隱伏，故取象焉。三者，三陰爻也。爲弓輪，故象田、象矢。本坤體來，復得中，故曰黃。

《象》曰：九二"貞吉"，得中道也。

二係坤體，一陽來復而居中，故正而吉。黃中矢直，直而不中，則去邪適以成禍。

六三：負且乘，致寇至，貞吝。

三陰居下卦之上，如背負之小人，居高而乘輿，盜將起而奪之。固守此，吝道也。

三居二陽之間，上爲負，下爲乘。坎爲盜，曰寇。

《象》曰："負且乘"，亦可醜也。自我致戎，又誰咎也？

無德竊位，可恥孰甚？禍自己召，咎將誰歸？爻曰"寇"，《傳》曰殆將興戎矣。蓋任使非人，則變解爲蹇，小人之害如此。

九四：解而拇，朋至斯孚。

拇者足指，陰類駢聯，《詩》所謂"瑣瑣姻婭"是也。四與二爲朋，然以剛居柔，又下應初，必并初解去之，二始肯至。君子至，然後能解小人。震爲足，象拇。

《象》曰："解而拇"，未當位也。

戒四以解拇者，以位柔應柔，恐其爲陰所惑也。

六五：君子維有解，吉，有孚于小人。

五比四應二，既進君子，則君子必退小人，吉之道也。小人雖闇，猶知服之而無怨，豈特拇之解與朋之孚哉？卦義所務解散者，皆内難也。狐以象邪媚，拇以象親私，五則直言小人。小人者，難之本也。

《象》曰：君子"有解"，小人退也。

君子進必退小人，小人亦知其必退而自化之。

上六：公用射隼于高墉之上，獲之，无不利。

初與三，在内之小人也。上居五上，乃在外之小人也，鷙悍梗化，亦悖甚矣。決然射而獲之，從此難永解矣。何不利之有？震爲長子，爲諸侯，故曰公。互離爲雉，故曰隼。在上，故曰高墉。《折中》曰："狐者，邪而穴於城社，在内之奸也。隼者，鷙而翔於坰野，化外之悍也。前四爻所謂'其來復吉'，此爻所謂'有攸往，夙吉'也。"

《象》曰："公用射隼"，以解悖也。

悖，亂也。內難雖去，梗化未清，則亂將復作。故孔子於此，揭出"解"字，以結全卦之義。

損

☱兌下艮上

損：有孚，元吉，无咎，可貞，利有攸往。曷之用？二簋可用享。

卦体損下卦上畫之剛，益上卦上畫之柔，乃損下益上之義。下損則上亦歸于損，故名《損》。益上豈可損下？若時在當損，惟以誠意為主，又得乎大善之吉，則不但无咎，且可以為常道而利有所往。亦猶二簋至薄，豈可用享？有時神人相孚，則亦可用之。程《傳》云："凡損其過以就義理，皆損之道也。"

《彖》曰：損，損下益上，其道上行。損而"有孚，元吉，无咎，可貞，利有攸往，曷之用？二簋可用享"。二簋應有時，損剛益柔有時。損益盈虛，與時偕行。

"損下益上"，損乾三而益坤上，懼其脧于民也。"其道上行"，進下剛而易上柔，慮其行之急也。是必上下相信，而後乾元之吉，可以无咎，且必守其正固，而後可以攸往。比之陳簋之至薄者，問曰"曷可用"，曰"即二簋可以用矣"。然二簋亦何可遽用？以時用可矣。是以損有時，益有時，損剛益柔有時。夫損剛者，損盈也。益柔，即益虛也。不特《損》卦為然，即《益》卦之盈虛損益，上行下行，亦何者不與時偕？而謂《損》獨無時哉？

《象》曰：山下有澤，損；君子以懲忿窒欲。

山下有澤，津潤上行，亦損下益上之意。兌說，故懲忿。艮止，故窒欲。損人欲以益天理，故曰"《損》者，德之修也"。或曰：少男多忿，少女多欲，懲而窒之，損所當損云。

《乾》《坤》之後，閱十卦而至《泰》《否》；《咸》《恒》之後，閱十卦而至《損》《益》。澤山爲《咸》，山澤爲《損》。《損》即《咸》之反對，義亦相承。《咸》曰："以虛受人。"何以虛？懲之窒之，皆所以去之，去之則虛矣。

初九：已事遄往，无咎，酌損之。

"已"音"以"，竟也。當損之時，下三爻皆有益上之責，然初最在下，不可不重己而度上。當竟其已所事事，而後速往以奉上，此急公之誼也。何咎之有？若夫損則未可遽也，如酌然，嚌之啐之，審其深淺而裁啜之。

《象》曰："已事遄往"，尚合志也。

所以"已事遄往"者，當損下益上之時故也。不然則爲援上。

九二：利貞，征凶，弗損益之。

二近于三，三損則二將及矣。然二亦下位，故守正則吉，往則凶。其守正也，有孚在道，无損于己，即有益于君。

《象》曰：九二"利貞"，中以爲志也。

上下相孚，亦各有志，徒事驩虞爲小補，而朘民實多非中也，即非益上之志矣。

六三：三人行，則損一人；一人行，則得其友。

此損之實也。"三人行"，乾之三陽，陽性上行也。"一人"謂九三，三以九予上，而自得六三也。"一人行"，三獨升也。"得其友"，獲上應也。

朱可亭謂九往上而比五，六來三而比二，是上下各得其友也。

《象》曰："一人行"，三則疑也。

三陽并行，疑于無陰。三陰并峙，又疑于無陽。自一陽既動，而偶形成焉。所損之一人，與不損之一人，各得一人，則一陰一陽配合而致一矣。

六四：損其疾，使遄有喜，无咎。

四與初應。當損之時，或有過于損下之心，則爲貪吝之疾，所當損之，无事苛求，使初之急公奉上者，無誅求之擾，而民心説矣。何咎之有？兑爲毀折，故曰疾；爲説，故曰喜。

《象》曰："損其疾"，亦可喜也。

當損之時，皆以損下爲事。今不損下而反損四貪吝之疾，似无可喜，而不知民受其益，亦爲可喜。

六五：或益之，十朋之龜弗克違，元吉。

五柔中居尊，有德而受益，天之所祐，非人所致，故曰"或益之"，言不知其所自來也。鬼神其依，龜筮恊從，雖卜以十朋重價之龜，不能違之，吉孰大于此哉？十朋，言貴重也，猶《詩》言"百朋"。

大象離，故取龜象。朱子《詩傳》云："古者貨貝，五貝爲朋。"按：貝者，水虫，《漢志》以大貝、牡貝、么貝、小貝、不成貝爲五，十朋則五十貝也。十朋之龜，乃五十貝所買之大龜，猶《孟子》萬鎰之玉。《正義》從《爾雅》"一曰神龜，二曰靈龜，三曰攝龜，四曰寶龜，五曰文龜，六曰筮龜，七曰山龜，八曰澤龜，九曰水龜，十曰火龜"，則是十龜，非十朋矣。

《本義》謂兩龜爲朋，則是二十龜矣，亦非也，且與《詩傳》五貝爲朋之説自相抵牾。

《象》曰：六五"元吉"，自上祐也。

誠信事天，受天之祐，何須二之益之？故二"利貞，征凶"。

上九：弗損益之，无咎，貞吉。利有攸往，得臣無家。

此受益之主也。三既損剛以與上，上即以柔應。弗損于下而益于上，乃爲大益。所謂"无咎，貞吉"而"利有攸往"者，惟此爻當之。蓋三以所損爲所得，則所得者友也，并行者也。上以所益而爲所得，則所得者臣也，奉我者也。夫臣各有家，既已得臣，則天下之家皆其家矣。

《象》曰："弗損益之"，大得志也。

王者志在益民，待損而益，其益有限，則其得志亦有限。惟勿損而益，其益無窮，大得志也。

益

☳震下巽上

益：利有攸往，利涉大川。

卦體損上卦下畫之剛，益下卦下畫之柔，乃損上益下之義。益下則上下皆益，故名《益》。當益之時，上下同心，故利有所往，即涉川之險亦無不利矣。蓋益以興利，故利以圖大事而濟大難。

《彖》曰：益，損上益下，民說无疆。自上下下，其道大光。

損上益下，下被其澤則群情感悅，此其道由上以及下。光明正大，民歸者天必與之，益何如焉！

"利有攸往"，中正有慶。"利涉大川"，木道乃行。

二、五中正，故利往。震、巽皆木，故利涉。

益，動而巽，日進无疆。天施地生，其益无方。凡益之道，與時偕行。

卦德則雷動風入，志氣奮發，進無可量矣。卦象則天施，乾爲巽也；地生，坤爲震也。巽爲風，故后有施命之象。震爲雷，故解有甲坼①之象。此皆氣候之自然，不待助長而自至者也。

《象》曰：風雷，益；君子以見善則遷，有過則改。

雷爲陽氣之動，心奮發而勇于善者如之；風以散陰氣，心蕩滌以消其惡者如之；故"《益》者，德之裕也"。或曰：風烈則雷迅，雷激則風怒，交相益；遷善則過寡，改過則善積，亦交相益。

雷風爲《恒》，風雷爲《益》。《益》即《恒》之反對，義亦相承。《恒》曰"立不易方"，何謂不易？遷善改過，確乎其不可拔者是也。

初九：利用爲大作，元吉无咎。

此卦之主也。卦名《益》，損四以益初。何以爲益？莫如農事。《書》曰"東作"是也。大作者，大興農功也。惠而不費，大吉之道也，何咎之有？即所謂"利有攸往，利涉大川"者。

震于卦爲稼，于方爲春，又《大傳》曰："耒耨之利以教天下，蓋取諸《益》。"

《象》曰："元吉无咎"，下不厚事也。

厚事，謂厚生之事，即耕稼也。倡之自上，非下所能自爲，故曰"不厚事"。

六二：或益之，十朋之龜弗克違，永貞吉。王用享于帝，吉。

《益》之二即《損》之五，其位同，其所益亦同，唯當常守其正則吉也。且彼君位，此臣位。臣事君，亦如王之享帝，則亦受天之祐矣，何吉如之！

《象》曰："或益之"，自外來也。

"自外來"，言非中心之所期。蓋二之心，原不爲利祿而效忠，

---

① 坼：諸本皆誤作"折"，據文義改。

純臣之用心也。

六三：益之用凶事，无咎。有孚中行，告公用圭。

三居下之上，親民之吏。何以益之？民有凶荒之事，不能徑告于五，積誠而告于四。中行者，爲民請命，不可過激，庶在上者不疑其邀譽。用圭者，《國語》曰"莊公二十八年，魯飢。臧文仲以鬯圭、玉磬如齊告糴"是也。

中爻坤土爲信，曰圭。

《象》曰：益用凶事，固有之也。

益下于凶年，此固以上益下所自有者，而何咎焉？況天災流行，何國蔑有？故曰"固有之"。此爻與《損》之六四反對，《損》四受下之益，此爻受上之益，然皆不言"益"而曰"疾"曰"凶事"，三、四凶懼之位也，故其獲益，亦與他爻不同。

六四：中行，告公從，利用爲依遷國。

三中行以告之，四即從之。雖遷國大事，苟利于民，猶且依之，況補助小事乎？依者，周之東遷，晉、鄭焉依是也。向之以四易初者，下之所從益。今之以初應四者，又上之所由依。

此爻與《損》三反對，《損》三爲卦之所損以益上，此爲卦之所損以益下；《損》三無私交而與上同德，乃可以益上。此爻不尚己而與上同德，乃可以益下。

互坤爲國；巽爲進退，爲遷。

《象》曰："告公從"，以益志也。

告者從者，皆以益下爲志也。

九五：有孚惠心，勿問元吉；有孚惠我德。

五居尊位，益下之主也。有信寔惠下之心，則下之應否，不必問之，乃得元吉。然有孚之施，于下者，在我只爲心，下之受此施者，目之則爲德矣。

《象》曰："有孚惠心"，"勿問"之矣。"惠我德"，大得志也。

人君有誠寔惠下之心，其元吉不待問矣。《損》曰"大得志"，《益》亦曰"大得志"，亦以爲上下相益。君人之志也，而今乃大得之。

上九：莫益之，或擊之，立心勿恒，凶。

上乘剛踞剛，反之爲損。莫益者，撫字拙也。或擊者，催科勞也。上即無愛下之恒心，則下亦將失其恒産，故凶。

《象》曰："莫益之"，偏辭也。"或擊之"，自外來也。

偏者舉其一端，蓋莫益者必擊之。此但言莫益，舉一端也。自外來，謂反之則爲《損》，故有擊之之象。

《損》《益》兩卦，從《泰》《否》來，人皆知之，而未言其故。夫極否時，能約己厚下，則《否》傾爲《益》，取《否》上一爻而益其下，非益乎？交泰時，或剝下奉上，則《泰》過爲《損》，取《泰》下一爻而益其上，非損乎？雖益也，損下而益上，斯爲否矣。雖損也，損上而益下，斯爲泰矣。

卷八

夬

☰☱ 乾下兑上

夬：揚于王庭，孚號有厲。告自邑，不利即戎，利有攸往。

夬，決而去之也。一陰乘五陽之上，迴翔殿廷，揚揚得意，五陽必決之。然方決之際，必同類相孚，號于外，惕于中。既決之後，又必勤于自治，務爲德化，用文告，不尚武功，然後利有所往，乃能決之而成純陽之世。

陰衆曰邑，陽衆亦曰邑。乾爲金，故以"即戎"戒之。

《彖》曰："夬"，決也，剛決柔也。健而説，決而和。

乾健而兑説，健爲決而悦爲和。

"揚于王庭"，柔乘五剛也。"孚號有厲"，其危乃光也。"告自邑，不利即戎"，所尚乃窮也。"利有攸往"，剛長乃終也。

柔乘五剛，明"揚于王庭"之爲陰在陽上也。舊謂明正其罪，則已聲罪致討，與"不利即戎"又相礙矣。"其危乃光"，言去小人之不易。"所尚乃窮"，言待小人當不惡而嚴，不可悻悻然見于面目也。"剛長乃終"，必決去一柔化爲純乾，乃曰"剛長"，乃可爲善終而無他患也。

《象》曰：澤上于天，夬；君子以施禄及下，居德則忌。

"澤上于天"，謂氣騰于天，則降而成雨。君子法之，施禄惠以及下。若以禄爲己德而儼然自居，則在所忌，皆防其潰决之道。

初九：壯于前趾，往不勝，爲咎。

五陽皆有决陰之責，但初位卑而遠，恃剛用獨，以是而往，計謀疏淺，必不能勝，咎之道也。

卦以上爲首，下爲趾，《易》有以相類取象者，《大壯》四陽，《夬》五陽，而《大壯》之長爲《夬》，故初皆曰"壯趾"。

《象》曰："不勝"而"往"，咎也。

非往之爲咎，不度其可勝而往之爲咎。

九二：惕號莫夜，有戎勿恤。

二剛得中，小心慮禍，呼衆陽共圖之。人之防寇戎者，多懈于莫夜，能惕號于莫夜，則雖有戎亦可無憂矣。

此爻"勿恤"，與《壯》二"貞吉"同。此卦主也。《象》曰"號"曰惕，惟此備之。

《象》曰："有戎勿恤"，得中道也。

戎興暮夜而無憂者，剛而得中，所謂"其危乃光"者。

九三：壯于頄，有凶。君子夬夬，獨行遇雨，若濡有愠，无咎。

决之道貴和，三過剛不中，壯見于面目，宜有凶者。惟是此心决而又决，雖與上六相應，踪迹若爲所染，如獨行遇雨，有所沾濡，雖不免爲同列所愠，然審機觀變，終當决而去之，何咎之有？頄者，首頰骨也。乾爲首，故取象之。兑爲澤，故曰雨。此爻壯頄"有凶"，與《壯》三"用壯"同。

《象》曰："君子夬夬"，終无咎也。

形于面則有凶，存之心則无咎。

九四：臀无膚，其行次且；牽羊悔亡，聞言不信。

四與陰相隔，然以陽居陰，急於前進，如臀无膚而坐不安，勉強前行。次且以喻勉強之象。當此之時，惟制其剛壯，勿令前進，則悔可亡。而又恐當此時位者，聞此言而不信也。牽，制也。羊以喻其壯。兌爲羊。四與陰同體而相背，有臀之象焉。又四于重卦爲腹，于單卦爲足。臀者，足上體也。《壯》四近二陰，應決者也，故曰"藩決不羸"。《夬》四未近上陰，不應決者也，故曰"牽羊悔亡"。

《象》曰："其行次且"，位不當也。"聞言不信"，聰不明也。

位不當，故次且而不敢遽決。耳曰聰，目曰明，各有所司。然耳苟失聞，雖聰亦等之不明。

九五：莧陸夬夬，中行无咎。

莧，朱子謂馬齒莧。漢儒謂莧葉柔而根堅，故象九五。夫以高平之大陸，棲此絲微細草于其間，何異一小人在衆君子之間？必戒之戒之，夬之又夬，則不爲中德之累而无咎矣。

三、五皆言"夬夬"，三應陰，五比陰也。五叠五乾爲高岡，而上微露以兌羊之角，象澤菜之生阪上，故曰"莧陸"。

《夬》五乃直《壯》四之義，以其近陰也，故曰"夬夬"，猶"藩決"也。《壯》五反直《夬》四之義，以其不在壯位也，故曰"喪羊"，猶"牽羊"也。

《象》曰："中行无咎"，中未光也。

五近于六，陽剛易溺于陰柔，則失其中德而有暗蔽之累，所以戒之。

上六：无號，終有凶。

至於上六，陰既窮矣。然戒懼之心，猶未可忘。苟以爲陰既盡而無呼號之備，則其終必有凶。

《壯》止四陽，決之未盡，故至上而猶觸藩。《夬》則五陽，至上而决尽矣。然非惕號則猶有凶，猶之"艱則吉"之意也。

《象》曰："无號"之"凶"，終不可長也。

陽長則陰消，決盡爲純乾，陰豈可令長乎？

姤

☴異下乾上

姤：女壯，勿用取女。

純陽之下，一陰忽生。陰與陽遇，故名《姤》。以陰爲主，其女壯矣。壯則女德不貞，不可取也。

女壯之義，非以一陰始生於下爲壯，亦非以一陰遇五陽爲壯，蓋爻以專者爲主，此卦一陰獨專，則陰爲主也。陰爲主，故壯。

《彖》曰：姤，遇也，柔遇剛也。"勿用取女"，不可與長也。

不曰"剛遇柔"而曰"柔遇剛"，蓋一陰浸長，五陽不動，其勢在陰爲主也。"不可與長"，謂當扶陽抑陰，勿令浸長。

天地相遇，品物咸章也。剛遇中正，天下大行也。姤之時義大矣哉！

坤之所始，即乾之所終，故曰"天地相遇"。以仲夏恢台之候，加之南離長養之時，庶品萬類，無不昭明。在一陰而遇五陽，則爲詭遇；以二、五而并據陽位，則又得中且正；是遇之不可無也。然如此卦之以柔遇剛，則始不正而終有敝矣。此姤之時與姤之義所以大也。

《象》曰：天下有風，姤；后以施命誥四方。

《月令》夏正之日，施命令，誥四方，蓋取天下風行之象。李厚庵曰："微陰潛伏，貴有以振動發散之。"

初六：繫于金柅，貞吉；有攸往，見凶，羸豕孚蹢躅。

此一陰應四比二，出即遇，遇而即止。金柅本弱木而可以繫物，却繫則吉，行前見凶。蹢躅，住足貌，初陰在下，如羸豕然。豕而有遇，即相孚契，不復與正應之四相遇，故蹢躅不行耳。群豕之中，豭强而牝弱，故謂之羸豕。

金柅，木名，實如梨而黃，故名金柅。謝梅莊曰："陰浸長，則巽變艮，故曰柅。未變，自二以上皆乾，故曰金。陰居最下，所處卑污，豕象也。"

《象》曰："繫于金柅"，柔道牽也。

金柅，弱木也。凡木弱曰椅柅，而可以繫物，故曰"柔道牽"。猶一陰最柔，遇二陽即牽戀而不進。

九二：包有魚，无咎，不利賓。

包，容也。二即遇初而包之，何咎之有？但二既包初，則二爲主，正應之四反爲賓，利于此即不利于彼矣。

二在倒兌之中，兌爲澤水，故有魚。《易》之言"魚"者三，《中孚》"豚魚"，則上巽下兌，喜其有之；《剝》之"貫魚"，則五剝至艮，惡其無之；此明徵也。

《象》曰："包有魚"，義不及賓也。

賓謂四，包在此則不在彼，以義制之，使專一也。

九三：臀无膚，其行次且；厲，无大咎。

以上卦言，則臀爲下体，故《夬》四爲臀。以下卦言，則臀爲上体（在股足之上），故《姤》三爲臀。然《夬》之四即《姤》之三，故其詞同。但彼厭其遲，此喜其緩耳。无膚，亦以乘剛言。不與柔牽則不遇，當遇之時，獨行无遇，則亦危矣。然无陰之遇，亦不受陰之害，故无大咎。

《象》曰："其行次且"，行未牽也。

牽，制也。病其次且，欲進而不能自牽制。

九四：包无魚，起凶。

四與初應，而初爲二所包，則四無包之者矣。起凶者，非顯然之凶也，謂凶由此見而由此起耳。

《象》曰："无魚"之凶，遠民也。

陰爲民，初亦爲民。

九五：以杞包瓜，含章，有隕自天。

二之包，制之也。五之包，覆之也。五居尊位，初在蔭庇之下，如杞木高大，枝葉繁盛，瓜生其下耳。中居得正，含晦章美，不動聲色，而德輝所被，陰邪自消。蓋福自天降，非慶賞刑威之所致也。

杞，即杞柳。五月瓜生，杞柳正茂，故有此象。

《象》曰：九五"含章"，中正也。"有隕自天"，志不舍命也。

九五"含章"，緣有中正之德，故用意周密，靜以制之。"志不舍命"，謂念念不違天命，命亦自我造也。

上九：姤其角，吝，无咎。

角者，首之盡，上之象也。上去陰絶遠，不能制陰，故可吝。然非其事任，故无咎。義與九三同，而三厲而上吝者，上在事外，三與陰同体，故猶危其詞。

謝梅莊曰："凡言角者，非離即兌（《晉》《大壯》），離牛兌羊也。《夬》反爲《姤》，浸長則兌羊變坤牛，上以剛居之，故亦取角象。"

《象》曰："姤其角"，上窮吝也。

不與陰遇，雖无咎，然君子終以不能濟時爲可羞。爲其身在事外，所處之窮故爾。

萃

☷☱ 坤下兑上

萃：亨，王假有廟，利見大人，亨，利貞；用大牲吉，利有攸往。

萃，聚也。聚有亨道焉，何以聚？感格祖廟，聚以神也。利見大人，聚以人也。不亦亨乎？然聚必以正。其假廟也，用大牲則吉。其見大人也，有攸往則利。上"亨"字是萃之亨，下"亨"字是假廟利見之亨。用牲，承格廟言。利往，承見大人言。

二至五互《觀》，故彼曰"盥"曰"薦"，此曰"廟"。坤爲牛，故曰"大牲"。

《彖》曰：萃，聚也。順以説，剛中而應，故聚也。

坤順兑説。剛中謂五，應謂二。

"王假有廟"，致孝享也。"利見大人，亨"，聚以正也。"用大牲吉，利有攸往"，順天命也。觀其所聚，而天地萬物之情可見矣。

"王假有廟"，聚精神以孝鬼神；"利見大人"，聚有德以正天下；"用大牲"，當豐則豐；"利攸往"，當往則往；皆萃之時使然。順天命者，順時也。天地萬物之情，不外聚神、聚人而已矣。

《象》曰：澤上于地，萃；君子以除戎器，戒不虞。

除，治也，如除道路之除。澤上于地，則有潰決之憂。人聚以衆，則有争奪之患。故修兵戎，所以防他變也。

初六：有孚不終，乃亂乃萃。若號，一握爲笑，勿恤，往无咎。

初與四正應，有相信之道。但五爲萃主，初志又欲萃五，不終其信，乃散亂其萃四之志矣。夫萃之時，群情蛹蛹，合并而動。有號召者，有持搹而捉搦者，有譁且笑者，勿以爲意，往而從四之正應，則无咎矣。内卦皆往萃于外，以外卦爲主，故下三爻皆取兑象。

曰"號"，兌爲口；曰"笑"、曰"勿恤"，兌說也。一握，以坤衆取象。

錢氏志立曰："《萃》與《比》同。《比》初無應，曰'有孚'者，一於五也。《萃》初與四應，曰'有孚不終'者，有二陽焉，不終於四也。"

《象》曰："乃亂乃萃"，其志亂也。

志欲萃五，故亂。

六二：引吉，无咎，孚乃利用禴。

二、五正應，當萃亂之時，二此心不變，以忠順自結于五，若援引之者，當萃之時，有利見大人之義，故不以援引爲嫌，吉而且无咎。此其誠信感乎，可祭以格神，況于人乎？禴，夏祭名，《周禮·宗伯》以禴夏亨先王。胡雲峰曰："其享以樂爲主，祭之薄者。"王弼以爲殷春祭名，見《王制》。

初應四，四比乎五，猶未得其正，惟二應五爲正，此見大人所以亨利貞也。而假廟之義，亦于此見之，故以此爻爲卦主。

《象》曰："引吉，无咎"，中未變也。

二有中德，故不似初之亂志。變，即亂也。

六三：萃如嗟如，无攸利，往无咎，小吝。

三無應，志欲萃而又嗟其无可萃也，何利之有？幸比四，陰在下而順乎上之陽，往必得萃。當萃之時，利有攸往，故无咎。但不萃五而萃四，爲小吝耳。

兌爲口，故曰嗟。

《象》曰："往无咎"，上巽也。

互巽在前，猶可順，則猶可比乎四之陽而得萃矣。不曰"順"而曰"巽"，明三與四、五互巽也。

九四：大吉，无咎。

九五萃之主，而四輔之以大臣，當天下之萃，危疑之地也，故必盡其孚誠，乃可以致吉而无咎。陰小陽大，故二言禴，此言大。

《象》曰："大吉无咎"，位不當也。

四有萃天下之責，則以臣擬君，故曰"位不當"。借爻位之當不當，以明德與時位之當不當。

九五：萃有位，无咎；匪孚，元永貞，悔亡。

五居尊位，爲天下之所萃，故曰"萃有位"。然萃以勢位言，匪真有感孚之道，必大能永其貞固之德，則萃人以德而悔亡矣。《萃》象與《比》象略同，故"元永貞"之詞亦同。

胡雲峰曰："《比》卦五陰皆比五之一陽，《萃》四陰皆聚歸五與四之二陽。五曰'萃有位'，以見四之萃非有位也。無尊位而得衆心，非大吉安得無咎？"

《象》曰："萃有位"，志未光也。

徒以位萃，未能光大，所以貴元永貞也。

上六：齎咨涕洟，无咎。

上在卦外，獨陰不萃。然《萃》有利見大人之義，苟齎咨涕洟以致其誠，則亦可以得所萃而无咎。齎咨，兌口聲也。涕洟，兌口澤也。自目出曰涕，自口出曰洟。

《比》卦有"後夫凶"之詞，故上直曰"凶"。此卦有"利見大人"之詞，故上曰"无咎"。

《象》曰："齎咨涕洟"，未安上也。

上猶外也。雖在外，不敢自安，而呼號求萃于五。

升

☴ 巽下坤上

升：元亨，用見大人，勿恤，南征吉。

升者，賢人登進之卦，是以大吉。"大人"謂五，"用見"謂二。利見者，以此道見彼則利，有待之辭。用見者，用此人以見彼，無可待矣，又何憂之有？前進則吉也。

巽東南，坤西南，故曰"南征"。

《彖》曰：柔以時升。

三柔居上，下一柔亦乘時上進。

巽而順，剛中而應，是以大亨。

卦德巽巽坤順，卦体二剛中而五應之，汲引有人，勢之利于進也，故得遂其升而大亨。

"用見大人，勿恤"，有慶也。"南征吉"，志行也。

見大人，得遂其所圖，便是福慶。南征，得遂其仕進，便是志行。

《象》曰：地中生木，升；君子以順德，積小以高大。

地中生木，由勾萌而干霄，木順性也。君子順德，由賢而聖。木一日不長則枯，德一日不順則退。勿忘勿助，順之謂也。

初六：允升，大吉。

柔以時升，雖主坤之三陰，然一陰始生于下，升之始也。初爲巽主，木根由寸而尺，由尺而尋，信乎其必升也，是以大吉。

《象》曰："允升，大吉"，上合志也。

上謂三柔，合志謂三柔在上，一柔居下，類同志合，亦乘時上進。

九二：孚乃利用禴，无咎。

二應五，與《萃》剛柔不同而孚同。孚于五，即升也。誠可格神，況于人乎？

巽臭達氣，取象祭祀。《萃》二以中虛爲孚，《升》二以中實爲孚。

《象》曰：九二之"孚"，有喜也。

孚五即見大人矣，故《象傳》言"有慶"，此言"有喜"，以明見大人者二也。

九三：升虛邑。

坤爲邑。虛者，高也。《詩》曰："升彼虛矣。"舊以虛邑爲入無人之境者非。

《象》曰："升虛邑"，无所疑也。

自初登三，即初所稱"允升"者。初已信矣，三何疑焉？

六四：王用亨于岐山，吉，无咎。

王指五。因其承於五也，四近五。君位不可升，五用四通于山以求之，使之主祭而百神享也。《折中》曰："不曰'西山'而曰'岐山'，避《象》辭'南征'之文。"

《象》曰："王用亨于岐山"，順事也。

四以柔居柔，位居坤、巽之間，上順君，下順民，順之至也。

六五：貞吉，升階。

五更無可升，固守以爲吉者，惟是賢人登用，以順而升，如歷階然。雍容揖讓，君子當升之際，始終于禮義如此。

《象》曰："貞吉，升階"，大得志也。

升至此，而登進賢人之志乃大得矣。《象》所謂"有慶""志行"者。

上六：冥升，利于不息之貞。

升至五已極，上則冥升矣，豈有利哉？惟進德修業，升而不已，則利耳。冥，即晦迷之義。陰極之卦，又陰極之爻也。《豫》曰"冥"，《復》曰"迷"，《明夷》曰"晦"。

《象》曰："冥升"在上，消不富也。

上六以柔居柔，雖冥升在上，而能自消損，不至盈滿，所以爲貞。

困

☵坎下兑上

困：亨，貞大人吉，无咎；有言不信。

困，窮也。身雖窮而心可亨，要在守其正固之大人，乃能吉而无咎。困者宜默，若徒以口悦人，人必不信，欲以亨，困難矣。兑口，言象。坎耳在下，信象。巽疑在互，有言不信象。

《象》曰：困，剛揜也。

坎剛爲兑柔所揜，二剛爲三柔所揜，五剛爲上柔所揜，故名《困》，乃君子見蔽小人之象。不言"揜剛"者，尊剛也。

險以説，困而不失其所，"亨"，其惟君子乎？

坎險兑説。險者，境之困；説者，心之亨。卦德如是，雖困而不失其所，此其所以亨也。然惟陽剛之君子乃能之。龍仁夫曰："'所'字爲句，'亨'爲句，'所'如'艮其所'之'所'。"

"貞大人吉"，以剛中也。"有言不信"，尚口乃窮也。

二、五剛中，皆足濟困，苟徒恃兑口，冀以言辭動人，此則小人之處困者，窮可知矣。

《象》曰：澤无水，困；君子以致命遂志。

澤者，陂池之類。坎在兑下，似陂塘之漏水，澤涸時也。"致命"者，委之于命，所以習坎。"遂志"者，適志也，法兑之説。

初六：臀困于株木，入于幽谷，三歲不覿。

卦主剛掩，以柔困剛，觀之諸爻，則不無剛柔俱困之理。下体爲臀。兩陰豁然，象坎初陰之位，乃一畫當前，比之堅木（見《說卦》）有根株而无枝葉。後既不可爲據，前輒動而見碍。夫既不能出，當觀所入。坎有重窖，而此當最下，如幽谷然。一入其中，歷坎之盡，勢必三歲。雖二、四互離，張目下視，而究無所覿矣。

《象》曰："入于幽谷"，幽不明也。

柔揜剛，剛亦掩柔。初揜二下，故曰"不明"。

九二：困于酒食，朱紱方來，利用亨祀，征凶，无咎。

九二陽剛得中，上與五應，乃君子在位，不得行其道者也。鼎烹之養，車服之榮，人以爲榮，君子以爲困也。唯竭誠盡忠，以事神者事君，冀幸君心感悟，而後可以行吾道。否則，不可行而行，凶立至矣。然以行道而得凶，亦无咎也。朱可亨曰："'利用亨祀'，謂用酒食、朱紱以享神也。不用而去，既有所不忍；用之以征，則又取凶。用以享祀受福，惟有德者能之。"《正義》以紱爲祭服。

《象》曰："困于酒食"，中有慶也。

卦以二、五爲剛中之大人，故二曰"中有慶"，五曰"以中直"。

六三：困于石，據于蒺藜，入于其宮，不見其妻，凶。

三揜剛，剛亦揜之。前承九四之剛，如大石然，進無所行。後乘九二之剛，如蒺藜然，退不可依（據，依也）。互離中虛，有若宮然。乃以六居之，又與上應，失其夫位，故不見其妻而凶。初在下，坐而困者也。三居進退之際，行而困者也。

《象》曰："據于蒺藜"，乘剛也。"入于其宮，不見其妻"，不祥也。

曰"乘剛"，明蒺藜之爲剛，恐人泥象而他求。《易》最重乘剛，故不言"困于石"之爲承剛。不祥者，无所歸也。

九四：來徐徐，困于金車，吝，有終。

金車，謂二剛以載者也。四下應初，初爲二所揜，不能急來相就。四欲與應，亦畏金車之阻。欲拯人之困而反自困，其无濟困之才可知，吝之甚也。然徐徐而來，終必相遇，故曰"有終"。

坎爲輿，象車。

《象》曰："來徐徐"，志在下也。雖不當位，有與也。

下謂初。雖徐徐而仍來，可知其志與初應有與，亦以應初言。

九五：劓刖，困于赤紱，乃徐有説，利用祭祀。

上掩柔，下乘剛，劓刖之象。二"朱紱方來"，五則困于朱紱矣。然九五剛中説体，能從容以處之，自可出困而愉快也。"利用祭祀"，亦與二同。

《困》无君象，九五臣位之至尊者。截鼻曰劓，去足爲刖。兑爲毀折，劓刖象；爲巫，故亦利用祭祀。互離，故爲赤紱。

《象》曰："劓刖"，志未得也。"乃徐有説"，以中直也。"利用祭祀"，受福也。

刑人不服，于居尊臨下之志，未有得也。乃徐有説者，以有中直之道，善處困者也。五、二同爲剛中，而二在險中，不得曰直，五在兑中，兑爲説，遂志者也，故曰直也。"利用祭祀"者，以誠事神，神必享之，自此乃出困矣。

上六：困于葛藟，于臲卼，曰動悔；有悔，征吉。

上處困極，勢高且危，如以弱絲糾纏，杌棿不能自安者，苟能自思曰：吾動皆悔矣，由是惕然而有悔焉，離而去之，以此征行，必獲吉矣。

《象》曰："困于葛藟"，未當也。"動悔，有悔"，吉行也。

上處困極而掩剛，故曰"未當"。吝者，凶之機；悔者，吉之萌。吉則可行，而不至于困矣。

井

☴ 巽下坎上

井：改邑不改井，无喪无得，往來井井；汔至，亦未繘井，羸其瓶，凶。

井以巽木取水爲義。二、五剛中，以利濟爲心，猶井泉以養人爲用。世變則邑變，而利濟生民之道不變，如井道之不改；道不行，不因之而污，如井之取不竭；道行，不因之而隆，如井之滿不溢；往者過來者續，斯道常在，如井水之不舍晝夜。但剛中在下，貴有汲引之人，猶井有泉，須得汲引之具。倘汲水至井，綆未及收，而毀其汲水之瓶，不亦凶乎？以喻道之不行。繘者，綆也。羸者，毀也。坎離缶，巽繩，兌毀折，故其象如此。馮厚齋曰："'瓶'文從'缶'，瓦器也。或謂古无桶，故不取巽木象。"

《彖》曰：巽乎水而上水，井；井養而不窮也。

下巽上坎，以巽木下入而取坎水于其上，汲井之象，故名《井》。井之爲道，養人而至溥至久者也。

"改邑不改井"，乃以剛中也。"汔至，亦未繘井"，未有功也。"羸其瓶"，是以"凶"也。

坎以二柔爻爲井，一剛爻爲泉，故曰井道之不可更，以泉源故也。未有功者，以無汲引之具，猶賢者無汲引之人。羸其瓶，以喻小人用事，未有不覆國喪家者。

或問不改井之義。曰：世變則邑里丘墟，故曰"改邑"；而井養之道、鑿井之法，易地皆然，故曰"不改"。

《象》曰：木上有水，井；君子以勞民勸相。

木上有水，津潤上行之義也。坎以勞之，巽以申命而勸相之。

勞者，省耕省斂之類；相者，相友相助扶持之類。

初六：井泥不食，舊井无禽。

卦以三陽爲泉，六陰非泉。初尤在下，乃井之无水而徒有泥，不可食者也。所以然者，蓋爲瞽井，未經修鑿，雖禽鳥亦无有下顧之者矣。何玄子云："杜詩'鸛鶒窺淺井'，可見有水則有禽。"

巽爲雞，禽也。謝梅莊曰："爲木，亦禽所栖，今木巽乎水，禽既不栖，又在下爲泥，人所不食。井旁亦无餘瀝可吸，故无禽。本有而无，此象所以无定也。"

《象》曰："井泥不食"，下也。"舊井无禽"，時舍也。

井以上出爲功，故不食者以其在下。井以人用不壞，故无禽者，以其棄而不用。

九二：井谷射鮒，甕敝漏。（射音亦。揚子《太玄》云："密雨溟沫，潤于枯漬，三日射谷。"）

二陽剛有泉，但在井下，內水不浮，外甓不治，儼溪井之在山谷者，射厭也。谷之受水，徒以厭飫小魚，于人何與？有若獻壺，身敝底漏，所謂羸其瓶者。

鮒，小魚也。陰伏陽下，魚游水中之象。

《象》曰："井谷射鮒"，无與也。

汲之引之，必有所以與之者，顧誰則與此？蓋君臣遇合之難也。

九三：井渫不食，爲我心惻。可用汲，王明，并受其福。

三在井中，居剛乘剛，下鮮敗漏，井之渫去其污者也（渫，清也）。但剛不中，五非應，不食之象。有才見棄，行道之人，亦皆惜之。幸三、五互離，五爲王位，互離則王明矣。王若明，則必用三，不至棄而不食，將見下得利濟之益，上有太平之象，不亦均受其福乎？

《象》曰："井渫不食"，行惻也。"求王明"，受福也。

夫不食而惻，非我惻，有惻之者也。王明之求，非我求，有求之者也。并惻之，并汲之，亦并求之，非并受之而何？

三、五非應非比，故曰"求"。

六四：井甃，无咎。

以磚壘井、修井之壞，謂之甃。四居井之中，中不污敗，外得甃甓，雖尚未出井以濟人，而于己則无咎矣。

以離中之火，燒坤土爲甓，故有此象。

《象》曰："井甃，无咎"，修井也。

修其在己，聽其在人。

九五：井冽，寒泉食。

冽，寒氣嚴也。五剛中居上，此上水時也。寒冽可食，濟人利物者也。

坎比寒地，得乾之中爻，乾金亦寒德也。水寒益甘，故取此象。

《象》曰："寒泉"之"食"，中正也。

坎以中陽爲泉，故曰"中"。五居上位，得以濟人，故曰"正"。

上六：井收勿幕，有孚元吉。

收，甃訖收口也。上爲井口，其功既成，其利斯溥。坎口不掩，有養人之實德，取不盡，用不竭，大吉之道也。

《象》曰："元吉"，在上大成也。

由舊而修而成，而進于大成，此井養之不窮，而汔至之所以未有功也。

卷九

革

☲☱離下兑上

革：已日乃孚，元亨利貞，悔亡。

"已"音"以"，已日謂已革之日。人情安常習故，非其時而言革，則衆心不服，悔且不免，何亨之有？"已日乃孚"，謂當可革之時，革之而人皆信從，尤必大亨以正，而後無可悔之事也。總論革之之道。舊注謂已革而後人信之。來矣鮮、毛西河謂"已"爲戊己之"己"，夏火秋金，必隔戊己；離火兑金，必隔坤土，則是調和之說，非革義矣。且兑之爲金，乃占卜之術，《易》無此象。

《象》曰：革，水火相息，二女同居，其志不相得，曰革。

澤决則滅火，火炎則熯水，皆可相熄。二女同居，本皆失志。《睽》①中女上而少女下，長少不紊，猶不無同憂相恤之心。《革》則女兄在下，女弟在上，孤嫠既不堪，復以先後短長之故，相對詬誶，故曰"不相得"。

朱漢上曰："坎、兑一也。澤者水所鍾，無水則無澤矣。故《革》兑亦爲水。"

---

① 睽：諸本皆误作"暌"，据宋本《周易》改。

"已日乃孚"，革而信之。文明以説，大亨以正。革而當，其悔乃亡。

"革而信之"，謂已革而後，人信之也。卦體文明以悦，尤必大亨以正，然後革而得當，乃亡其悔，皆所以深戒之。

《彖》未有言悔亡者，唯《革》有之。《革》易有悔也。

天地革而四時成；湯武革命，順乎天而應乎人。革之時大矣哉！

唯天地乃可以革時，唯湯武乃可以革命，非湯武則不可，所以防萬世之亂臣賊子也。

《象》曰：澤中有火，革；君子以治曆明時。

帝王之革，五德并興。天地之革，四時代謝。晦朔者，一月之革；亥子者，一日之革；故君子法革以治曆。

初九：鞏用黄牛之革。

初未當革時，一若有束之者，所謂鞏也（《説文》以韋束物爲鞏）。離爲牛，剛其革也，故其象如此。

《象》曰："鞏用黄牛"，不可以有爲也。

既堅且韌，急不能革，故曰"不可有爲"。

六二：已日乃革之，征吉，无咎。

六二中正，上與九五相應，此卦主也，故辭與卦同。朱可亭曰："'乃'字不承'已日'，承六二，謂當革之時，如六二之才，乃可革之也。二非已日，征非往革，經畫全在革前。"

《象》曰："已日""革之"，行有嘉也。

嘉者，嘉耦之"嘉"，言與五應。

龔氏焕曰："二言'已日乃革'，不可遽革者也。四言'有孚改命'，則事革矣。"

九三：征凶，貞厲，革言三就，有孚。

三、四之間，改革之時也。但九三過剛，恐其躁動，故戒以征行則凶。又不中正，恐一于靜而不能革，故戒以守正亦厲，必以革之之由布告于人，至于再，至于三，如湯誓、盤誥。就者成就，誓命已定之意，乃可以信于人也。

《象》曰："革言三就"，又何之矣！

"又何之"，言无走逗處也。熟思審度，慮无遺策。

九四：悔亡，有孚改命，吉。

四之時，革而當矣，故在己爲悔亡，而在人爲有孚，即行革命大事，亦得其吉。不曰"革"而曰"改"，改者，革之至也。

《象》曰："改命"之吉，信志也。

南巢之放，來享來王；牧野之師，會同八百；要皆信其无利天下之志也。

九五：大人虎變，未占有孚。

九五大人，乃創業之主，當改命之後，創制立法，更朔易服，考車書而定禮樂，如虎革之變。以爲變，則并无改之迹也。不待占筮，而知人皆信之。

此湯、武之征伐，有威存焉，故曰虎。朱漢上、胡雲峰皆以兌爲虎，若以《履》卦之例推之，則互乾爲虎。

《象》曰："大人虎變"，其文炳也。

虎文疏而著，曰"炳"，如火之照而易辨也。

上六：君子豹變，小人革面。征凶，居貞吉。

此繼體之主也。鼎革既定，創制復新。賢者識大，不賢識小，如豹文變化而細密，黼黻太平，專指衆賢，故曰"君子"。當此之時，雖小人亦革其面而不敢爲惡，治登上理。倘再欲更張則凶，惟安靜守成，吉之道也。

王相卿曰："豹，虎之小者。"

《象》曰："君子豹變"，其文蔚也。"小人革面"，順以從君也。

豹文密而理，曰"蔚"，如草之暢茂而叢聚。"順以從君"，則有以感動之也。

鼎

☴巽下離上

鼎：元吉，亨。

《鼎》者，養賢之卦，于義最吉，故直曰"元亨"而無他辭。聖人蓋深喜之。

觀《彖傳》无"吉"字，則"吉"字誠羨文也，況亨大吉小，舉一亨而吉在其中矣。《鼎》與《大有》相似，只差初六一畫，故卦詞、爻詞亦大略相似。

《彖》曰：鼎，象也。以木巽火，亨飪也。聖人亨以享上帝，而大亨以養聖賢。

卦體初陰爲趾，二、三、四陽爲腹，五陰爲耳，上陽爲鉉，鼎之象也。木入火下，烹飪之象，鼎之用也。烹飪豈細事哉？古人造鼎，所用唯祭祀、賓客二事，而祭祀以享帝爲大，饗賓客以養聖賢爲大。

享上帝，大抵煮牲體于鑊，既熟而脀牲于鼎已耳。養聖賢，則饔殄牢醴，水火調劑，當具品物，故享帝曰烹，養聖賢曰大烹。蓋禮以簡爲貴，情以繁而浹。用有多寡，事無隆殺，以爲烹飪之所司固如是者。巽雞兑羊，離牛、雉、黿鼈之屬，故有大亨之象。

巽而耳目聰明，柔進而上行，得中而應乎剛，是以元亨。

下體巽，上離爲目，五爲耳，内巽順而外聰明。柔居尊位，上可以享上帝，柔中應剛中；下又能養聖賢，大亨可知矣，故曰"元"。

《象》曰：木上有火，鼎；君子以正位凝命。

上木下火，《彖》爻以享帝、養賢之鼎言。前《革》後《震》，《大象》以卜年卜世之鼎言。正位者，法鼎之鎮重。凝命者，項平庵曰："存神息氣，人所以凝壽命。中心无爲，以守至正，君所以凝天命。"

初六：鼎顚趾，利出否。得妾以其子，无咎。

否，污也。以，左右之也，子，內子，即夫人也。初爲鼎足，而上應四。以下援上，顚之象也。此時无寔而有否，顚則出矣。巽反爲兌，長女退位，少女用事，猶得妾而左右其內子，何咎之有？

《象》曰："鼎顚趾"，未悖也。"利出否"，以從貴也。

顚爲悖，顚而出否則不悖矣。出否而有利于鼎，猶得妾而有益于內子。以賤從貴，亦不悖矣。貴謂內子，對妾而言。

九二：鼎有實，我仇有疾，不我能即，吉。

仇，匹也，謂四。二爲鼎腹，陽剛爲寔。二與四同居鼎腹，是四者我之匹也。四覆其餗，仇之疾也。然彼自有正應，又隔于三，不能近而害我，故于二則吉。即，近也。

《象》曰："鼎有實"，慎所之也。"我仇有疾"，終无尤也。

"慎所之"，言當應五，不當比初。四雖覆餗，无害于我，故曰"无尤"。

九三：鼎耳革，其行塞。雉膏不食，方雨虧悔，終吉。

鼎耳謂五。三陽居中，此爻居三陽之中，寔之美者也。然與六五无相遇之道，有革異之情，故其行則不通。于雉膏則不食，猶人有才德而不爲時用，與《井》三同也。然陰陽終必和合，始雖有不遇之悔，終當有相遇之吉。

三居木之極，迫火之下，風從火上，物必從革，故有革象。三至五互兌爲澤，故有雨象。

《象》曰："鼎耳革"，失其義也。

義者，宜也，節也。三、五無相應之理，違水火之宜，亡烹飪之節，故曰"失義"。

九四：鼎折足，覆公餗，其形渥，凶。

餗者美饌，渥者沾濡之貌。四居鼎腹之上，乃鼎寔之滿者也。下應初陰，初爲足，陰柔不能自立，折足之象也。足折則寔傾于外，羹濡形渥，凶可知也。

初陰在下而上應陽，故无咎。四陽在上而下應陰，猶居下位而用小人，故凶。初曰"趾"，四亦曰"足"，以四應乎初，四之足即初也。

《象》曰："覆公餗"，信如何也。

居大位而寔不稱，失許國之信。

六五：鼎黃耳，金鉉，利貞。

腹上爲耳，貫耳以舉鼎爲鉉，二者不相離也。五柔中比上九，有養賢之義，如黃耳而受金鉉，但任賢勿貳，故以"利貞"戒之。

五爲離中，所謂黃離者，故曰"黃"。金，亦黃色也。

《象》曰："鼎黃耳"，中以爲實也。

耳非寔鼎之地，然下應二。二①之所有，即五之所有，故二曰"鼎有實"，五即曰"中以爲實"。此《彖》之"得中而應乎剛"者，雖無實，實在其中焉。

上九：鼎玉鉉，大吉，无不利。

上者鉉也。鉉爲耳設，不能離耳，故五爲耳而鉉即及之。金鉉

---

① 二：諸本皆誤作"三"，據文義改。

者，以金爲鉉也。玉鉉者，就金鉉而飾之以玉也。享帝、養賢之器備矣，故大吉而无不利。

金以爻剛取象。剛而能柔，溫潤以栗，故又象玉。上曰鉉，五亦曰鉉，以五附乎上，五之鉉即上也。

《象》曰："玉鉉"在上，剛柔節也。

節者，節文之"節"。剛柔以爻位言。五爲金，金雖剛而有從革之義，故柔爻象之。上爲玉，玉雖溫潤，而磨不璘涅不淄，故剛爻象之。剛而能柔，溫潤以栗，大寳之形，亦正位凝命之所在也。

震

☳☳ 震下震上

震：亨。震來虩虩，笑言啞啞。震驚百里，不喪匕鬯。

萬物出乎震，于時爲春，于德爲仁，亨可知也。震爲雷，雷之來，人未有不懼，況其洊至？故虩虩而恐懼。惟其能懼于先，即定静于後，而言笑如故（啞啞，笑聲）。即使變出非常，驚至百里，而不失其所守。匕者，橈鼎器也，以棘爲之。將薦之時，橈鼎中牲體，出而升之于俎上。鬯者，灌也，秬釀鬱草爲酒，而灌地以降神，皆主祭者身親之。

毛西河曰："或問雷震何以喪匕鬯。曰：不過如當飲墮杯、當食失箸等，廣譬及之耳。其象一剛載二柔，鼎肉尚在匕，匕不喪也。互坎于仰盂之中，所酌尚在斝，鬯不喪也。"

《象》曰："震，亨。震來虩虩"，恐致福也。"笑言啞啞"，後有則也。"震驚百里"，驚遠而懼邇也。出可以守宗廟社稷，以爲祭主也。

以恐致福而有法則，故雖驚遠懼邇，而出可繼世主祭也，則其不喪匕鬯可知。

《象》曰：洊雷，震；君子以恐懼修省。

洊，再也，重也。恐懼者，畏天之威。修省者，修德省過。

初九：震來虩虩，後笑言啞啞，吉。

震之用在下，重震之初又最下，所以爲卦主，故詞與卦同。增一"後"字者，明非震前也。

《象》曰："震來虩虩"，恐致福也。"笑言啞啞"，後有則也。

爻之"後"，震後也。《傳》之"後"，笑言後也。

六二：震來厲，億喪貝。躋于九陵，勿逐，七日得。

億，大也。二雖當位，所乘者初震之剛，雷始發聲，驚懼必甚。然居下位，未有重器之守，不過大喪其貨貝耳。高陵者，遠去之象。躋而避之，處震之道也。二有中德，時至則亨，不過七日，喪者復得。

震發聲于卯，收聲于酉，其數七也。程《傳》云："爻止于六，故七日而得。"貝形腹排齒，與二陰兩兩排對相似，故取其象。億者，十萬之名，多也，大也，故孔子直指之曰"大无喪"也。二至四互艮，高陵之象。

胡雲峰曰："九即初九，'躋于九陵'，二進在初之上也。'七日得'，《既濟》六二占同。皆於六二言之者，自二至上，又自上而二，七數也。"

《象》曰："震來厲"，乘剛也。

爻義已明。

五亦乘剛而不言，以二例之。二亦有中德而不言，以五例之。

六三：震蘇蘇，震行无眚。

蘇蘇，緩散貌。三柔居陽，初震稍遠，即緩散自若，必也法震之行而恐懼修省，乃可无眚。眚，疾也。互坎爲眚，故象之。

《象》曰："震蘇蘇"，位不當也。

以柔居陽，不當其位，故不能法震之行耳。

九四：震遂泥。

初、四皆卦之主，但震取陽生在下之義，猶艮取陽升在上之義，故震以初爲主，艮以上爲主也。四不當位，又陷于二陰之間，震驚之極，遂至身居泥中，不自振拔若此。

互坎，故象泥。遂，成也，即遂事不諫之"遂"。

《象》曰："震遂泥"，未光也。

身居坎陷，必无正大光明之事。

六五：震往來厲，億无喪有事。

處重震之中，震往而復來之象。雖亦危厲，而雷頻則威失，故大无喪其有事。有事者，祭主也。《春秋》凡祭祀皆曰"有事"。

《象》曰："震往來厲"，危行也。其事在中，大无喪也。

危即厲，即恐懼也。加一"行"字，蓋不徒恐懼而已，必有修省之事焉。爻曰"億无喪"，《傳》曰"大无喪"，明"億"之爲大也，示人之意切矣！

上六：震索索，視矍矍，征凶。震不于其躬，于其鄰，无咎。婚媾有言。

索索，即虩虩。矍矍，驚視未定之貌。上柔居陰，與五爲鄰。五"億无喪"而上已蕭索眩瞀，則神守喪矣。以此征行，凶之道也。然禍未及身，先自戒備，何咎之有？但不免爲三所嘲笑耳。三、上剛柔不應，曰婚媾者，以陰陽正位言也。

《象》曰："震索索"，中未得也。雖"凶""无咎"，畏鄰戒也。

五得中，故无喪。上索索，不中故也。位凶而能无咎者，有戒心也。戒則修省之功急矣，故曰"震无咎者存乎悔"。

艮

☶☶艮下艮上

艮其背，不獲其身。行其庭，不見其人，无咎。

陰陽不交，于卦爲艮，于方爲北，于身爲背，故"背"字從"北"從"肉"。而"艮"字有反身之象。"艮其背"者，止于止之方也。靜則廓然大公，內不見己，是"不獲其身"也。動則物來順應，外不見人，是"行其庭，不見其人"也。當止而止，故"无咎"。

艮爲門闕，兼則兩之。兩門之間，庭象也。于方爲北者，日月不照北極之下。于身爲背者，胸臆皆見而背不見也。

《彖》曰：艮，止也。時止則止，時行則行，動靜不失其時，其道光明。

人皆知艮之爲止，而不知艮者震之反對，艮爲止而震爲行。行，動也。止，靜也。靜不可久也，時亦不可失也。動靜合宜，積中而發外矣。

艮多言輝光、光明，皆以充實之故，《中庸》所以貴誠也。《彖》言"止"，《傳》補出"時"字，猶爻二多譽、五多功，《象傳》指出"中"字。六十四卦內言"時"者十之四，言"中"者十之六，正孔子一生得力處，學者宜究心焉。

艮其止，止其所也。上下敵應，不相與也。是以"不獲其身，行其庭，不見其人，无咎"也。

《彖》曰"艮其背"，《傳》曰"艮其止"，易"背"爲"止"，以明"背"即"止"也，"所"即"背"也、"止"也。此以卦體言。陽上陰下，各止其所也。若六爻則初四、二五相應而皆陰，三上相應而皆陽。同類相等，乃我匹敵，無相應之情，故曰"不相與"。與即應也。《彖》所謂"不獲""不見"者，唯此之故。

孔穎達曰："八純之卦，皆六爻不應，何獨于此言之？謂此卦既止而不交，爻又峙而不應，與'止'義相協，故兼取而明之。"

《傳》以"艮其止"領起，下以"不獲""不見"雙收，可見"艮其背"一句，總貫通節。"不獲其身"以靜言，"不見其人"以動言。

《象》曰：兼山，艮；君子以思不出其位。

董氏曰："兩雷、兩風、兩水、兩火、兩澤皆有相往來之理，惟兩山并立，不相往來，乃止之象也。"丘建安曰："位者，止之所。"

初六：艮其趾，无咎，利永貞。

六爻皆以人身取象，初在下，趾象也。趾動物，止則足不妄行，足容重也，何咎之有？以柔，故戒以永貞。

《象》曰："艮其趾"，未失正也。

有當止，有不當止，總以不失時爲正。止于足，雖未必合時，而足容重矣，故未爲失正。

六二：艮其腓，不拯其隨，其心不快。

上于趾者，腓也。隨者，隨三。二與三同體，三在上爲艮主，情親而分尊，猶子弟之于父兄，欲不隨不得也。三過剛不中，失止之宜。二不能以其中正之道救之，是以其心不快。

《象》曰："不拯其隨"，未退聽也。

三能得之于二，二不能得之于三，故爻詞原二之心，而《象傳》又明其咎之所歸，曰"未退聽也"。初在下，故曰退。

九三：艮其限，列其夤，厲薰心。

限，人身上下之間，漢儒皆以爲腰帶處。夤者，夾脊肉，即背腎也。三陽爲限，限不當止，止則上下判隔，脉絡不通。從後以觀，衹夤之横亙，有似乎排列者，此痿痺之疾，身不動而心則焦矣。

二、三坎體，坎爲心病，故曰"薰"，曰"不快"。

《象》曰："艮其限"，危"薰心"也。

此不當止而止者也。

六四：艮其身，无咎。

此"身"字，就限以上説，乃上身，非全身也。身止而不卬，鞠躬示卑，立容辨也，何咎之有？

《象》曰："艮其身"，止諸躬也。

屈身爲躬。"止諸躬"，謂屈其身也。《折中》曰："易'其'字爲'諸'字，便見得是止之于躬，與夫正本清源、自然而止者略異矣。"

六五：艮其輔，言有序，悔亡。

輔，口頰也。言之所出，輔止而不肆。出言有章，口容止也，悔可亡矣。

《象》曰："艮其輔"，以中正也。

"吉人之辭寡"，故"艮其輔"爲得中得正，不以位言。

上九：敦艮，吉。

元首止而不動，敦厚之至，頭容直也。

陽動而上，已極則止，故三不得爲卦主，此爻乃極上而止者也。

《爾雅》：丘再成曰敦。敦者，兼山之艮也。剛寔居上而爲艮主，故直以艮山與之。

《象》曰："敦艮"之吉，以厚終也。

《説文》曰：厚者，"山陵之厚"。則"敦"與"厚"皆取義于山也。"終"以艮言，"萬物之所成終而所成始也"。

漸

☷艮下巽上

漸：女歸吉，利貞。

漸者，不遽進之義。事之有漸，莫如女子之嫁，六禮成而後行。士之進能如之，則吉矣。然進以漸，尤必進以正而後利也。

《咸》"取女吉"，取者之占。《漸》"女歸吉"，嫁者之占。然皆以貞艮爲主。

《彖》曰：漸之進也，"女歸吉"也。

《傳》若曰：漸之進也，不遽爲進，所以別於《晉》之進、《升》之進也。巽女不遽下，艮男不遽上，各以漸也。漸而後進，始吉也。

進得位，往有功也。進以正，可以正邦也。其位，剛得中也。止而巽，動不窮也。

進得位謂五，進以正謂二，剛中謂五。

孔穎達曰："上言進得位，嫌是兼二、三、四等，故特言'剛得中'，以明得位之言，唯九五也。""止而巽"，謂二止則不進，巽則可進，故曰"動不窮"。

《象》曰：山上有木，漸；君子以居賢德善俗。

木以漸而長，俗以漸而善。以賢德自居，不以賢德律人，而俗自善焉。居德法艮之止，善俗法巽之入。

初六：鴻漸于干，小子厲，有言无咎。

干者，水涯，《詩》曰"在河之干"是也。初位最下，甫入仕途，同類起而謗之，猶鴻集江干，兒童噪而逐之，然无咎也。

巽爲雞，艮爲黔喙之屬，皆鴻象也。昏禮用之，飛又有序，故全卦皆用此象。近坎水，故曰干。艮少男，故曰小子。

胡雲峰曰："子午以東爲陽，子午以西爲陰。由艮達巽，子午以東，陽氣之地也。立春以後，鴻雁來，故六爻皆係以鴻。"

《象》曰："小子"之"厲"，義"无咎"也。

同列之謗，人情則然。己不躁進，于義无咎。

六二：鴻漸于磐，飲食衎衎，吉。

磐者，大石。衎衎，和樂之意。此爻以陰應陽，合乎女歸之義。當漸時，有以自守。"漸于磐"者，介于石也。"飲食衎衎"，甘家食也。飲啄自如，不圖妄進，吉可知矣。

艮爲石，爲山，故曰磐。

《象》曰："飲食衎衎"，不素飽也。

所以甘家食者，不輕進而虛糜人禄也。

磐雖非鴻集之處，然二居互坎之中，乃水旁石也，故有以衎衎而自得。

九三：鴻漸于陸，夫征不復，婦孕不育，凶，利禦寇。

高平曰陸。夫婦以應比取象，三應上，以上爲婦，而上剛非婦也。三爲夫，而當艮體，乃少男也。少男不當娶長女，則三亦非夫矣。非夫婦而夫婦之，夫麗非其群，往必不敢復；婦失其道，孕必不敢育；凶如何也！然三剛體比巽，共相保安，物莫能間，以之禦寇，則利矣。

艮爲山，象陸。互坎，爲血卦。互離，爲大腹，象孕。三止體，故孕不育。坎爲盜，象寇。

《象》曰："夫征不復"，離群醜也。"婦孕不育"，失其道也。"利"用"禦寇"，順相保也。

麗，附也。配非其群，可耻之甚。"失其道"，謂遇非其人，故不敢育。"順"者比巽，"保"者艮剛能自固也。孔穎達曰："四以陰乘陽，嫌其非順，然好合相得，和比相安，故曰'順相保'。"

六四：鴻漸于木，或得其桷，无咎。

桷，榱也。四以陰承陽，合乎女歸之義，故有鴻漸于木之象。鴻之栖也，以蹼不以爪，焉能漸木？但四陰木根未高，得桷之象，可以容足，亦无咎也。

《象》曰："或得其桷"，順以巽也。

所以能得桷者，以有順德而從容不迫也。

九五：鴻漸于陵，婦三歲不孕，終莫之勝，吉。

五雖得二爲夫，二艮體，能止而守正，男不先女，女必不先男，遲之又久，尚未受孕，終不可以情欲勝也。得婦如此，不亦吉乎？

巽爲高，象陵。五亦在互離之中，但巽爲不果，故不孕。

《象》曰："終莫之勝，吉"，得所願也。

得婦如此，志願足矣。此《象傳》所謂"剛中"者。

上九：鴻漸于陸，其羽可用爲儀，吉。

陸，即三之"陸"也。既漸于陵，復漸于陸，以巽爲進退，巽極則進而又退，然此亦漸之至也。知進知退，清風高節，可爲儀表，與《蠱》之上九"志可則"者同。

"陸"叶"羅"，"儀"叶"俄"，古音如是。以上五爻皆有韻，故此爻亦當以韻讀之。"儀，舞也。《書》'鳳凰來儀'，文舞用羽，名羽舞，故云。"鄭剛中曰："雉取其綵，鷺取其白，鴻取其知時。以其羽爲儀，則君子去就進退之義，可觀以爲法矣。"

《象》曰："其羽可用爲儀，吉"，不可亂也。

言不以富貴亂其心也。

處卦之終，既無所取于歸與進之義，則反以无應爲宜。

以羽舞言之，舞有次第，如鴻序然。

初、上二爻，寧退無進，可見進不可以不漸。二、五、三、四，貞吉不貞凶，可見進不可以不正。

胡雲峰曰："二居有用，益人國家而非素飽。上處無用，爲人儀表而非無用。二志不在温飽，五卓然不可亂，士大夫之出處，於此當有取焉。"

歸妹

☷兑下震上

歸妹：征凶，无攸利。

兑少女，震長男，兑爲震妹，故曰《歸妹》。征者，言其往之時也。"无攸利"者，究其終竟，此卦之義，《漸》之反也。直著占詞，與《大有》《鼎》同，蓋尊賢育才者，人君之盛節；自媒自荐者，士女之醜行。

《彖》曰：歸妹，天地之大義也。天地不交，而萬物不興。歸妹，人之終始也。

陰陽聚列，必需交媾。男女交而人民蕃，猶天地交而萬物興。雖震兑不交，而乾首得震，坤終成兑，即借此陰陽交索之情，爲歸妹婚姻之義，曰此亦生"人之終始也"。

説以動，所歸妹也。

上言歸妹之善，惟如此卦則不善耳。以卦德言，以説而動，動必不正。以卦象言，女先于男，是所欲歸者妹。又以少耦長，是所歸者乃妹也。失于禮，又恣于義矣。

"征凶"，位不當也。"无攸利"，柔乘剛也。

初至五，剛居柔，柔居剛，皆不得位。上雖當位，而所應亦陰，猶不當位也。乘剛，專以三、五言。

此卦爻義，最難明晰，講説紛紛，終覺扞格。因思爻統于《彖》，而《彖》義具于《彖傳》，孔子明以"不當位"、"柔乘剛"斷盡此卦之義，執此二句，以求六爻，則瞭然明白，而衆説可息矣。

《象》曰：澤上有雷，歸妹；君子以永終知敝。

以澤感雷，陰氣先動，猶女先于男，故曰《歸妹》。其始不正，其終必敝。

謝梅莊曰："君子觀乘垣望關之時，早知其有桑葉黃隕之嘆矣。"

初九：歸妹以娣，跛能履，征吉。

天子諸侯，一娶女君，則其餘皆娣。娣者，媵妾也。初剛居下而无位，侍婢之象。妹歸娣隨，必有侍婢左右之。"以"者，左右之也。侍婢聽命於人，猶跛者不正行而側行，吉也。

《象》曰："歸妹以娣"，以恒也。"跛能履""吉"，相承也。

妹歸娣隨而侍婢從之，亦常事耳。女自歸非常，侍婢從娣乃爲常也。承者，不擬君而恭順以承君，初有剛德故也。《正義》以妹從娣而嫁，則從娣者侍婢，非娣也。

九二：眇能視，利幽人之貞。

卦唯二、五有應，然六爻皆取女象。二以剛居柔，位不得當。妹之眇于目者，雖一目亦可以視，而人罕聘之，守其不字之常而已。

兌爲毀折，初、二兌體，故曰跛、曰眇，《履》卦亦然。

《象》曰："利幽人之貞"，未變常也。

幽者幽閒，貞者貞靜，婦道之常。

六三：歸妹以須，反歸以娣。

須，待時也。三柔乘剛，賤不安賤，當歸妹之時，有欲求爲室主之象。未當其時，故宜有待。反而歸之，仍用爲婢，左右乎娣而已。

舊說須爲賤女。按：娣亞于君，非賤也，安有賤女爲人所不受，而反歸爲妹者乎？

《象》曰："歸妹以須"，未當也。

三柔承剛，不當其位。

九四：歸妹愆期，遲歸有時。

何休謂婦人八歲備數，十五從嫡，二十承事君子。四以剛居柔，不得位，又无其應，乃女之未及年者，至于過期，遲回不前，必有時焉，然而遲矣。此《象》之所謂"位不當"者。

《象》曰"愆期"之志，有待而行也。

愆期而无二心，所以待年也。

六五：帝乙歸妹，其君之袂，不如其娣之袂良，月幾望，吉。

君，女君，妹也。袂，衣口也。此亦乘剛者，但柔中下應二剛，如帝女下嫁，主家輿服，有不及姪娣而不爲嫌者，女德之盛，無以加此，則其婦道終始，如月之將望而未有已，何其吉也！

"帝出乎震"，甲乙皆木，遂借殷王成號爲震兄之稱。其云"歸妹"，或殷王當日原有歸妹一事也。

《象》曰："帝乙歸妹"，"不如其娣之袂良"也，其位在中，以貴行也。

行，謂應二，指出"中"字"行"字，以明此爻雖亦乘剛，不與他爻同也。

上六：女承筐，无實；士刲羊，无血。无攸利。

上雖當位，而所應亦陰，非正配也。女將于歸，欲承筐以薦而无所薦也；士家娶婦，欲刲羊以祭而无可祭也；故曰"无攸利"。先女後士，罪在女也。初至五皆不得位，然或妹或娣，各有其分。若上以爲妹，則爻柔應亦柔，固无所歸；以爲娣，則位在五上，果何人乎？亦安所歸？故曰"无攸利"。全卦之凶，蔽于此矣。爻象見"左氏筮法"。

《象》曰：上六"无實"，承虛筐也。

陽實陰虛，爻陰應亦陰，故曰"无實"。无實則无所歸，承筐是將，不亦虛乎？爻雖士女互言，以女爲主，故象止釋首句之義。曰士曰女，未成夫婦也。

豐

☲☳離下震上

豐：亨，王假之，勿憂，宜日中。

卦體明以動，有識有爲，規模宏大，豐之象也。有亨道焉，孰大之？王大之也。出乎震，嚮乎離，皆王也。夫盈滿則易障蔽，此其中有憂焉，而勿然也。離以日之中而照天下，能保此大，則正當乘此日中而普照。

《彖》曰：豐，大也。明以動，故豐。

明動非大，但明動則規模必宏，故曰"大"。"以"字與"而"字不同，"而"字有兩意，"以"字只是一意，重在首字。此卦欲其明而防其昏，故首發此以爲玩辭之要。

"王假之"，尚大也。"勿憂，宜日中"，宜照天下也。

尚，上也，以大爲上，不安卑小。"照天下"，謂常如離日之中也。

日中則昃，月盈則食；天地盈虛，與時消息；而況於人乎？況於鬼神乎？

夫所謂憂者，非日中也，亦謂日既中，即此而昃耳。唯月亦然。且天地盈虛，與時消息；炎寒遞代，山澤成毀，無事不然，而況于人當乘此消息、鬼神之能主此消息者乎？

錢國瑞曰："離爲日，互兌爲西，昃象。二至上大象坎爲月，互兌爲毀，蝕象。"

《象》曰：雷電皆至，豐；君子以折獄致刑。

治獄以明爲主，《豐》與《噬嗑》是也。折獄法離之明，致刑法震之果。不曰"用刑"而曰"致刑"，情有輕重，罪分大小，各致于其所而不紊也。

初九：遇其配主，雖旬无咎，往有尚。

五爲豐之主，初不應五而應四，是所遇者與我匹配，即可爲我之主。初、四皆剛，故曰匹。雖延十日而不以爲咎，以四在上，初志在尚往，不厭多日也。文王以一日象之，故曰"宜日中"。周公以十日象之，故曰"雖旬无咎"。

《象》曰："雖旬无咎"，過旬災也。

十日爲旬，旬固无咎，若因而過之，盈旬之後，鄰于日昃，坐生他災矣。《折中》曰："爻意謂同德相濟，雖盈滿可以无咎。《傳》意謂正宜及今圖之，稍過于中，便將有災。其意相備。"

六二：豐其蔀，日中見斗，往得疑疾，有孚發若，吉。

蔀，草名，《廣雅》云"魚薺"也，可以編茅覆屋。斗以建衡平，君象也，以喻五。二明體剛爻，與五明動相資，而兩柔不相應。當豐之時，仰觀廣廈之壯，知其所蔽之深。日中也而見斗，則已昃矣。往而拯之，其能免于疑疾乎？惟有積誠信以感發其心志耳。

《象》以日中勉之，爻以非日中惕之。斗沬，反對日中取象。震萑葦，故曰蔀、曰沛。巽進退不果，曰疑。

《象》曰："有孚發若"，信以發志也。

二雖豐蔀，然五得位得中，猶可大事，故發若之孚可施。

九三：豐其沛，日中見沬，折其右肱，无咎。

劉熙曰："沛者，水草相生之名。"《公羊傳》："草棘曰沛。""齊侯田于沛"是也。沬，舊說皆以爲小星，《九家易》以爲斗杓後星，薛云輔星。三與四比，當豐之時，徘徊苑囿池沼之間，知其所蔽之深，雖日中而舉頭見沬，蓋謂四之不能佐五也。于是三自忖度，知其无用于世，如右肱之折，然不用亦无咎。五斗四沬，所以尊五也。兑爲毀折，故象之。

《象》曰："豐其沛"，不可大事也。"折其右肱"，終不可用也。

四居近位而晦暗，若此豈可大事？將終无用之之日矣。

九四：豐其蔀，日中見斗，遇其夷主，吉。

夷，等也。四與五比，故所見與二相同。所幸四與初應，初離體而剛，是我同等，以之爲主，相與有成，吉之道也。初謂四曰"配"，貴之也。四謂初曰"夷"，輕之也。

《象》曰："豐其蔀"，位不當也。"日中見斗"，幽不明也。"遇其夷主"，吉行也。

所以豐蔀者，以五位柔暗之故，暗則不明矣。四與初，兩剛同等，相偕而行，庶乎有濟。

六五：來章，有慶譽，吉。

章謂二，二在離中，故曰"章"。章，明也。五柔暗不明，无以照天下。然王者不以一己之明爲明，而以天下之明爲明，若能來致二爻離明之賢，則慶集于一身，譽流于後世矣。

《彖》所謂"宜日中"者，初曰"往"，此曰"來"，二、五之應也。

《象》曰：六五之"吉"，"有慶"也。

言慶則譽在其中，重言以深勖之。

上六：豐其屋，蔀其家，闚其戶，闃其无人，三歲不覿，凶。

居一卦之上，而位極其高，故"豐其屋"。體陰柔之質，而才蔽于暗，故曰"蔀其家"。无剛明之才以用下，因而窺之，不復見人，遲之又久，凶之道也。

艮門闕、閽寺，反爲震之大塗，故闚戶无人。

沈艮思曰："此爻戒居積之大，以警有國有家者，秦政阿房宮、隋煬洛口倉是也。"

《象》曰："豐其屋"，天際翔也。"闚其户，闃其无人"，自藏也。

"天際翔"，如鳥斯革，如翬斯飛也。"自藏"者，蕭條之極，消沮閉藏，言屋高大到于天際，却只自障蔽而已。

卷十

旅

☶艮下離上

旅：小亨，旅貞吉。

旅者，寄託之名。山猶傳舍，火猶行人，旅之象也。行路之間，豈有大亨？不過平安爲幸，故曰"小亨"。然勿以其小而忽之也。故再示之曰：旅雖小，必以正乃吉。

《彖》曰："旅，小亨"，柔得中乎外，而順乎剛，止而麗乎明，是以"小亨，旅貞吉"也。旅之時義大矣哉！

"柔得中乎外"謂五，柔中爲主也。"順乎剛"謂二，剛以輔之也。心宜安正，事貴精明，此旅之所以亨而貞也。是則艮與離遇者，旅之時，而以止而麗明者，即旅之義也。亨雖小而時義甚大。以人事言之，一柔在外，處二剛之間，正如羈旅之人，交于强有力者，苟非善處，鮮不危矣，故貴乎止而明也。

《象》曰：山上有火，旅；君子以明慎用刑而不留獄。

旅皆逆境，莫甚于囚之在獄。獄者不得已而設，豈可留滯久淹？明，火象。慎，止象，不留旅象。

初六：旅瑣瑣，斯其所（句），取災。

瑣瑣，鄭康成以爲猶小小，艮小石之象。毛西河曰："斯，析也。"《詩》云"斧以斯之",同義。所謂處所,即旅舍也。初柔居下,去明甚遠,見小利而無大志,其細已甚,人不能堪,必至分析其處所而後已,灾之道也。

"瑣"、"所"爲韻。又《旅》初即《豐》上,在《豐》爲蔀屋,在《旅》爲斯所,其反對確切如是。

《象》曰:"旅瑣瑣",志窮灾也。

當旅之時,度量宏大,乃能得人。若志意窮迫,人皆畔之,所以灾也。

六二:旅即次,懷其資,得童僕貞。

次,舍也。即,就也。資,齎,持以爲宿者,聘禮"問幾月之齎"是也。旅之所賴,惟居得其所,行李不匱,及服役得人,三者而已。二與五雖不應,止麗乎明,如信宿而就舍,攜資而充裕,使令得人,无欺而有助,旅之最善者也。

二艮中,故曰"即次"。互巽,爲近利市三倍,故曰懷資。少曰童,長曰僕,艮爲小子、爲閽寺,故象之。

《象》曰:"得童僕貞",終无尤也。

夫即次則安,懷資則裕,皆旅之善者。然骨肉遠而童僕親,倘不得人,雖即次懷資,不免欺凌,故《傳》特取末句釋之,无尤則亨矣。

九三:旅焚其次,喪其童僕貞,厲。

三過于剛,所居則不安,而火焚其次舍,所撫則不順。雖有童僕之貞者,亦必喪之,危道也。

近離,故曰焚。互兌爲毀折,故曰喪。二得童僕之貞信,三則反是,故"貞"字當連上句。

《象》曰:"旅焚其次",亦已傷矣。以旅與下,其義喪也。

焚次則資亦亡矣,故可傷。以旅道待童僕,不得其正,失旅之義，故喪。時有旅也，自君子處之，无所不用其誠，不敢以旅視之也。

九四：旅于處，得其資斧，我心不快。

斧者，斧斨之斧，所以防身。處者，暫處也。四比五應初，雖就舍而不過暫居，雖得資而无童僕，因之加斧以自衛。蓋有戒心焉，故曰"不快"。

互巽，故亦曰得資。離體，故曰斧。

《象》曰："旅于處"，未得位也。"得其資斧"，心未快也。

以剛居柔，未得其位，猶行人未復其居。得資與二同而加斧焉，以喪童僕故也，安得快乎？

六五：射雉，一矢亡，終以譽命。

雉者，士之贄也。士出疆必載贄，故射雉以爲贄，不過發一矢而得之，言其易也。四、上二剛，皆五之友，名譽不彰，朋友之過。五比近四剛，終能延譽而致命于庭，所謂得中而順乎剛者，此也。人君无旅，旅則失信，故不取君義。

離爲雉，爲戈兵，象矢。互兌爲口，象譽。互巽申命，曰命。

《象》曰："終以譽命"，上逮也。

五之譽命由于四，自下及上，故曰"上逮"。

上九：鳥焚其巢，旅人先笑後號咷，喪牛于易，凶。

旅之覓宿，猶鳥之覓棲。乃以離之飛鳥，巢離之科木，翹然特出，加以互巽之火而焚之，故先喜而後悲，乃并牽車之牛，亦忽然喪之（所謂易也）。既不可居，又不得行，凶可知矣。《酒誥》曰："肇牽車牛，遠服賈。"故旅人有牛。離爲牝牛，故象之。先笑者，亢極也。後號咷者，悲焚次也。火性無常，其象如此。

《象》曰：以旅在上，其義"焚"也。"喪牛于易"，終莫之聞也。

旅人貴謙，上居高而亢，失其義矣，故有焚巢之傷。自高則卑人，人必疾之，故其牛雖漫易走失，人不肯告己，无從而聞之也。旅人之難如此，故曰"旅之時義大矣哉"。

巽

☴巽下巽上

巽：小亨，利有攸往，利見大人。

巽，入也。二陰在内，一陽必入而散之，張子所謂"陰在内，陽不得入，則周旋不舍而爲風"是也。亦猶奸慝伏匿，王者必命令告戒以飭治之。但修敝舉廢，故其亨小，不似蠱之壞極更新，其亨大也。既察治之，必見之行，故曰"利有攸往"。非剛德不濟，故曰"利見大人"。

《彖》曰：重巽以申命。

重巽，所以有申復命令之象。

剛巽乎中正而志行，柔皆順乎剛，是以"小亨，利有攸往，利見大人"。

巽之爲入，人皆知之，而不知入者陽入也。觀孔子不曰"柔巽"而曰"剛巽"，蓋可知矣。張子之説，殆本於此。"中正"謂二、五。二、五得位，故能行志。柔謂初、四，順剛謂比二、五而從之也。"攸往""利見"者在此。

《象》曰：隨風，巽；君子以申命行事。

隨者，兩巽相逐之義。前風去而後風隨之，前命去而後命隨之，故曰"申命"。事由此行矣。

初六：進退，利武人之貞。

初爲下巽之主，進則剛在前，而退又无地，猶豫甚矣。獨不曰巽爲躁乎？故以武人之剛斷勉之。

《象》曰："進退"，志疑也。"利武人之貞"，志治也。

巽進退不果，由下畫陰柔，故其性多疑。若化柔爲剛，則成純乾，乾爲大明，故志治，"乾元用九，天下治也"是已。

九二：巽在床下，用史巫紛若，吉，无咎。

丘建安曰："古者尊上坐于床，卑者拜跪于床下。"二得中于下，巽不厭卑，如坐客床上而自坐床下，所謂恭近于禮者也。且丁寧煩悉，用史巫以自道達，吉道也。《周官》史掌卜筮，巫掌祓禳。

宋衷謂巽爲木，以二陽木架一陰木而爲之床。史巫者，互兌象也。

《象》曰："紛若"之"吉"，得中也。

《禮》：王前巫而後史。前後記告，紛紛若若，而王獨中心无爲，以守至正，故曰"得中"。

九三：頻巽，吝。

巽，入也，"德之制也"。三居下卦之上，以剛居剛，當巽時，屢巽屢失，不能斷制，則其入之深者，徒足使弊益滋而奸無所畏，吝道也。

《象》曰："頻巽"之"吝"，志窮也。

窮，極也，亢也。剛爻剛位，志高而不下，故屢巽屢失。

六四：悔亡，田獲三品。

《穀梁傳》：春獵曰田。三品者："一爲乾豆，二爲賓客，三爲充君之庖。"四爲上巽之主，與初爲下巽之主同也，故宜有悔。但初無位而四有位，是乃武人也，悔可亡而獵有功。

互離爲戈兵，故象田獵。

《象》曰："田獲三品"，有功也。

《傳》曰"五多功"，此則《彖傳》所謂"柔順乎剛"者，故五之功四得而有之。

九五：貞吉，悔亡，无不利，无初有終。先庚三日，後庚三日，吉。

五處重巽之中，有蠱壞之病，亦有悔也。幸以剛中正而居尊位，是處巽而得其正者，故吉，且悔亡而无不利。有悔，是无初也。亡之而无不利，是有終也。然其整飭更新之術，必申于未續之先，又申于既續之後。先庚三日，丁、戊、己也，去十幹之首，故曰"无初"。後庚三日，辛、壬、癸也，集十幹之成，故曰"有終"。

《象》曰：九五之"吉"，位中正也。

此所謂"剛巽乎中正"者。

上九：巽在床下，喪其資斧，貞凶。

資，用也。斧能斬決，以喻威斷也。上過中巽極，亦勉爲巽，如坐客床上而自坐床下者然。但二在床之中而巽乎下，恭近于禮；上在床之上而巽乎下，恭而無禮，所喪實多，无以自存，彼以爲貞，而不知其凶也。

上爲倒兌，故舉巽之資、離之斧，毀脫而喪之。

《象》曰："巽在床下"，上窮也。"喪其資斧"，正乎？凶也。

上窮者，巽極而失其陽剛也。二、上皆"巽在床下"，二中故吉，上窮故凶。位與同而更居上，故三曰"志窮"，此曰"上窮"。乎，問詞也。答詞言：彼自以爲正乎？吾第見其凶而已。

《彖》取巽入之義，爻取巽順之義。巽順，貴得中也。

兌

☱兌下兌上

兌：亨，利貞。

內外皆說，說則情通，故亨。但恐其和而流也，故利于正。

《彖》曰：兌，説也。

兌者，無言之説。

剛中而柔外，説以利貞，是以順乎天而應乎人。説以先民，民忘其勞。説以犯難，民忘其死。説之大，民勸矣哉。

剛中能正，柔外恐不能正，故"説以利貞"也。人亦知説之義乎？陽載陰以出，故澤與水皆外陰而內陽，天之道也。猶心有和樂，喜形于外，人之情也。説以利貞，則順乎天而應乎人矣。本此以興作，民相勸而忘其勞；本此以征伐，民相率而忘其死。是柔外而利貞者，悦之正；而應人以順天者，又悦之大也。大者鼓舞之義。

《象》曰：麗澤，兌；君子以朋友講習。

麗，兩也。朋友者，兩兌也。講習，兌口兩相向也。兩澤互相滋潤，兩友互相裨益。《禮》曰："麗皮納聘。"注曰："兩皮也。"

初九：和兌，吉。

六爻无應而有比儷，一如《大象》之所謂"麗澤"者。説而比，則非貞矣。三爲下説之主，初遠于三，率性而行，發中其節，故和而吉。

《象》曰："和兌"之"吉"，行未疑也。

有比，則有所牽顧而疑；無比則無疑。《巽》初曰"志疑"，此爲覆巽，故曰"未疑"。

九二：孚兌，吉，悔亡。

孚，信也，合也。三爲下悦之主，近比乎二，宜有悔也。然二剛得中，剛則內必不孚，得中則外不妨孚，不失己，亦不失人，故吉而悔亡。

《象》曰："孚兌"之"吉"，信志也。

二與三近，行雖未免于可疑，而志則可信。

六三：來兌，凶。

三者，兑之陰，兑之成者也。凡可説之物，無不感之而來，凶可知矣。

《象》曰："來兑"之"凶"，位不當也。

以不正之才，居兩兑之間，左右逢迎，容悦爲事，故曰"不當"。

九四：商兑未寧，介疾有喜。

商者，度也。四遠于上，近于三。三者，四之疾也。陰位情不自决，故始也展轉商度。然四爲陽爻，説猶能正，故既也介然去之而喜矣。二言吉，四止言喜者，二當位，四不當位也。互巽爲不果，未寧象。比三爲巽，不比三仍爲兑，介象。

《象》曰：九四之"喜"，有慶也。

喜小而慶大，能有喜，則可以有慶。

九五：孚于剥，有厲。

初至上皆言"兑"，五獨言"剥"，蓋以口説人，佞人也。佞人必敗國覆家，故直曰"剥"，言必壞也。專指上言，上爲上説之主，五中正居尊，中正宜不孚，居尊尤不可孚。今陽孚陰，陰必剥陽，故厲，所以深戒之也。

《象》曰："孚于剥"，位正當也。

居尊位而正，與上六相比。

上六：引兑。

引者牽引，物交物則引之而已。上居説極，專以説引誘人者也。

《象》曰：上六"引兑"，未光也。

以説誘人，小人暗昧之事，非君子光明之道。朱可亭曰："三與上麗，三之來，來上也。上之引，引三也。來，來之也。從下招上爲來，從上導下爲引。淫朋狎昵以爲説，説不以道者也。"

渙

☵☴ 坎下巽上

渙：亨，王假有廟，利涉大川，利貞。

渙，散也。物散而後能聚，有亨道焉。亨之者非他人，必王也。盡誠以感格，則幽明無有不應。秦越而同舟，則心力無有不齊。然不以正，必有黷神犯難之事矣，故"利貞"。

艮爲門闕，坎爲隱伏，故曰廟。虞翻則以乾爲先王，享祭者也，震爲帝，艮爲廟，乾四之二，殺坤大牲，坤爲牛，四之二則變坤矣，變則如殺之然。毛氏錫齡猶以爲未盡："夫上爻祖考之位也，有三男之卦在前（坎，互震、艮爲三男），則侯之大小，官之崇卑，昭穆之長幼也。王與少男同體者（五爲艮剛同體），昭穆愈繁，則王之世次愈卑也（禮嫡長分必卑小）。"其立説愈巧，愈非聖人之本意矣。

《彖》曰："渙，亨"，剛來而不窮，柔得位乎外而上同。"王假有廟"，王乃在中也，"利涉大川"，乘木有功也。

乾四之剛來居二，而通而不窮，固其本也。坤二之柔外居四，而上同于九五，致其用也。卦體九五居中，便含至誠感格之意。卦象木在水上，便含濟險有具之意。

《渙》自《否》來，故曰剛來柔上。謝梅莊不取卦變，而曰外卦下一陽來居内卦之中，内卦中一陰往居外卦之下。夫外卦下一陽非乾乎？内卦中一陰非坤乎？仍然一《否》卦也。用其實而諱其名，吾無取焉。

《象》曰：風行水上，渙；先王以亨于帝立廟。

水有源，木有本，萬物本乎天，人本乎祖。項平庵曰："亨帝于郊，象巽之高；立廟于宮，象坎之隱。"

初六：用拯馬壯，吉。

渙貴拯之使聚。二來居中，有拯渙之志；而初比之，急欲往救，星言夙駕。時當渙初，事猶可爲，吉之道也。

坎爲亟心之馬，故曰"馬壯"。

《象》曰：初六之"吉"，順也。

順謂比二。

九二：渙奔其机，悔亡。

机，几也。《周禮》"五几"通作"机"。《左傳》"設机而不倚"，故舊注皆以爲依據之物。二剛來居中者也，有所憑依，固本之象，悔可亡矣。散三乾之一而奔之坤，橫一陽于缺陰之上，而艮肱憑之如机然。胡雲峰曰："奔九象，互震爲足、爲動。机二象，互震爲木，位偶爲足。"

《象》曰："渙奔其机"，得願也。

得遂拯渙之願。

六三：渙其躬，无悔。

《本義》："陰柔而不中正，有私于己之象也。然居得陽位，志在濟時，能散其私以得'无悔'。"

《折中》謂忘身徇上，謝梅莊謂捐軀報國。細玩六爻，有因渙濟渙之象，无處渙被害之義，反覆思之，而知《本義》爲不易。

《象》曰："渙其躬"，志在外也。

先儒皆以在外爲應上，然卦以濟渙爲義，上居事外，无濟渙之任，況《臨》之志在內，不以爲應三，《泰》之志在外，亦不以爲應四也。外以天下國家言，與《泰》初同。

六四：渙其群，元吉；渙有丘，匪夷所思。

群者私黨，初、三是也。柔得位乎外而與五同心者四，四不比初、三之陰而比五之陽，散其私黨，以明公忠，故曰"元吉"。丘，聚也。渙之爲渙，人之所知，渙之爲聚，則匪夷思慮所及也。

互艮，丘象。

《象》曰："渙其羣，元吉"，光大也。

光大則公，公則說，而後可以聚渙。

九五：渙汗其大號，渙王居，无咎。

五爲拯渙之主，當渙時，告之盡其誠，如汗之出于心，足以通上下之壅塞，回周身之元氣，雖當渙時，以王者居之，必得无咎。

《象》曰："王居""无咎"，正位也。

發號施令，正位乎上，使人心知所歸向而天下一矣。

上九：渙其血（句），去逖出，无咎。

上居卦外，不當事任。王輔嗣曰："散其憂傷，遠出者也。"故无咎。

《折中》曰："《萃》以聚爲義，至終而'齎咨涕洟'，天命之正，人心之安。《渙》以離爲義，至終而遠害避咎，亦樂天之智，安土之仁。"

《象》曰："渙其血"，遠害也。

陳隆山曰："坎爲血卦。逖，遠也。《小象》'遠害'，正是以'遠'釋'逖'字。"

節

☱兌下坎上

節：亨，苦節，不可貞。

節者，約也。約則失之者鮮，故有亨道。然不可過也，過則苦而不可以爲常矣。

《彖》曰："節，亨"，剛柔分而剛得中。"苦節，不可貞"，其道窮也。

"剛柔分"，謂三剛三柔適相等也。"得中"謂五。窮者，極也，節之過也。

說以行險，當位以節，中正以通。

內說外險，說以履險則不流，險而能說則不苦。當位則擅節之權，中正則得節之道，皆就五言。

天地節而四時成。節以制度，不傷財不害民。

天地有節（謂廿四氣）而後四時順序，朝廷有節（謂不妄取）而後財不多取，民不妄勞，節之所以亨也。

胡雲峰曰："天地之數六十，故卦六十而爲節。日有中氣，有節氣，節以抑其過而歸之中也。"

《象》曰：**澤上有水，節；君子以制數度、議德行。**

澤以節水之泛溢，故名《節》。君子法之，制數度以節萬民，議德行以節一身。

數者，十、百、千、萬之類。度者，分，寸，尺，丈，之類。德行，則喜、怒、哀、樂中節皆是也。何毅庵曰："數度，如若名族、品目、禮樂、制度。德行，如忠靖、廉清、貞亮、高介。其下皆着得一'節'字。"

初九：不出戶庭，无咎。

戶庭者，戶外之庭。門庭者，門內之庭。古室有戶，戶外爲堂，堂下階前相直曰庭。門者，庭之外闢者也。澤之能節，全在初畫，否則皆坎矣。一剛自守，有不出戶庭之象，何咎之有？

初、二前有艮象，故初不出戶、二不出門。胡雲峰曰："初前遇九二，九陽奇，有戶象。二前遇六三，六陰偶，有門象。"

《象》曰："不出戶庭"，知通塞也。

不出戶庭者，正其知節之通，在乎塞，而後有此也。

九二：不出門庭，凶。

初在澤底，水之方瀦，不出宜也。二在澤中，當有蓄洩之宜，可行而止，如門庭之不出，故凶。

《象》曰："不出門庭，凶"，失時極也。

初當塞而塞，謂之知時。二當通而不通，謂之失時。極者，中也。屋極爲中，漢儒注《易》，皆以"極"訓"中"。

六三：不節若，則嗟若，无咎。

若，語辭。三進乘二陽，處澤之溢，易于泛濫。及其不節而後嘆息，則悔心萌而可以知節矣，故无咎。

《象》曰："不節"之"嗟"，又誰咎也？

"又誰咎"與"出門同人"之象同，謂能嗟怨自治，得无咎也。

六四：安節，亨。

坎以陽爲水，陰爲岸。四者五之岸，而五安然行乎其中，有節而不至泛濫，亨道也。

《象》曰："安節"之"亨"，承上道也。

上謂五。亨爲九五，於四言之者。五，水之源。四，水之流。水之通在流，承上之源而布之者也。

九五：甘節，吉，往有尚。

五正當坎流，水流則甘，流而有節則不溢，吉何如之！以此前往，盈科後進，不舍晝夜，所謂中正以通者如此。

此水德也，故坎曰"行有尚"，此曰"往有尚"。

《象》曰："甘節"之"吉"，居位中也。

中則无過，故不苦而甘。

上六：苦節，貞凶，悔亡。

陰爻爲岸，近岸者潴水也，不潔而苦，所謂不可貞者，貞則凶也。然居節之極，天下豈有過于檢儉而猶膺大戾者哉？亦寧儉寧固之意也。

《象》曰："苦節，貞凶"，其道窮也。

窮者，極也，過于節也。

《易是》曰："澤所以節水者也。三爲澤口，反以不節爲戒。上爲水口，反以過節爲戒。何也？施者易不足，而受者易有餘，理固然也。"

中孚

☲ 兌下巽上

中孚豚魚吉，利涉大川，利貞。

孚，信也。天下無形之相感，莫如風水。風入水而不知，水藏風而不見。風水相遭，原有冥合之義，故名《中孚》。必及于无知之物，如豚如魚者，而後爲孚，而後吉也。忠信則蠻貊可行，況涉川乎？然信不以正，如荀息、尾生之徒，亦未可以爲孚也，故又利于正。

"中孚豚魚吉"五字爲一句，如"履虎尾"、"同人于野"、"否之匪人"之類。"豚魚吉"三字本難解，故《象傳》舉而釋之，非以此爲句也。

《象》曰："中孚"柔在內而剛得中，說而巽，孚，乃化邦也。

卦體四陽在外，二陰在內。柔居三、四爲中虛，虛則能受。剛居二、五爲中實，實則能感。卦德和說而巽入，皆信之義，所以卦名爲《孚》，乃可化及邦國也。

"豚魚吉"，信及豚魚也。"利涉大川"，乘木舟虛也。中孚以"利貞"，乃應乎天也。

豚魚何以吉？信及豚魚而後吉也。豚魚何以信？无知之物亦不敢忽，必以至誠處之，信之至也。忠信自可涉險，而卦象木在水上，卦體中虛，又有乘虛舟以涉川之象，何利如之！信必以正，方能動天，故利貞。

來矣鮮以豚魚爲江豚，生于澤中，見風而出，有信之物，以喻中孚。若然，則當曰"信如豚魚"，不當曰"信及豚魚"。毛西河、謝梅莊皆從之，非也。

《象》曰：澤上有水，中孚；君子以議獄緩死。

坎流水，風行則散，故爲《渙》。澤止水，風感則受，故爲《中孚》。風之入物，積水重陰之下，亦因之凍解冰釋。民之有獄，猶地有重陰。王者體察情隱，至于議獄緩死，然後至誠無所不入。

初九：虞吉，有他，不燕。

虞，安也。燕，亦安也。六爻皆不取外應，孚在其中，无待于外也。卦以三、四爲主，初與四應則不一矣，故戒之曰：不與四應則安于一而吉，否則有他心而不安矣。

《象》曰：初九"虞吉"，志未變也。

變謂應四，未變則虞，變則不燕矣。

九二：鳴鶴在陰，其子和之。我有好爵，吾與爾靡之。

鶴謂二，子謂三。爵者，酒也。靡，共也。二與三比而招三，如鶴鳴然。二剛三柔，陰陽相應，如和者然。酒以合歡，彼此與共，孚之至也。鳥伏卵亦曰孚。鶴知秋，雞知旦，故以取象。兩兌相向，象鳴象和。

程朱以子爲五，五固不可爲二子也。《折中》從張氏浚之説，以子爲初。但初安處于下，與二不相和也。三與二相比，而歌泣無常，乃和之之象。

《象》曰："其子和之"，中心願也。

二陽三陰，近而相比，適符其情，故曰願。

六三：得敵，或鼓或罷，或泣或歌。

三以柔而應上剛，是得敵也。敵者，對也。然近而比二，莫知適從，故或之。

互震，爲鼓。互艮，爲罷。兌體爲澤、爲口，故曰泣曰歌。

《象》曰："或鼓或罷"，位不當也。

不當謂應上而比二。

六四：月幾望，馬匹亡，无咎。

月以喻臣。馬謂初，六四者，馬之匹，謂所對也。四應初比五，五剛中，近而且尊。四孚于五，如月受日之交，而對類之在下者，皆絕之，何咎之有？

互震爲馬。《程傳》曰："古者駕車用四馬，不能備純色，則兩服兩驂各一色。又小大必相稱，故兩馬爲匹，謂對也。"

《象》曰："馬匹亡"，絕類上也。

絕類，謂去初。上，謂比五。

九五：有孚攣如，无咎。

四上孚于五，五亦下孚于四，固結不解，化邦應天，皆在於此，何咎之有？攣者，固結之意，《漢書·李夫人傳》"上攣顧念我"是也。

巽爲繩，艮爲手，攣象也。

《象》曰："有孚攣如"，位正當也。

有其德，居其位。

上九：翰音登于天，貞凶。

上與五同爲剛，而上位不中，不能攣孚，譬之羽族，不能高飛，但有虛聲上聞而已。以此爲正，凶可知矣。

朱漢上曰："巽爲雞，剛其翰也，柔其毛也。翰，羽翮也。雞刷其羽翮，而後出于聲，'翰音'也。"

《象》曰："翰音登于天"，何可長也。

聲聞過情，豈能歷久？君子所以貴中孚也。

小過

☷艮下震上

小過：亨，利貞，可小事，不可大事。飛鳥遺之音，不宜上，宜下，大吉。

大，陽也。小，陰也。二陽四陰，陰過乎陽，故名《小過》。時當小過，有亨道焉，唯利于正。當過時，可以小事，不可以大事。飛鳥遺我以音，鳥在上而音遺于下，不宜上宜下之象也。如是而何勿吉焉？

張中溪曰："中二爻象鳥身，上下四爻象鳥翼。橫飛之鳥，其勢迅速。身已飛過，而微有遺音爾。"

《彖》曰：小過，小者過而亨也。

與"遯而亨也"義同。遯非得已之事，然必遯而後亨。小過亦非得已之事，然必過而後亨，故釋義同。

過以"利貞"，與時行也。

《彖》之所謂"利貞"，即《象》所謂過乎恭儉與哀者，時當然也。

柔得中，是以"小事吉"也。剛失位而不中，是以"不可大事"也。

小事之過者，過于柔，此卦柔得中位，是有小事吉之象。大事之過者，過于剛，此卦剛失位而不中，是有不可大事之象。

有"飛鳥"之象焉，"飛鳥遺之音，不宜上，宜下，大吉"，上逆而下順也。

諦觀其體，則兩陽居中，有似腹背，四陰分飛而爲之翼，實有其象焉。恍遺其音于飛後，曰"不宜上，宜下"，上飛則逆而无所歸，下飛則順而得所棲也。

震爲善鳴，故曰音。艮爲止，鳥去而音止，故曰遺。

《象》曰：山上有雷，小過；君子以行過乎恭，喪過乎哀，用過乎儉。

山上有雷，去人甚遠，其聲漸微，小過之象。過奢過慢則凶，不宜上也。過恭過儉則吉，宜下也。

初六：飛鳥以凶。

卦以陰多于陽爲過，《象》、爻以自下而上爲過。四柔皆鳥翼，而初與上則翼之翰也。初陰上應九四，不安于下，猶翰舉而身即從之，爻在艮下，當止而反飛，凶之道也。

《象》曰："飛鳥以凶"，不可如何也。

"不可如何"，言其必凶也。

六二：過其祖，遇其妣；不及其君，遇其臣，无咎。

三、四二陽爲祖，五、上二陰爲妣，以爻言也。五、上之尊爲君，三、四之卑爲臣，以位言也。陰與陰同類，又當過時，本欲過三、四之陽以遇五、上之陰，以其柔中，下而不上，不及遇五、上之君。君，女君也。所遇仍三、四之臣。臣，妾也。然而无咎也，宜下也。

《折中》曰："古者重昭穆，故孫則祔于祖，孫婦則祔于祖姑。《晉》之'王母'，此爻之'妣'，皆謂祖姑也，故取妣婦相配之象。凡《易》之義，陰陽有應者爲君臣、爲夫婦，取其耦配也；無應者則爲父子、爲等夷、爲嫡媵、爲妣婦，取其同類也。此爻二、五皆柔，有妣婦之配，無君臣之交，故取遇妣'不及其君'爲義。孫行而祔于祖列，疑其過矣。然禮所當然，是適得其分也。"

《象》曰："不及其君"，臣不可過也。

不及遇五位之君者，若隔于三、四之臣，不可越而上也。

九三：弗過（句），防之，從或戕之，凶。

卦以四陰爲主，陰且不可上，況隔陽乎？是以三不欲過也。然陰從其後，雖防之猶恐有戕之者也。《春秋傳》曰："在內曰弒，在外曰戕。"皆殺害之謂。

《象》曰："從或戕之"，凶如何也！

如何，謂當思所以處之道，亦惟勿過而已。

九四：无咎，弗過（句），遇之，往厲必戒，勿用（句），永貞。

四尤不可過，蓋陰當其前，往遇之，未有不厲者也。四柔位，必不過，故以"无咎"許之。九剛爻，恐其過，故告之曰：必以戒而勿用過之，常守其正可也。

《象》曰："弗過，遇之"，位不當也。"往厲，必戒"，終不可長也。

既弗過而猶欲遇之，以位柔而爻剛也。"終不可長"，謂不宜上也。上則必厲，故以爲戒。

六五：密雲不雨，自我西郊。公弋取彼在穴。

三、四既不過，五陰居上，求陽不應，雲雖密而雨不成，以其倡自陰也。又如飛鳥歸穴，弋人何篡？然柔中无所戕，故无凶。

《象》曰："密雲不雨"，已上也。

卦宜下不宜上，五陰已上，故陽不應，不能成雨。《折中》曰："《小畜》尚往，當積厚而自雨，乃在下者。此爻在上，當下交而乃雨。"

上六：弗遇（句），過之，飛鳥離之，凶，是謂災眚。

五猶不遇，則上之弗遇可知，唯有過之耳。過即上而不下，无所棲止,如鳥之罹于羅網,凶可知矣。夫陰本欲戕陽,今至自戕,是之謂災眚也。

柔得中,居上不戕人,居下不爲人所戕,是以可小事也。剛失位不中,或沮其前,或乘其後,是以不可大事也。總之,陰過陽之時,陽不可上,陰亦不可上,是以"不宜上,宜下,大吉"也。

《象》曰:"弗遇,過之",已亢也。

亢,窮也。已上未爲極,已亢則極矣。

既濟

☲☵離下坎上

既濟:亨小(句),利貞,初吉終亂。

水火相交,剛柔當位。當位則體立,相交則用行,故名《既濟》。既濟豈不亨?但事過心安,无深謀遠慮,其亨也小耳。持之以正,猶恐其始雖吉,而終則亂也。

《彖》曰:"既濟,亨小"者,亨也。

《彖》曰"亨小"者何?人情生于憂患,死于安樂。既濟之時,狃于治安,不復遠圖,其亨也不過目前之景象耳,故曰"小"。

"利貞",剛柔正而位當也。

六十四卦,剛柔與位皆不能符合,惟《既濟》六爻,剛居剛,柔居柔,爲正而當。

"初吉",柔得中也。

初何以吉?二柔得中,則无盈滿之志。

"終"止則"亂",其道窮也。

終何以亂?六居上位,上爲卦終,終則止。不止以陽,而止以陰，陰性退，不能有爲，治道之窮，即亂階之始也。

《象》曰：水在火上，既濟；君子以思患而豫防之。

水決則火滅，火炎則水涸，相交之中，相害之機伏焉。豫防者，防濟後也，恐其終止則亂也。

初九：曳其輪，濡其尾，无咎。

輪，所以濟行也。二、四互坎，坎爲輪，而初迤輪後，是曳之也。當濟時，衆皆競濟，惟能曳其輪而不進，則雖濡其尾而可及止也。此既濟而常恐其不濟者也，故无咎。

上爲首，故初爲尾。

《象》曰："曳其輪"，義无咎也。

車行而曳之，水行而濡之，其何以濟？然而无咎者，以既濟在初，則義未可以濟也。

六二：婦喪其茀，勿逐，七日得。

茀，蔽也，婦人之車，前後設蔽，《詩》曰"翟茀以朝"是也。婦車而喪其蔽，則不可行矣，以明進不可苟。然中正之德，有應于上，勿逐而求之，不過七日而得，雖不濟，不其濟乎？

程子謂爻止于六，七在卦外，故爻象多言七日。或曰二、五相應，得數七。離爲中女，故取婦象。

《象》曰："七日得"，以中道也。

柔得中，雖不濟而可濟，此"初吉"者也。

九三：高宗伐鬼方，三年克之，小人勿用。

此既濟者也，故爲伐叛而克之之象。三年者，爻至三而後濟也。"小人勿用"，言彼所用者震也，非小人也，與《師》上義別。

離爲戈兵，故象征伐。漢匡衡疏云："成湯化夷俗而懷鬼方。"《西羌傳》云："殷室中衰，諸侯皆叛。至高宗征西戎鬼方，三年乃克。"蓋鬼方本商先王屬國,而高宗乃伐叛者。

《象》曰:"三年克之",憊也。

憊,困也。《傳》稱高宗中興,可見其前之衰憊,故不能即勝,而至于三年。

六四:繻有(句),衣袽(句),終日戒。

繻,羅帛之屬。袽,敝衣也。四當濟後,位值多懼,不生侈心,有繻不敢衣,而衣袽焉。蓋其終日謹飭,不忘戒懼也。

文明在下,隱伏居上,故爲繻有衣袽之象。

《象》曰:"終日戒",有所疑也。

疑則懼,思患豫防之意也。

九五:東鄰殺牛,不如西鄰之禴祭,實受其福。

此亦思患豫防者。坎爲水,與西金伍,曰"西鄰"。離爲火,與東木伍,曰"東鄰"。奢不如儉,衰不如盛。冬蒸之用牛,不如夏禴之用豕。言坎不如離,既濟不如未濟也。如此思患豫防,受福可知。夏時百物未成,故薄祭。冬時百物皆備,故蒸用太牢。

離爲牝牛,坎爲血卦,故曰殺牛。潘士遴曰:"東西者,彼此之詞,不以五與二言。"

坎爲月,月載魄于西,盈魄于東,載于西而方盛,盈于東而就虧,其象如此。

《象》曰:"東鄰殺牛,不如西鄰"之時也,"實受其福",吉大來也。

時當既濟,所宜持盈保泰,故奢不如儉,能如此則不至于終亂。吉之來且大矣,豈止小者亨而已哉?《正義》以"時"爲"威儀孔時"之"時",言群臣助祭,威儀肅敬,甚得其時。

上六:濡其首,厲。

上爲坎窞，又以陰柔居之，勿謂既濟也。首濡矣，厲道也。

《象》曰："濡其首，厲"，何可久也。

柔不可止也，濟亦不可久也，所謂"終亂"如此。

未濟

☵☲ 坎下離上

未濟：亨，小狐汔濟，濡其尾，无攸利。

水火不交，剛柔不當位，故名《未濟》。未濟終濟，有亨道焉。坎爲隱伏，狐象也。狐善聽，冰堅始渡。小狐則輕進而不能詳審，故濡其尾，則幾濟而仍未濟焉，所云"汔"也。汔者，幾也。何利之有？故曰"未"也。

《象》曰："未濟，亨"，柔得中也。

得中，謂五柔中，則有敬慎之意，故《既》《未濟》皆有取焉。

"小狐汔濟"，未出中也。

內卦爲狐，三、五之坎爲小狐，乃小狐之濟，正丁坎剛之外、離剛之內，所云一柔得中者，究未能出，則幾濟而仍未濟焉。

"濡其尾，无攸利"，不續終也。

未濟之亨，以陽終而止于剛。止于剛，則不可不續。不續，則无攸利。蓋《易》无終窮，道惡其盡。

雖不當位，剛柔應也。

又申明爻義有亨之善。

《象》曰：火在水上，未濟；君子以愼辨物居方。

謝梅莊曰："火燥水濕，物以群分。火南水北，方以類聚。反類亂群，必至相息。辨以居之，道在愼而已。"

初九：濡其尾，吝。

狐之濟水，必揭其尾，尾濡則不能濟。《未濟》之初，即《既濟》之上，濡其首不反，故至于濡其尾，吝道也。初在下，小狐也。居坎窞之中，故有此象。

《象》曰："濡其尾"，亦不知極也。

《未濟》之初，即《既濟》之上。《既濟》上六但云"濡其首"，言始入于難，未沒其身。此則進不知極，已沒其身也。

九二：曳其輪，貞吉。

互坎，輪在前，而迆而不進，與《既濟》"曳輪"同。二在坎中，未濟不終濟，得其正而吉者也。

《象》曰：九二"貞吉"，中以行正也。

陽居正中，中以行正。未濟不終濟，是以終濟也。卦三言"貞吉"，皆以能守爲義。

六三：未濟，征凶，利涉大川。

三居坎上，可以出險，陰柔非能濟者，若畏險而別有所往，必凶。惟涉川則利，蓋未濟當求濟也。

《折中》曰："無濟之才，故于征則凶。有畏慎之心，故于涉川則利。"

《象》曰："未濟，征凶"，位不當也。

不當，謂以柔爻處剛位，慮其不能濟也，故六爻之中，惟此稱卦名而當《未濟》之義。

九四：貞吉，悔亡。震用伐鬼方，三年有賞于大國。

四在三上，未濟者至此濟矣。必守以正而後吉而悔亡。震，如《詩》言"莫不震疊"之"震"，言震動而使之驚畏也。"用伐"者，方伐也。三年之間，勞賞師旅者不絶，非陽剛之才不能也。

《象》曰："貞吉，悔亡"，志行也。

行，謂濟也。

六五：貞吉，无悔，君子之光，有孚吉。

此既濟也。四猶有悔，此則无矣。柔中應剛中，君臣相孚，光輝遠被，相與有成，如離日之光，與坎月相符照也，吉可知矣。

《象》曰："君子之光"，其暉"吉"也。

暉者，光之盛也。《詩》曰"庭燎有暉"，言向曉燭光與天色相映。

上九：有孚于飲酒，无咎。濡其首，有孚失是。

陽在上而下應陰，皆不當位，知濟而不知止，譬如酒以合歡，何咎之有？或至沉酣濡首，則昔之有孚者，今失于是矣。五之孚，孚于二。上之孚，孚于三也。此終濟時也，而狃于必濟，仍未濟矣。故卦以《未》終，而爻亦終以未然之意，以爲如是可續終耳。

互坎爲酒。

《象》曰："飲酒"濡首，亦不知節也。

初以急濟而不知極，今以必濟而不知節。節者，所以就中也。始濟終濟，其不可恃如此。

卷十一

繫辭上傳

此《十翼》文也。舊以《上彖》《下彖》《上象》《下象》《上繫》《下繫》《文言》《説卦》《序卦》《雜卦》爲《十翼》。繫辭者，属辭也。如"繫辭焉而明吉凶"、"繫辭焉而命之"，皆指文王而言。而此《二翼》，多釋作《易》繫辭之意，雖重言象、爻大義，并著筮布揲諸法，而大旨在属辭，則《繫辭》名焉，特曰《傳》者，別于經也。

天尊地卑，乾坤定矣。卑高以陳，貴賤位矣。動静有常，剛柔斷矣。方以類聚，物以群分，吉凶生矣。在天成象，在地成形，變化見矣。是故剛柔相摩，八卦相蕩，鼓之以雷霆，潤之以風雨，日月運行，一寒一暑。

此言作《易》之本，由《乾》《坤》而推及六子也。自"天尊地卑"至"變化見矣"，皆就乾、坤而言。天地，其形體也；乾坤，其性情也。有此形體之尊卑，即有此性情之健順。定者，不可移也。天高地卑，而上貴下賤之位著。天動地静，而陽剛陰柔之爻明。本天之方向，本地之品彙，類聚群分，則愛惡相攻而吉凶生。清輕者列而爲象，重濁者含而爲質，則默運潛移而變化顯，此皆象之見于乾坤者也。夫乾剛坤柔，即此剛柔二畫相推摩而畫爲八卦，又即八卦相蕩移而六子生焉。雷、霆、風、雨，即震、艮、巽、兑也；日、月，即坎、離也；乃以推移摩盪之法，而鼓之潤之，運行之，以此推彼，以彼推此，一往一來，如寒暑然，而總要之于乾、坤之成列而已。

《榕村語錄》曰："剛柔相摩，是一對對相摩。雷與風摩，山與澤摩。八卦相盪，則山可與雷盪，風可與澤盪，都是言交易。"

乾道成男，坤道成女。乾知大始，坤作成物。乾以易知，坤以簡能。

此由六子而遡乾坤，蓋六子皆原于乾坤也。乾入坤體而爲震、坎、艮之三男，坤入乾體而爲巽、離、兌之三女。秉乾而有氣，故乾資始。秉坤而有形，故坤成物。秉氣者，主之而已，故曰"知"。成形則著其能焉，故曰"作"。始之成之，千端萬狀，總不外于至易至簡而已。

易則易知，簡則易從。易知則有親，易從則有功。有親則可久，有功則可大。可久則賢人之德，可大則賢人之業。易簡而天下之理得矣。天下之理得，而成位乎其中矣。

此明易簡爲作《易》之原也。易知則不遠人以爲道，故有親；易從則聖人夫婦皆能，故有功。有親則得乎同然不易之理，故可久；有功則極乎推準無外之規，故可大。可久、可大者，賢人之德業也。天地德業，易簡而已，故易簡則得天下之理，而成六位以守寶位。參天兩地，豈外是焉？

右第一章，言天地自然之易，以明作《易》之原。

聖人設卦觀象，繫辭焉而明吉凶，剛柔相推而生變化。

夫所謂天下之理得者，繫辭也。前未明言繫辭，故此以繫辭直揭之。辭因象繫，象由卦生。迨辭繫而吉凶之理明矣，象著而變化之理顯矣。象者何？剛柔交錯也。言吉凶而悔吝在其中，言變化而占在其中。

是故吉凶者，失得之象也；悔吝者，憂虞之象也；變化者，進退之象也；剛柔者，晝夜之象也。六爻之動，三極之道也。

吉凶、悔吝，皆辭也。變化、剛柔，皆象也。失得、憂虞，以人事言，辭因象繫也；晝夜、進退，以造化言，象由卦生也。三極之道，兼造化、人事言，辭與象俱在其中矣。

是故君子所居而安者，《易》之序也；所樂而玩者，爻之辭也。

居而安者，行也。《易》之序，即上下篇次第，孔子謂之《序卦》是也。天道之消息盈虛，人事之存亡得喪，皆有自然之序焉。樂而玩者，知也。紬繹爻辭，知之明而後能行之力也。

是故，君子居則觀其象而玩其辭，動則觀其變而玩其占。是以"自天祐之，吉无不利"。

觀者，觀其大意。玩者，詳審而精求之也。辭因象繫，不觀象則無以知辭。居者靜而無事之時，觀之玩之，所以致其知也。變，以揲蓍所得陰、陽、老、少言，占謂所占之爻辭。觀之玩之，所以篤于行也。四其字，兼象、爻言。

右第二章，言聖人作《易》之事。

彖者，言乎象者也；爻者，言乎變者也。

文王係《彖》，言乎卦之象，以曲盡其全體之蘊。周公係爻，言乎爻之變，以旁通其一節之理。爻者交也，陽而曰"九"，是將交陰者也；陰而曰"六"，是將交陽者也，故曰"變"。然各爻自有本義，未可兼之卦而言。

吉凶者，言乎其失得也；悔吝者，言乎其小疵也；无咎者，善補過也。

彖、爻之辭，爲筮而設，故吉、凶、悔、吝、无咎者，斷占之凡例也。然"无咎"行乎四者之間，蓋能補過，則不至于悔吝，而吉凶之來，以順受之。全《易》精義，皆在于此。此卦所由立，辭所由繫也。

是故列貴賤者存乎位，齊小大者存乎卦，辯吉凶者存乎辭，憂悔吝者存乎介，震无咎者存乎悔。

何以補過？必從位與卦與辭而求之。外貴內賤，五貴，初、二、三、四、上賤，以位言也。小謂陰，大謂陽。齊者比而衡之，卦名生焉。彖、爻有辭，吉凶見焉。吉凶者事之已成，必有幾微之介焉，所以使人謹于幾先也。震，厲也，厲而无咎者，惟其悔而知變，變則過可補矣。

是故卦有小大，辭有險易。辭也者，各指其所之。

言卦則辭該焉。險者，凶、悔、吝也；易者，吉、无咎也。大易小險，貴易賤險，而辭各指之，其以辭爲占如此。

右第三章，釋卦爻辭之通例。

以上三章，上、下《傳》之綱領也。

《易》與天地準，故能彌綸天地之道。

是何也？以《易》之作，則乎天地，而天地之道皆彌綸其中焉。準，則也。彌，滿也，《說文》云"開弓也"，謂弓開則滿也。王肅云："綸者，纏裏也。"統之爲包絡之義。

仰以觀于天文，俯以察于地理，是故知幽明之故。原始反終，故知死生之説。精氣爲物，游魂爲變，是故知鬼神之情狀。

故仰觀俯察，則乾坤成列而陰陽以分（幽明，即陰陽也），乃推其陰陽之初聚者，曰原始，陰陽之既分者，曰反終，而死生以明。原始則陰精陽氣，聚而爲物；反終則魂升魄降，散而爲變；而鬼神無疑。《易》以爲彖、象，而玩辭玩占，歷歷知之。謝梅莊曰："君子生爲陽中之陽，死則爲陰中之陽，神也；小人生爲陽中之陰，死則爲陰中之陰，鬼也。"

與天地相似，故不違；知周乎萬物而道濟天下，故不過；旁行而不流，樂天知命，故不憂；安土敦乎仁，故能愛。

不違不過，天地不能違、不能過也，所謂"彌綸天地之道"者也。"知周萬物"，其知似天，道濟天下，其仁似地。知似天，遍物而不逐物，其行不流，樂天知命，義理不窮于氣數，何憂之有？仁似地，安於所處，厚于所性，其愛普矣。

範圍天地之化而不過，曲成萬物而不遺，通乎晝夜之道而知，故神無方而易無體。

謝梅莊曰："知仁似天地：統言之，範圍天地之化而不過；析言之，曲成萬物而不遺矣。知幽明生死鬼神：統言之，通乎晝夜之道；析言之，知其刻分消長之故矣。所以天地之道無方，而《易》之彌綸之者亦無體也。非與天地準，其安能之？"

右第四章，言《易》之本于天地。

一陰一陽之謂道。

《易》準天地。天地之間，陰陽而已。其對而迭運，所謂道也。

繼之者善也，成之者性也。

如繼體、繼志之"繼"。天賦人受，交接之間也。善者，純粹至善。"成之者"，謂體質已具，理即賦焉。理者，性也。性與善非二物，道性善自孔子始。

仁者見之謂之仁，知者見之謂之知。百姓日用而不知，故君子之道鮮矣。

繼善成性以後，不特人與物異，就人之中，仁知之見，各倚於所稟。百姓之愚，行習而不知，故仁義合一之道鮮矣。此聖人所以有憂也。

顯諸仁，藏諸用，鼓萬物而不與聖人同憂，盛德大業至矣哉！富有之謂大業，日新之謂盛德。

有如仁顯乎外而用藏乎內，震動萬物而不假聖人憂世之憂，此正向所謂盛德大業而各得其至者，有如是也。

仁與德，陰也。用與業，陽也。顯藏、富有日新，陰陽互根也。天地之道如此。

生生之謂易。成象之謂乾，效法之謂坤。極數知來之謂占，通變之謂事，陰陽不測之謂神。

生生，演易之法也。天垂象，地效法。效者，呈也。陽之變陰從《坤》始，故推移轉變其法者，於《坤》見之。而後推極其三百六十四爻之數，以為彰往察來占卜之事。吉凶變化，皆本於易。

乾陽坤陰，占陽事陰。生生不窮，陰陽互根也。《易》之道如此。極數知來，推極其數，則可以彰往察來。天之高，星辰之遠，其故可坐而數，亦以數在耳。邵子元會運世之說，蓋本於此。後世占驗諸術，亦皆不外於極數知來耳。

右第五章，言《易》之本於陰陽。

夫《易》，廣矣大矣！以言乎遠則不禦，以言乎邇則靜而正，以言乎天地之間則備矣。

廣无所不載，大无所不覆。以言乎遠，則千載六合，不以至遠而不到，莫得而禦止之；以言乎邇，則几席旦暮，不待安排而自不偏，靜而各正。此所以配天地也。

夫乾，其靜也專，其動也直，是以大生焉；夫坤，其靜也翕，其動也闢，是以廣生焉。

以《乾》《坤》二卦言之：乾之心，一而不二，其靜也專一，其動也直遂，是以乾一之氣，无一不到，規模極其大；坤之事，順而無為，其静也翕聚，其動也發散，是以坤二之氣，承天時行，度量極其廣。朱可亭曰："乾，奇也，如長竿然，以爲表率，取其直也。當其勿用而放倒，塊然一物耳；用而竪之，軒然直上矣，誰得而橈焉？坤，耦也，如大門然，以通出入，取其闢也。當其无事而扃闔，其中莫得而見也；有事而啓之，其出不窮矣，孰得而拒焉？"

廣大配天地，變通配四時，陰陽之義配日月，易簡之善配至德。

大生、廣生，則廣大配天地矣。而不止此，凡天地間錯行代明、并行不悖者，《易》皆有以配之。措之人事，則至易至簡，而配乎仁義禮智之聖德，所謂三極之道也。

右第六章，言《易》之廣大，本於易簡。

子曰："《易》其至矣乎！夫《易》，聖人所以崇德而廣業也。知崇禮卑，崇效天，卑法地。

《易》非僅卜筮之書，聖人所以具易理于心而崇德，體易理于身而廣業也。蓋德業出于性，性之德，知則清明而其崇如天，禮則篤寔而其卑象地。知如天，知識高明，德豈不崇？禮如地，踐履平寔，業豈不廣？

"天地設位，而易行乎其中矣。成性存存，道義之門。"

不唯德業崇廣也，自天地定位而三才之道行乎其中。聖人于本成之性，存存不已，而性中統體之道、散殊之義，莫不由此出焉，與天地之變化而日新富有者无異，此《易》之所以配天地也。

右第七章，言聖人體《易》于身，以起下文君子學《易》之事。

以上四章，總申明首章之義。

聖人有以見天下之賾，而擬諸其形容，象其物宜，是故謂之象。

賾者，物理之繁，各有形容，擬之未畫之先，一得其宜，象之既畫之後，此象所由立也。專以象言。

聖人有以見天下之動，而觀其會通，以行其典禮，繫辭焉以斷其吉凶，是故謂之爻。①

動者事爲之變，一事必觀衆理②之統會，而會中具有一理之可通，乃即其可通者，定爲典常而可行，此辭所由繫也。

言天下之至賾而不可惡也，言天下之至動而不可亂也。

賾，繁也，雜也。"不可惡"，謂其理明詞當，卦名、《彖》辭是也。"至動"，謂三百六十四爻，總歸于寡過而已，故不可亂。

擬之而後言，議之而後動，擬議以成其變化。

君子于是有觀玩之學焉。以吾之言，與《易》之理，比擬咸當而後言。以吾之動，與《易》之理，計議不差而後動。言動之間，無不當可，所以成變化也。

"鳴鶴在陰，其子和之。我有好爵，吾與爾靡之。"子曰："君子居其室，出其言善，則千里之外應之，況其邇者乎？居其室，出其言不善，則千里之外違之，況其邇者乎？言出乎身，加乎民；行發乎邇，見乎遠。言行，君子之樞機。樞機之發，榮辱之主也。言行，君子之所以動天地也，可不愼乎？"

言行宜擬議，以誠爲本。樞，户樞。機，弩牙。户樞之轉，或明或闇。弩牙之發，或中或否。猶言行之動，從身而發以及物，或是或非也。

"同人先號咷而後笑。"子曰："君子之道，或出或處，或默或語。二人同心，其利斷金。同心之言，其臭如蘭。"

交友宜擬議，以道相合。"其利斷金"者，言其纖利，能斷截于

---

① "是故謂之爻"：諸本皆脱"故"字，據宋本《周易》改。
② 理：本衙本誤作"埋"，據劉傳經堂本改。

金。"其臭如蘭"者，吐發言語，氤氳臭氣，香馥如蘭也。

"初六：藉用白茅，无咎。"子曰："苟錯諸地而可矣，藉之用茅，何咎之有？慎之至也。夫茅之爲物薄，而用可重也。慎斯術也以往，其无所失矣。"

處物宜擬議，以敬爲基。

"勞謙，君子有終，吉。"子曰："勞而不伐，有功而不德，厚之至也。語以其功下人者也。德言盛，禮言恭。謙也者，致恭以存其位者也。"

有功勞宜擬議，以謙爲吉。

"亢龍有悔。"子曰："貴而无位，高而无民，賢人在下位而无輔，是以動而有悔也。"

居高宜擬議，以亢爲戒。亢者，謙之反也。

"不出户庭，无咎。"子曰："亂之所生也，則言語以爲階。君不密則失臣，臣不密則失身，幾事不密則害成，是以君子慎密而不出也。"

處幾宜擬議，以密爲要。

子曰："作《易》者，其知盜乎？《易》曰：'負且乘，致寇至。'負也者，小人之事也；乘也者，君子之器也。小人而乘君子之器，盜思奪之矣。上慢下暴，盜思伐之矣。慢藏誨盜，冶容誨淫。《易》曰：'負且乘，致寇至。'盜之招也。"

致寇由于不擬議。謹于名器，亂無從生矣。

右第八章，言君子學《易》之事。前章以存存用《易》，尊德性也；此章以擬議用《易》，道問學也。

天一，地二；天三，地四；天五，地六；天七，地八；天九，地十。

一、三、五、七、九，奇數也；二、四、六、八、十，耦數也。此《易》畫所由起，《漢·五行志》"自一至十，八卦是也"，亦以奇耦言。

　　天數五，地數五，五位相得而各有合。天數二十有五，地數三十，凡天地之數五十有五。此所以成變化而行鬼神也。

　　天數五，謂一、三、五、七、九；地數五，謂二、四、六、八、十。相得，《本義》謂"一與二，三與四，五與六，七與八，九與十，各以奇耦爲類而自相得"；有合，謂"一與六，二與七，三與八，四與九，五與十，皆兩相合"。五奇之積爲二十五，五偶之類爲三十，合爲五十有五，即凡鬼神變化，皆在于是，而況區區大衍乎？

　　右第十章，明蓍之變化生于天地奇耦之數。

　　諸儒皆以此章爲明河圖之數，今之所謂河圖始於陳摶，自左氏以來，未有言及之者，其果出自伏羲？蓋不敢知也。況《繫辭》言作《易》之故，有曰仰觀俯察、近取遠取，不言河圖也，即曰"河出圖，洛出書，聖人則之"，亦與神物、變化、垂象四者并舉，不專重河圖也。《啓蒙》亦以河圖爲《易》中之一事，故余不以此章明河圖。

　　大衍之數五十，其用四十有九。分而爲二以象兩，掛一以象三，揲之以四以象四時，歸奇于扐以象閏。五歲再閏，故再扐而後掛①。

　　"大"如"大筮"、"大卜"之"大"。衍者推演，即《洪範》"衍忒"②之"衍"。天地之數，五十有五，獨用五十者，《啓蒙》云：五爲五十所因，而自无所因，故虛之，則但爲五十。捨去其一，以象太極，故曰"其用四十有九"；乃以四十九蓍，兩分之左右以象兩儀；

---

① "故再扐而後掛"：諸本皆脫"故"字，據宋本《周易》改。
② 衍忒：諸本皆作"演忒"，據《尚書》原文及文義改。

又取右蓍一莖，掛之左手最小指之間，以象三才；于是以四數數蓍而連撥之，象春夏秋冬之四時；奇者所揲之餘，扐者始之掛一，扐之指尖也，向已掛奇于此，今又以四揲之餘，仍歸于此，是歸奇于扐也，此象閏也，閏者餘也。此一變也。然卦不一變，蓍不一揲，當有再數其餘者，即再扐也。四時更五歲而得再閏，蓍筮者合兩分、一掛、二揲爲五節，可當五歲，而亦得再閏，是再變也。

乾之策二百一十有六，坤之策百四十有四，凡三百有六十，當期之日。二篇之策，萬有一千五百二十，當萬物之數也。

即以大衍究言之，陽數九，而乘之以揲四之數，四九三十六，此陽爻之策也。乾有六陽，則當有二百一十六策（荀爽曰："三六一百八十，又六六三十六，合得二百一十六"）；陰數六，而乘之以揲四之數，四六二十四，此陰爻之策也。坤有六陰，則當有一百一十四策（荀爽曰："二六一百二十，又四六二十四，合一百四十四"）；則祇此大衍五十，而合乾坤所得之策，可以當三百六十日一期之數。合上、下二經六十四卦，三百八十四爻，陰陽相半，所得萬有一千五百二十之策，可以當萬物之數也（陽爻一百九十二，每爻三十六，得六千九百一十二策；陰爻一百九十二，每爻二十四，得四千六百八策；合之爲一萬一千五百二十）。

是故四營而成易，十有八變而成卦。

營，求也。四營，謂分二、掛①一、揲四、歸奇也。易儀于是乎成。變者變易，謂一變也。三變成爻，六爻成卦。

郭白雲謂前一變掛，後二變不掛，則三營而非四營矣，故從朱子之說。朱子本之唐一行。

---

① 掛：諸本皆誤作"卦"，據文義改。

八卦而小成。

十有八變而成卦,舉其大成也。方其九變而得內之八卦,是爲小成。

引而伸之,觸類而長之,天下之能事畢矣。

卦成而有變卦,引六畫爲十二畫,是引而伸長之也。以六十四卦之事類,合之變卦,是隨其所觸而互相長也,故可以盡天下之能事。

顯道神德行,是故可與酬酢,可與祐神矣。

顯道,明吉凶之理。神德行,決趨避之機。酬酢者,如與人相答問,而助神明之功。

子曰:"知變化之道者,其知神之所爲乎?"

變化之道,即上文揲蓍之事。神即天地。

右第九章,言揲蓍之事。

《易》有聖人之道四焉:以言者尚其辭,以動者尚其變,以制器者尚其象,以卜筮者尚其占。

以言尚辭者,繫辭也。以動尚變者,揲蓍也。以制器尚象者,包犧、神農、黃帝各有其事,如後所云也。而總見之于卜筮之尚占,然則卜筮可少哉!

是以君子將有爲也,將有行也,問焉而以言,其受命也如嚮,无有遠近幽深,遂知來物。非天下之至精,其孰能與於此?

問即筮也,命者告也。神告之而我受之,謂之"受命"。"如嚮"者,謂相向面告也。物即陰陽之物,謂來事也。

參伍以變,錯綜其數:通其變,遂成天地之文;極其數,遂定天下之象。非天下之至變,其孰能與於此?

謝梅莊曰:"以揲蓍言,參雜也。右刻之策,掛扐于左手,自彼入此,故曰'參伍',彼此相參也。四營之後,一掛二扐之策,不分左右，合爲一變，故曰'伍'。錯者，一左一右相對待，所謂'分而爲二以象兩'也。綜者，或上或下相流行，所謂掛一揲四歸奇再扐也。取而執之、掛之、扐之，自下而上；執而揲之，掛扐合而置之，自上而下；如織布帛之有綜然。通者，由一變推而行之也。極者，必至十八變而後成也。"

成天地之文，以八卦言；定天下之象，以六爻言。

易无思也，无爲也，寂然不動，感而遂通天下之故。非天下之至神，其孰能與於此？

謝梅莊曰："以求卦言，卦无思无爲，而蓍有思有爲，蓍感之則卦通之矣。"

夫易，聖人之所以極深而研幾也。唯深也，故能通天下之志；唯幾也，故能成天下之務；唯神也，故不疾而速，不行而至。

无有遠近幽深，是極深也。參伍錯綜，是研幾也。通志者，明民之心。成務者，利民之用。

子曰："《易》有聖人之道四焉者，此之謂也。"

通志成務，歸于辭、象、變、占四者而已。

右第十章，言揲蓍求卦之事。

子曰："夫《易》，何爲者也？夫《易》，開物成務，冒天下之道，如斯而已者也。"是故聖人以通天下之志，以定天下之業，以斷天下之疑。

《易》兼蓍卦言：卦以開物，蓍以成務，天下之道不外是矣。物謂物之理，開謂人所未知者開發之。"通志"承"開物"言，"定業"、"斷疑"承"成務"言。

是故蓍之德圓而神，卦之德方以知，六爻之義易以貢。聖人以此洗心，退藏於密，吉凶與民同患。神以知來，知以藏往，其孰能與

於此哉？古之聰明睿知、神武而不殺者夫！

　　蓍圓者，蓍以七爲數，七七四十九，象陽之奇，奇則圓也。卦方者，卦以八爲數，八八六十四，象陰之耦，耦則方也。蓍有思有爲，故神；卦无思无爲，感而遂通，故知。六爻者，交易、變易而貢之。貢，獻也，以吉凶獻于人也。聖人平日，以神知易，洗濯其心，心中自有蓍卦六爻，而憂世覺民，情不獲已，出其吉凶，與民同其憂患。而蓍神知來，來以人事言；卦知藏往，往以天道言。是聰明睿知、神武而不用刑殺者也。夫趨吉避凶，各知憂患，又安所用刑殺哉？

是以明於天之道，而察於民之故，是興神物，以前民用。聖人以此齊戒，以神明其德夫！

　　蓍，神物也，但人不能洗心以神明其德，則神物亦有時而不神。是以聖人知天之道不遠于人，而人之心多蔽于欲，于是既教人以揲蓍之法，將有爲必先問之，而又教人以洗心之道，將有問必先齊之戒之也。洗心者，體易之事；齊戒者，用易之事。

是故闔户謂之坤，闢户謂之乾。一闔一闢謂之變，往來不窮謂之通。見乃謂之象，形乃謂之器。制而用之謂之法，利用出入、民咸用之謂之神。

　　"卦之德方以知"，揲蓍者誰不求卦？猶出入者誰不由戶也，故以戶譬之。蓋本于乾坤而極于民用也。

是故易有太極，是生兩儀，兩儀生四象，四象生八卦，八卦定吉凶，吉凶生大業。

　　推卦所由生也。太極者，陰陽未判之名。兩儀者，陰陽判而奇耦形。四象者，陰陽分老少而八卦畫。八卦畫而吉凶、大業從此出，則蓍之能又莫非卦之能也。

　　謝梅莊曰："宋儒太極圖，生五行不生八卦，非孔聖所謂太極也。

孔聖論伏羲卦位，止言天地、山澤、雷風、水火，并不言五行也。"

是故法象莫大乎天地；變通莫大乎四時；縣象著明莫大乎日月；崇高莫大乎富貴；備物致用，立成器以爲天下利，莫大乎聖人；探賾索隱，鈎深致遠，以定天下之吉凶，成天下之亹亹者，莫大乎蓍龜。

歷舉天地間之大者，以興蓍龜之大。天地、四時、日月，即闔闢、變通、形器者也。處崇高之位，備物致用，即制法使民咸用者也。亹亹，勉也。定吉凶、成亹亹，即畫卦以生吉凶、成大業者也。

是故天生神物，聖人則之；天地變化，聖人效之；天垂象，見吉凶，聖人象之；河出圖，洛出書，聖人則之。

神物，即蓍龜也。變化，謂寒暑晝夜。垂象，謂七政災祥。河圖、洛書，謂陰陽奇耦。此聖人作《易》之原也。

易有四象，所以示也；繫辭焉，所以告也；定之以吉凶，所以斷也。

聖人效法天地圖書而作《易》，因有陰陽老少之四象，所以昭示也。有畫無文，人不易知，繫之卦詞爻詞，所以明告也。至于占辭之有吉凶，所以斷一卦一爻之得失也。

四象，自漢以來皆謂七、八、九、六，即朱子太陽、少陽、太陰、少陰之説。

《易》曰："自天祐之，吉无不利。"子曰："祐者助也。天之所助者，順也；人之所助者，信也。履信思乎順，又以尚賢也，是以'自天祐之，吉无不利'也。"

聖人之作《易》也如彼。君子學之，則行无不順，事无不信，既順且信，卑以自牧，見賢思齊。夫如是體《易》于身，天必祐之，可以當《大有》上九之一爻矣，故舉此爻而贊之。

右第十一章，合蓍卦而贊之。

以上四章，總申明第二章剛柔生變化及觀變玩占之義。

子曰："書不盡言，言不盡意。"然則聖人之意，其不可見乎？子曰："聖人立象以盡意，設卦以盡情僞，繫辭焉以盡其言，變而通之以盡利，鼓之舞之以盡神。"

則繫辭要矣。然而繫辭者書也，書亦有不盡言者，繫辭而爲書即言也。言亦有不盡意者，夫不盡則意不可見，而易不爾也。立之象而大意盡，設之卦而情僞盡，繫之辭而言盡，而凡通之以利用，占卜之以行鬼神，无不盡也。

立象設卦，謂伏羲；繫辭謂文、周；變通鼓舞以揲蓍言。

乾坤其易之縕耶？乾坤成列，而易立乎其中矣；乾坤毀，則无以見易。易不可見，則乾坤或幾乎息矣。

所謂意言不盡，中有蘊奥者，則藏于《易》之《乾》《坤》。《乾》《坤》成列，而剛柔生焉。向非成列，則無以考其推移之迹，而凡一陰一陽之謂道，亦以爲止此已矣。

是故形而上者謂之道，形而下者謂之器，化而裁之謂之變，推而行之謂之通，舉而錯之天下之民謂之事業。

惟夫陰陽道也，而聚之爲形。形上爲道，即乾坤之理，聖人所欲言之意也。形下爲器，器爲物，即乾坤之質。聖人所立之象，于焉推之分之，化裁爲變，推行爲通，錯爲事業，皆不外乎乾坤也。

是故夫象，聖人有以見天下之賾，而擬諸其形容，象其物宜，是故謂之象。聖人有以見天下之動，而觀其會通，以行其典禮，繫辭焉以斷其吉凶，是故謂之爻。

形爲道而措爲事業者，總于象爻具之，故即前言而再致意焉，非重出也。象即象，爻即辭。

極天下之賾者存乎卦；鼓天下之動者存乎辭。

卦即象，辭即爻，再言以致丁寧之意。

化而裁之存乎變；推而行之存乎通；神而明之存乎其人；默而成之，不言而信，存乎德行。

化裁推行，動而觀變玩占；神明默成，居則觀象玩辭也。德行者，有得于言而能見諸行。

孔子以傳名繫詞，次章即云"繫辭焉而明吉凶"，篇内復屢言之，恐人之務于言而忽于行也，故終之以"德行"。設卦繫辭，總歸于寡過而已。

右第十二章，申明卦爻辭之義，以起下《傳》首章之義。《上繫》末章，歸重德行，《下繫》末章，亦首揭出德行。所謂德行者，即體易簡之理而成位乎其中者也。

卷十二

繫辭下傳

《榕村語録》曰："《上繫》是説《易經》大本大原，《下繫》是説讀《易》的秘訣及凡例。"

八卦成列，象在其中矣。因而重之，爻在其中矣。剛柔相推，變在其中矣。繫辭焉而命之，動在其中矣。

有八卦，即有天、地、山、澤、雷、風、水、火之象。有八純卦，即重之爲六十四卦，向之三爻者，今且有六爻矣。于是爻之剛柔，彼此推移，而有變可占，辭之吉凶悔吝，繫于象、爻，而動有可考。

吉凶悔吝者，生乎動者也；剛柔者，立本者也；變通者，趣時者也。

承變動言。動則吉凶生而悔吝著，吉凶悔吝之辭，因動而繫，故繫辭以命，而動在其中。剛柔爲體，變通爲用。變通由于剛柔，故剛柔相推而變在其中。

吉凶者，貞勝者也；天地之道，貞觀者也；日月之道，貞明者也；天下之動，貞夫一者也。

承吉凶悔吝生乎動言。動亦何傷？貴于正耳。天下固有僥倖獲福、无妄生灾者，然非其常也，必以其常者爲勝。天地之道，以常者而觀示，日月之道以常者而光明。天下之動，亦常夫一理而已。一者何？易簡是也。

夫乾，確然示人易矣；夫坤，隤然示人簡矣。爻也者，效此者也；象也者，像此者也。爻象動乎内，吉凶見乎外；功業見乎變，聖人之情見乎辭。

承貞一言。確然，健也；隤然，順也；總不外易簡而已。爻所以效法乎此，象所以取象于此。爻象動于此，吉凶見于彼。功業因之以生，聖人憂之，故繫以辭而情因以見矣。

右第一章，承《上傳》末章象爻卦辭動變而言。

天地之大德曰生，聖人之大寶曰位。何以守位？曰仁。何以聚人？曰財。理財正辭、禁民爲非曰義（"仁"，古本作"人"）。

乾大生，坤廣生，故曰"大德"。無位則獨善，有位則道行，故曰"大寶"。有此位而誰與守之？不外斯人。有此人而安能不散？不外于財。財者，食貨是也。財必有理之之道，然富而不教，亦近禽獸，又必正名定分，禁非防奸，則義安可忽哉？下文所列十三卦，皆理財正辭、禁民爲非之事也。

古者包犧氏之王天下也，仰則觀象于天，俯則觀法于地，觀鳥獸之文與地之宜，近取諸身，遠取諸物，于是始作八卦，以通神明之德，以類萬物之情。

此言伏羲畫卦，取象天、地、人、物，并不及河圖、洛書。可見，圖書爲《易》中之一義。世之談《易》者，必諄諄執圖書以相求，讀此自當憬然返矣。

作結繩而爲網罟，以佃以漁，蓋取諸《離》。

離爲鱉，爲蟹，爲蠃，爲蚌，爲龜，故有此象。又離爲目，兩目相承，中爻以巽繩牽之，如網罟然。

包犧氏沒，神農氏作，斲木爲耜，揉木爲耒，耒耨之利，以教

天下，蓋取諸《益》。

　　耜者，犁之入土者也。耒即耜柄，以曲木爲之。《益》上巽下震，中爲艮、坤，巽木入土，而前動以艮手，後動以震足，是耕象也。

　　日中爲市，致天下之民，聚天下之貨，交易而退，各得其所，蓋取諸《噬嗑》。

　　上離下震，即日中之動也。

　　合沙鄭氏曰："十三卦始《離》次《益》次《噬嗑》，所取者食貨而已。《洪範》三八政，一食二貨。"

　　神農氏没，黄帝、堯、舜氏作，通其變，使民不倦，神而化之，使民宜之。《易》窮則變，變則通，通則久。是以"自天祐之，吉无不利"。黄帝、堯、舜垂衣裳而天下治，蓋取諸《乾》《坤》。

　　變通取乾、坤之義，上衣下裳，取《乾》《坤》之象。

　　法備于黄帝、堯、舜，故總其變通趣時之用而極論之。

　　刳木爲舟，剡木爲楫，舟楫之利，以濟不通，致遠以利天下，蓋取諸《渙》。

　　刳木使空，剡木使鋭，《渙》上巽下坎，以木乘水，行舟之象。濟不通以渡言，致遠以沿泝言。

　　服牛乘馬，引重致遠，以利天下，蓋取諸《隨》。

　　震爲馬，而艮手震足從之，故有此象。牛者，對馬而言。

　　重門擊柝，以待暴客，蓋取諸《豫》。

　　上震下坤，坤爲闔户，震爲有聲之木，三五互坎，坎爲盗，即暴客也。待暴客與威天下，皆所以禁民爲非也。

　　斷木爲杵，掘地爲臼，臼杵之利，萬民以濟，蓋取諸《小過》。

　　震仰盂似臼，艮爲倒震，亦臼也，中二陽爲杵。

　　弦木爲弧，剡木爲矢，弧矢之利，以威天下，蓋取諸《睽》。

張弦于木則爲弧，剡木銳頭則爲矢。離爲戈兵，兌爲毀折，故有此象。

上古穴居而野處，後世聖人易之以宮室，上棟下宇，以待風雨，蓋取諸《大壯》。

棟，屋脊檩也。宇，檐也。雷雨動于上，而三陽承之，如棟宇然。

古之葬者，厚衣之以薪，葬之中野，不封不樹，喪期无數。後世聖人易之以棺椁，蓋取諸《大過》。

古葬以薪裹尸如衣然，不封土爲墳，不樹木爲識，居喪之期，無日月之數，後始易之以中棺外椁。《大過》內巽爲木，外兌倒巽亦爲木，兩木相夾，四陽如人在中，棺椁之象也。

《漢書·劉向傳》引此節云："棺椁之作，自黃帝始。"

上古結繩而治，後世聖人易之以書契，百官以治，萬民以察，蓋取諸《夬》。

結繩者，事大大其繩，事小小其繩，各執一端以相考信。書契者，以刀筆畫木簡爲文字，而中分其半，予者執左，取者執右，以爲合約之契。其取象《夬》者，夬者缺也，環之有缺者名玦，玦形爲コ，故《說文》釋"夬"爲決，從"コ"，以形缺得名，各執其半之象也。

十三卦之制作，始畫卦，終書契，萬世文字之祖，始于畫卦而備于書契也。

是故《易》者，象也；象也者，像也。

觀聖人之制器，取象于卦，則知聖人之作《易》取象于天、地、人、物。象者何？肖其形也。以此二句結十三卦，可見十三卦皆取象，非取義也。諸家求其象而不得，則取其義，如以《豫》爲豫備、《夬》爲明決之意，皆未得經旨者也。

右第二章，言制器尚象之事。蓋《易》之所重者象，故疊引以明之，以爲觀象之要。

象者，材也；爻也者，效天下之動者也。是故吉凶生而悔吝著也。

前章論卦，此專論象、爻。材者材具，爲一卦之質幹，爻辭效人事之群動，是以有得有失而吉凶生，或未吉未凶而悔吝已著也。

陽卦多陰，陰卦多陽。其故何也？陽卦奇，陰卦偶。

以象材言，陽卦震、坎、艮，一陽而二陰；陰卦巽、離、兌，一陰而二陽。何也？陽以剛爲本，有一奇則陽之本立，不必二奇也；陰以柔爲本，有一偶則陰之本立，不必二偶也。

其德行何也？陽一君而二民，君子之道也；陰二君而一民，小人之道也。

德行，謂卦之義理。陽爲君，陰爲民。陽卦一君統二民，主權一而役效職，是爲治世君子之道。陰卦二君争一民，主權分而役爲主，是爲亂世小人之道。自一身志氣形神之德，以及天下國家，其善惡、邪正、治亂、得失，未有不由此者。

《易》曰："憧憧往來，朋從爾思。"子曰："天下何思何慮？天下同歸而殊塗，一致而百慮，天下何思何慮？日往則月來，月往則日來，日月相推而明生焉；寒往則暑來，暑往則寒來，寒暑相推而歲成焉。往者，屈也；來者，信也。屈信相感，而利生焉。尺蠖之屈，以求信也；龍蛇之蟄，以存身也。精義入神，以致用也；利用安身，以崇德也。過此以往，未之或知也；窮神知化，德之盛也。"

此下十一爻，皆明一君之義。《咸》之九四曰"憧憧往來"，憧憧者，思慮雜擾之稱，然天下之事，何所容于思慮哉？凡理皆同歸而殊其塗，凡事皆一致而百其慮，莫非自然。何以思慮爲哉？日月有往來，而同歸于生明；寒暑有往來，而同歸于成歲。凡往者皆屈也，凡來者皆伸也。屈伸相感，而同歸于感應，自然之常理（生利者，自然也），何所容其思慮哉？如尺蠖之屈，乃所以求伸；龍蛇之蟄，乃所以存身。君子爲學，精研義理，造乎微妙，用心于內也，而所以推于施用者在是。順利行習，所處皆安，練熟于事也，而所以增其心得者在是。此下學之事也。自是以上，則亦無所用其力矣。至于窮極造化不測之妙，契合天地自然之機，亦德盛而自致耳，何所容其思慮哉？李氏《易解》曰："蠖，屈行虫，郭璞曰：蝍蠍也。"

《易》曰："困于石，據于蒺藜，入于其宮，不見其妻，凶。"子曰："非所困而困焉，名必辱；非所據而據焉，身必危。既辱且危，死期將至，妻其可得見邪？"

玩《困》六三爻辭，凡力之不能勝者，皆石也，強求必得，失固辱，得亦辱也。凡人之不可依者，皆蒺藜也，妄處非分，勢不安，心亦不安也。凡不得保其所有者，皆妻之類也。

《易》曰："公用射隼于高墉之上，獲之，无不利。"子曰："隼者，禽也；弓矢者，器也；射之者，人也。君子藏器于身，待時而動，何不利之有？動而不括，是以出而有獲，語成器而動者也。"

玩《解》上六爻義，君子解悖之器，素藏于身，以待時之可爲，則動中機宜，何不利之有？動不括礙，是以一出而有得，所以語夫成器而動待時者也。

此二爻相反，知動靜之一致，則能藏器而時動。

子曰："小人不耻不仁，不畏不義，不見利不勸，不威不懲。小懲而大誡，此小人之福也。《易》曰：'履校滅趾，无咎'，此之謂也。

玩《噬嗑》初九爻義，明治民者當懲小以誡大也。蓋小人不知仁義，但貪利祿耳。

"善不積不足以成名，惡不積不足以滅身。小人以小善爲无益而弗爲也，以小惡爲无傷而弗去也，故惡積而不可掩，罪大而不可解。《易》曰：'何校滅耳，凶。'"

玩《噬嗑》上九爻義，明畏罪者當慎微而謹所積也。

此二爻相反，知小大之一致，則能謹小以无咎。

子曰："危者，安其位者也；亡者，保其存者也；亂者，有其治者也。是故君子安而不忘危，存而不忘亡，治而不忘亂。是以身安而國家可保也。《易》曰：'其亡其亡，繫于苞桑。'"

以位爲可安，以存爲可保，以治爲可有，則危亡與亂至矣。《否》之九五曰：其亡乎，其亡乎，殆繫于柔桑而不可以爲固乎？

子曰："德薄而位尊，知小而謀大，力小而任重，鮮不及矣。《易》曰：'鼎折足，覆公餗，其形渥，凶。'言不勝其任也。"

德厚者，居位必戰兢；知大者，好謀必謹密；力足者，任重必從容。反是則有不勝之患。

此二爻相反，知安危之一致，則能危以保其安。

子曰："知幾其神乎？君子上交不諂，下交不瀆，其知幾乎！幾者，動之微，吉之先見者也。君子見幾而作，不俟終日。《易》曰：'介于石，不終日，貞吉。'介如石焉，寧用終日？斷可識矣！君子知微知彰，知柔知剛，萬夫之望。"

玩《豫》六二爻義，明知幾之有素也。逸豫之時，上交必有諂諛之行，下交必有瀆亂之爲。君子不然，其審于幾乎！幾者何？事未動而吉先形。君子有見於是，相機而動，不待終日之久。其介如石，則靜極生明，不待終日而斷可以識凡事之機微矣。於微而知彰，見之明也；于柔而知剛，作之決也。

沈艮思曰："人之知機，君子之見機，皆欲趣吉，故夫子惟以吉言之，猶之'變化云爲，吉事有祥'。云爲之中，豈惟'吉'字見兆、凶事不見兆乎？言吉，而凶寓之矣。古人文字都不説盡。"

子曰："顔氏之子，其殆庶幾乎？有不善未嘗不知，知之未嘗復行也。《易》曰：'不遠復，无祇悔，元吉。'"

殆，危也。庶幾，近意。不善必知，見微而知彰也。知不復行，見柔而知剛也。

此二爻相似，知顯微之一致，則能見幾而作，不遠而復。

"天地絪緼，萬物化醇。男女構精①，萬物化生。《易》曰：'三人行，則損一人；一人行，則得其友。'言致一也。"

絪緼，交密之狀。醇，謂厚而凝也。天地以氣升降，二氣交密，而萬物之氣化者，莫不厚而凝焉。男女以精施受，相爲構結，而萬物之形化者，莫不生而續焉。蓋理無二致，猶人心不可有二，故有所損而後有所益。

子曰："君子安其身而後動，易其心而後語，定其交而後求。君子修此三者，故全也。危以動，則民不與也；懼以語，則民不應也；无交而求，則民不與也；莫之與，則傷之者至矣。《易》曰：'莫益之，或擊之，立心勿恒，凶。'"

安其身者，修身循理也，然後動而爲行。易其心者，平心静氣也，然後出而爲言。定其交者，上下交孚也，然後取而有求。君子修此三者，則立心之有恒可知。若從欲惟危，誰其隨之？險陂其言，誰其奉之？恩不素孚，爲無交而求，誰其輸之？皆莫之與，則擊而傷之者至矣。此立心勿恒所致也。此二爻相反，知損益之一致，則能損而得友。

右第三章，由象、爻以明貞一之義。蓋自陰陽卦之分，君欲一

---

① 構：諸本皆誤作"搆"，據宋本《周易》改。

而不欲二。君者心也，事物之主也，故引《咸》四以明之。其下十爻，義皆統於《咸》四，終云以恒。恒者，一也。

子曰："乾坤其易之門邪？乾，陽物也；坤，陰物也。陰陽合德而剛柔有體，以體天地之撰，以通神明之德。"

門者，人所由出；乾坤者，易所由出。乾陽坤陰，陰陽相交，其德合；陽剛陰柔，剛柔各分，其體異。于是乎有雷、風、水、火、山、澤之象，動、入、陷、麗、止、說之性。而天地之撰，如陰陽變化之迹，有以體之；神明之德，如陰陽易簡之性，有以通之。此以卦象言也。

韓康伯曰："撰，數也。"

"其稱名也，雜而不越，于稽其類，其衰世之意邪？"

若其稱名，雜而多端，要不越于事理之外，然非上古淳樸之時，思慮所及，故考其類而知為衰世之意。此以卦名言也。

"夫《易》，彰往而察來，而微顯闡幽。開而當名辨物，正言斷辭則備矣。"

夫《易》之畫卦也，由二卦而推之六十四卦，彰天道之已然，察人事之未然，顯者微之，使人不敢褻，幽者闡之，使人無所疑。其稱名也，推而廣之，命之名以辨其陰陽之物，繫之辭以斷其吉凶之占，則易道大備矣。此承上兩節卦象及名辭言也。

開而者，推而廣之也。有畫無文，易道未開，至文王而始開。

"其稱名也小，其取類也大。其旨遠，其辭文。其言曲而中，其事肆而隱。因貳以濟民行，以明失得之報。"

卦名《井》《鼎》《歸妹》，可謂小矣，然其義類之所開，則甚大。《彖》辭寓意無窮，可謂遠矣，然其辭之所發，則粲然顯著，唯其旨遠辭文也。旁通廣喻，而無牽合附會之病，唯名小類大也。雜陳兼該而有妙道精義之存，此卦之名辭，所以發卦象之蘊者如此。蓋因民心疑貳，昧于所趣，聖人欲有以濟之，作《易》教人，明其順理而得，得報以吉，逆理爲失，失報以凶，所謂衰世之意也。

右第四章，專論《易》之名辭。

《易》之興也，其於中古乎？作《易》者，其有憂患乎？

承上文衰世之意而申言之。《易》之興，謂《易》之有辭，非上古淳朴之時，乃文王身蒙大難，繫辭教人，與民同患之意也。

是故《履》，德之基也；《謙》，德之柄也；《復》，德之本也；《恒》，德之固也；《損》，德之修也；《益》，德之裕也；《困》，德之辨也；《井》，德之地也；《巽》，德之制也。

凡處憂患之道，不過反身修德而已。試舉九卦以言之：踐履篤寔者，立身之基；謙卑自下者，應物之柄；由是心不外馳而能復，則大本以端；拳拳服膺而有恒，則所守以固；然且懲忿窒欲，損其疾以自修；遷善改過，益無方而盛大；於是而處困窮，可以自驗其得力；安居不動，可以共証其有源；雖經歷事變，而沉潛巽入，皆有以裁制而得其宜矣。其進德之序如此。

《履》，和而至；《謙》，尊而光；《復》，小而辨于物；《恒》，雜而不厭；《損》，先難而後易；《益》，長裕而不設；《困》，窮而通；《井》，居其所而遷；《巽》，稱而隱。

能敬則心平而踐履無虧；尊人則自尊而德暉及物；本心之復甚微，而天理昭彰，非群邪所能掩；一人之守有定，而堅固不移，處雜亂而如一；損所本無，始勉强而後習熟；益所固有，日充裕而不造作；困則身雖窮而心自亨；井則體雖靜而用則動；巽則稱物得宜，用雖顯而機則藏也。

《履》以和行；《謙》以制禮；《復》以自知；《恒》以一德；

《損》以遠害；《益》以興利；《困》以寡怨；《井》以辨義；《巽》以行權。

　　行己非禮，則乖戾不和，是履所以和其行；行禮無謙，則倨傲无本，是謙所以制乎禮；良心來復，己自覺悟而不爲私欲所蔽；恒久不變，終始如一，而不爲事物所奪；損身之過，則物害亦遠；益己之善，則世利可興；困則心亨，無入不自得而少所怨；井體不動，安而能慮，義無不辨；巽則沉潛不露，知機達變而能權，以此反身修德，尚何憂患之難處哉！

　　右第五章，亦論《象》辭。凡《象傳》，先釋卦名，次言兩卦之體，末推卦用。此章之序亦然，以爲觀《象》者法。

　　《易》之爲書也不可遠，爲道也屢遷。

　　遠，猶忘也。《易》之爲書，其辭雖賾，其名雖雜，然切於人生日用，不可須臾忘也。其爲道至易至簡，然隨時交易變易，屢遷而不滯。此二句一章大指，下文皆發明之。

　　變動不居，周流六虛，上下无常，剛柔相易，不可爲典要，唯變所適。

　　六虛，六爻之位也。隨所變易，原無意必，故曰"虛"。承上文而言其道屢遷者，以其理之隨時无定，周流於六位也。蓋六位之中，陰陽之居上居下者无常，奇耦之居剛居柔者迭易，不可爲典要，唯其時變之所適而已。典者典則，要者要會，此所謂變易者也。

　　其出入以度，外內使知懼。又明于憂患與故，无有師保，如臨父母。

　　然有度焉，當位則吉，不當位則凶，悔吝有一定之理，使人于外內之間，懼之而不犯之也。又明于處憂患之道與致憂患之故，人苟欲免于憂患，自當遵循不失，不必有師保之督責，而慮其所憂，計其所患，雖父母之愛，無以加茲矣。

初率其辭，而揆其方，既有典常。苟非其人，道不虛行。

方，謂時位也。率，由也。由其辭以揆度其時位，則出入之度、憂患之故，亦確然其有定矣。然體道以趣時，則存乎其人焉。自"出入以度"至此，皆明上文"不可遠"之義，所謂不易者也。

右第六章，示人以體爻之意。上章三陳九卦，專言卦也。此章屢遷周流，專論爻也。

《易》之爲書也，原始要終以爲質也。六爻相雜，唯其時物也。

此章專言爻，而必先以象原一畫之始，要六畫之終，而卦有定體，以全卦言，即象也。若夫六爻陰陽相雜，惟其時物而已。爻之有陰陽，物也。陰陽之有進退，時也。

其初難知，其上易知，本末也。初辭擬之，卒成之終。

凡爻辭，初則難知，上則易知，以初爲時義之基，上則其時勢之所極也。故學《易》者，於初辭必加擬議之功，而於卒也，則但成其所究竟而已。

若夫雜物撰德，辨是與非，則非其中爻不備。

初、上二爻，處卦始終，于時則或爲未至與既往，於位則或爲未遇與既退，故錯雜貴賤之物，撰述剛柔之德，以辨其所處之是非者，必于中四爻而始備，所謂時物者如此。

噫！亦要存亡吉凶，則居可知矣。知者觀其《彖》辭，則思過半矣。

要，求也，約也。存亡吉凶之理，約以此法求之，亦居然可知矣。至于知者，并不待玩爻辭，但玩《彖》辭亦可知。蓋六爻原以發明全《彖》也。

二與四同功而異位，其善不同：二多譽，四多懼，近也。柔之

爲道，不利遠者；其要无咎，其用柔中也。

　　觀《象》思已過半，而無如中爻雜物，必不可泯也。二、四同陰位，功則同矣。而二居下體，爲守令之職；四居上體，爲宰輔之職；位寔異焉。繫辭之善亦有不同：二未必皆譽而多譽，四未必皆懼而多懼者，以四近君，有偪逼之嫌也。四多懼，以其近；則二多譽，以其遠矣。然遠者，惟以剛中應柔中，則上虛己而下勝任，其義最善。柔無任重之材，遠非所利，而《易》例亦无咎者，以柔而中，歸于寡過耳。

　　李厚庵曰："以是推之，柔不利遠，則利近也，故《易》中以六四承九五皆吉，以九四承六五則凶者多矣。若以柔承應于柔，以剛承應于剛，則隨其時義而取，要皆不越乎譽懼之意。"

　　三與五同功而異位：三多凶，五多功，貴賤之等也。其柔危，其剛勝邪？

　　危，謂凶也。三、五同陽位，功則同矣。而三居下體之上，爲外大臣；五居上體之中，爲人君；位則異焉。三之詞未必無功而多凶，五之詞未必无凶而多功，君貴臣賤之分也。究而言之：君弱臣庸，皆難勝任而危；以剛居柔，君明臣良，振作有爲，而足以勝任矣。沈艮思曰："三在下之上，爲外大臣，其勢疏，其職煩，其權位專，任事則以爲攬權，綜覈則以爲刻薄，小心則以爲巽懦，悠裕則以爲懈弛，寬大則以爲冒濫；有行而動多窒碍，有言而不能聲聞；朝臣得而阻遏之，處士得而訾議之，勿用之人得而讒謗之，亢極之人得而尤怨之；故有厲道焉。"

　　右第七章，因上章論爻而專論中爻，以爲觀玩之準。

　　《易》之爲書也，廣大悉備：有天道焉，有人道焉，有地道焉。兼三才而兩之，故六。六者非他也，三才之道也。

《易》之爲書，統言之則廣大而無不包，析言之則悉備而無所遺。卦之三畫，初地、二人、三天，八卦以三才也。因而重之爲六，則初、二地，三、四人，五、上天。蓋三才之道，非兩不行也。

道有變動，故曰爻；爻有等，故曰物；物相雜，故曰文；文不當，故吉凶生焉。

一則無變，兩而後有變動，此爻所由名。乾陽物，坤陰物。陽貴陰賤，貴賤有等，故爻有等曰物。柔文剛，剛文柔，故物相雜曰文。文不當，謂當位、不當位也。惟其變之所適，而吉凶生焉。

右第八章，推原上古之聖，以是濟民用而辭未備也，故下言文王而曰"其辭危"。

《易》之興也，其當殷之末世，周之盛德邪？當文王與紂之事邪？是故其辭危。危者使平，易者使傾；其道甚大，百物不廢。懼以終始，其要无咎，此之謂《易》之道也。

上古畫卦而無辭，《易》之有辭，其時當殷之末世、周之盛德，其事當文王與紂之事耶？身經憂患，故其繫辭，危懼之意多。危懼故得平安，慢易則必傾覆，《易》之道也。此其爲道，所該甚大，凡百事類，孰能廢此？以此危詞，而懼人以終始乎此心，其要歸於无咎而已。

右第九章，言繫詞之要，在於懼以終始。懼者敬也，修身之要，所以寡過者也。

夫乾，天下之至健也，德行恒易以知險；夫坤，天下之至順也，德行恒簡以知阻。

乾確然易，易則心平，舒徐觀變，敬慎揆幾，如自山上視山下之險而不敢輕忽。坤隤然簡，簡則安貞，密以審機，謹以持行，如自山下上山爲阻而不敢輕進。所謂"易簡而天下之理得"者。

能説諸心，能研諸侯之慮，定天下之吉凶，成天下之亹亹者

（"侯之"二字衍）。

易簡之理，平日足以説心。險阻之幾，臨事又能研慮。以此判斷天下吉凶，使之踴躍鼓舞而不倦，此與民同患之心也。

是故變化云爲，吉事有祥；象事知器，占事知來。

變化者天道，云爲者人事。變化紛紜，吉事將至，必有祥兆之先。觀象則足以知定理，審占則足以知來物，此聖人作《易》之原也。

天地設位，聖人成能；人謀鬼謀，百姓與能。

天地設位于上下，易簡之理已具。聖人崇效卑法，作《易》以成其功。于是既謀之于人，復以蓍謀之于鬼，雖百姓之愚，亦可因卜筮而知吉凶，成亹亹，與聖人之能焉。

八卦以象告，爻彖以情言。剛柔雜居，而吉凶可見矣。

象謂卦畫，情謂卦詞，即象之情也。"剛柔雜居"，謂奇耦之居剛居柔者，參差不齊，而吉凶之理，昭然可見。

變動以利言，吉凶以情遷。是故愛惡相攻而吉凶生，遠近相取而悔吝生，情僞相感而利害生。凡《易》之情，近而不相得則凶。或害之，悔且吝。

剛柔雜居，則有變動。望其吉，不欲其凶，以利言也。然有吉有凶者，蓋静則情止，動則情遷，情有愛惡，時所生也，彼此相攻，事極而吉凶生。若未至于愛惡相攻，而地有遠近，位所限也。迹涉疑貳，雖未至于凶，已不能無事而悔吝生。攻取由于有所感。情僞者，德所發也。感應相交而利害生。總而論之，不攻不取，感而相得則吉利，不相得而遠猶可，不然，未有不凶害悔吝者，皆所謂險阻也。

有比應者爲近，無比應者爲遠。《折中》曰："觀《易》者，須先知'時、位、德、比、應'五字，又須知時、位、德之當否，皆于比、應上發動。"

將叛者，其辭慚，中心疑者，其辭枝；吉人之辭寡；躁人之辭多；誣善之人，其辭游；失其守者，其辭屈。

此聖人所以不能無詞也。凡人有情皆見乎辭：叛道者悖理，詞必慚愧而回互；心疑者失要，詞必持兩端枝離；吉人有德，言不妄發；躁人無養，言恆輕疾；誣善爲惡之人，無寔可據，詞必游移而無根；失所執守之人，心多浮蕩，詞必屈抑而不伸。聖人有憂患，是故其詞危也。

右第十章。

《下傳》首章曰："繫辭焉而命之"，又曰："聖人之情見乎詞"，末章以辭歸結，以見玩辭爲學《易》之要。

卷十三

説卦傳

此篇分説諸卦，如《爾雅》《釋文》，解經之肯綮也。《隋志》云："秦火後，漢初《易》亡《説卦》三篇，至宣帝時，河内女子伐老屋得之。"余按《太史公自序》，謂"受《易》于楊何"，《孔子世家》謂"孔子晚而喜《易》，序《彖》《繫》《象》《説卦》《文言》"，則《説卦》固史遷所目睹也。而云至宣帝時始得，《隋志》之荒唐，不有明證哉？

昔者聖人之作《易》也，幽贊于神明而生蓍，

贊，如贊化育之"贊"。蓍者，筮也。生蓍者，作筮也，猶前云"生吉凶"、"生變化"也。蓋天地神明，本欲迪人以吉凶之路，而天無言也，聖人作《易》，隱以參贊，而創爲蓍筮之法，代天宣化也。

參天兩地而倚數，

參，三之也。天數奇，故三；地數偶，故兩。一亦奇數而不用者，一爲孤陽，無以變化。倚者，依也，謂依此以起數也。以畫卦言：三陽畫，天也；中分爲兩，地也。以重卦言：純卦三畫，天也；重卦兩其三，地也。以爻數言：三其三爲九，故陽稱九，參天也；兩其三爲六，故陰稱六，兩地也。以策數言：三變三奇而成陽，參天也；三變兩奇而成陰，兩地也。以扐數言：凡四十九策中扐十三爲陽，則膁三十六，以三乘之，三其十二策，參天也；扐二十五爲陰，則膁二十四，以兩乘之，兩其十二策，兩地也。推之至乾策二百一十六，坤策一百四十四，乾策六千九百一十二，坤策四千六百零八，其參兩皆然。

觀變于陰陽而立卦，發揮于剛柔而生爻，和順于道德而理于義，窮理盡性以至于命。

分陰陽而立卦，發剛柔而成爻，與生蓍倚數皆一時事，无次第先後，故象立而義生其間，如一陰一陽之道，與乾坤易簡之德，各歸于義理，因之盡義理以究其繼善之性，而馴至于達天知命之命。先聖之作《易》如是也，豈直爲卜筮之書已哉？

右第一章，明《易》爲性命之書，蓍卦象數，皆所以發明此理。

昔者聖人之作《易》也，將以順性命之理。是以立天之道曰陰與陽，立地之道曰柔與剛，立人之道曰仁與義。兼三才而兩之，故《易》六畫而成卦。分陰分陽，迭用柔剛，故《易》六位而成章。

上章分窮理、盡性、至命爲三。然所謂理者，即性命之流行於事物者耳。聖人依順此理，摹之於書，是故八卦之所以止於三者，原於天道、地道、人道之三才，六十四卦之所以終於六者，原夫三才之道非兩不行也。六畫之中，既分別其陰陽之位，而剛柔相易，復迭用而不窮，所以象天道人事之變通，而粲然有條。蓋陰陽柔剛，命也，道也；仁義，性也，德也。所謂順性命之理者如此。

右第二章，申明"和順於道德而理於義"之意。

天地定位，山澤通氣，雷風相薄，水火不相射。八卦相錯。數往者順，知來者逆，是故《易》，逆數也（數往之"數"，上聲；逆數之"數"，去聲）。

此言八卦對待之理也。天高地下，尊卑之位定。山止澤流，水土之氣通（高山之下，必有浚谷，以至山上海邊，必有大風，皆通氣之故）。陽在内不得出，則奮擊爲雷，陽在外不得入，則周旋不舍爲風，本屬一氣，故相薄。薄者，迫也，近也。坎離不相入而相資，以此八卦交錯而成六十四卦。然後庶類生成，品物變化。從既往之卦而數之，則先乾坤而後六子（此節是也），順數也；從方來之卦而推之，則先六子而後乾坤（下節是也），逆數也。《易》之所用，逆數者何？即相錯也。相錯而《易》之爲道，生生不窮；順則止於八純而已，故不用順而用逆。下節申明此意。

雷以動之，風以散之，雨以潤之，日以晅之，艮以止之，兑以説之，乾以君之，坤以藏之。

此言八卦流行之用，以明上文逆數之義。震以發其萌，風以散其鬱，雨以潤其嘆，日以暴其寒，止者斂其精華，説者收其成熟，要皆乾以主之，坤以載納之也。由六子而遡乾坤，曰動、曰散、曰潤、曰晅、曰止、説、君、藏，而相錯之情，已寓於中焉。此所以爲逆數也。

右第三章，以對待流行，明《易》數用逆。

此章隨文解義，本有至理。舊説以此明伏羲八卦方位圖，圖始於希夷，不惟漢唐不言，即孔子贊《易》，《春秋傳》説《易》最詳，亦不云有圖。

帝出乎震，齊乎巽，相見乎離，致役乎坤，説言乎兑，戰乎乾，勞乎坎，成言乎艮。

帝者，天也，崔憬曰"天之王氣也"，如震王於春，離王於夏之類。齊者，潔齊，即姑洗之意。離爲南方之卦，萬物無不暢達，故曰"相見"。致役者，坤爲天養物，如效役然。兑爲正秋之卦，萬寶告成，無不喜説。若此者，巽離坤兑，四卦皆陰，陰疑於陽必戰，故遇乾而戰。此秋冬相交之時，陰陽相嬗之候也。勞者，養物至此有成勞矣。艮陽盡於上，而震陽復生於下，故艮止震起，比之《剥》《復》，其次第如此。

萬物出乎震，震，東方也。齊乎巽，巽，東南也。齊也者，言萬物之潔齊也。離也者，明也，萬物皆相見，南方之卦也；聖人南面而聽天下，嚮明而治，蓋取諸此也。坤也者，地也，萬物皆致養焉，故曰"致役乎坤"。兌，正秋也，萬物之所説也，故曰"説言乎兌"。戰乎乾，乾，西北之卦也，言陽陰相薄也。坎者，水也，正北方之卦也，勞卦也，萬物之所歸也，故曰"勞乎坎"。艮，東北之卦也，萬物之所成終而所成始也，故曰"成言乎艮"。

帝之神運无方，物之化生有序，故以物之出入，明帝之出入。義見上文。此節增出方位，虞翻訓"歸"爲"藏"，深得坎義。

右第四章，言八卦之次序方位。

神也者，妙萬物而爲言者也。動萬物者，莫疾乎雷；橈萬物者，莫疾乎風；燥萬物者，莫熯乎火；説萬物者，莫説乎澤；潤萬物者，莫潤乎水；終萬物始萬物者，莫盛乎艮。故水火相逮，雷風不相悖，山澤通氣，然後能變化，既成萬物也。

神者，帝之不二而不測者也。動者，鼓動生意，所以出之。橈者，橈散鬱結，所以齊之。燥者，發揚之而使無不相見。説者，流貫之而使無不充悦。潤者，滋其根本。終始者，厚其氣機。此神之流行者也。必有對待以立其體，故水火異氣而相赴，雷風殊用而相須，山澤不同形而相注，然後能陰變陽化，妙成萬物也。

右第五章，言八卦之功用。《本義》拘泥希夷諸圖，故於此二章皆云未詳。

乾，健也。坤，順也。震，動也。巽，入也。坎，陷也。離，麗也。艮，止也。兌，説也。

李厚庵曰："純陽則健；純陰則順；陽在下而陰壓之，則必動而出；陰在内而陽在外，則必入而散之；陽在中則爲陰所陷，陰在中則爲陽所麗；陽在上而陰承而藉之則止；陰在外而陽敷而散之則説。凡陽卦皆以陽爲主而遇陰，凡陰卦皆以陰爲主而遇陽。此八卦所由名，以通神明之德、類萬物之情者，故釋其名義。"

右第六章，言八卦之名義。

乾爲馬，坤爲牛，震爲龍，巽爲雞，坎爲豕，離爲雉，艮爲狗，兌爲羊。

馬屬陽，陽數奇，故蹄圓。牛屬陰，陰數偶，故蹄拆。震爲陽動，龍騰於淵。巽主號令，雞善知時。坎主水瀆，豕處污濕。離主文明，雉羽藻彩。狗以善守，能止人。羊以説群，爲柔毛。

八畜之中，獨離、巽屬禽，以木火子母，本相通故也。

右第七章，遠取諸物。

乾爲首，坤爲腹，震爲足，巽爲股，坎爲耳，離爲目，艮爲手，兌爲口。

乾在上，爲首。坤善藏，爲腹。陰静陽動，動而在下者爲足。陽連陰坼，坼而在下者爲股。耳之陽在内，目之陽在外。横亘而在上，能止物者手也。開坼而在上，能説物者口也。

右第八章，近取諸身。

乾，天也，故稱乎父；坤，地也，故稱乎母；震一索而得男，故謂之長男；巽一索而得女，故謂之長女；坎再索而得男，故謂之中男；離再索而得女，故謂之中女；艮三索而得男，故謂之少男；兌三索而得女，故謂之少女。

八卦相錯，已具父母六子之象，但男女長中少，則自此定之也。陰陽在初爻者爲一索，在中爻者爲再索，在上爻者爲三索。吳草廬曰："坤交於乾，求取乾之初畫、中畫、上畫，而得長、中、少三男；乾交於坤，求取坤之初畫、中畫、上畫，而得長、中、少三女。"

右第九章，近取諸人倫。

乾爲天，爲圜，爲君，爲父，爲玉，爲金，爲寒，爲冰，爲大赤，爲良馬，爲老馬，爲瘠馬，爲駁馬，爲木果。

純陽至健，爲天，圜者其體也。天高而尊，爲君。乾知大始，爲父。天體清剛，爲玉，爲金。陽生於子，爲寒，爲冰；盛於午，爲大赤。健而純，爲良馬。易知險，爲老馬。老則時變身亦變，故瘠。良則性純色不必純，故駁。一云：《說文》駁馬鋸牙，能食虎豹。木果者，《存疑》以爲圜而在上，但木果之中，莫不有仁，仁者萌芽甲拆之始，利貞之中，具有元亨，莫如木果，故取之。

坤爲地，爲母，爲布，爲釜，爲吝嗇，爲均，爲子母牛，爲大輿，爲文，爲衆，爲柄。其於地也，爲黑。

純陰爲地，資生爲母。地之爲物，厚德布散而普遍。釜者，化生成熟。其靜也翕，受而不施爲吝嗇。其動也闢，萬類并育爲均。生生相繼，爲子母牛。无不持載，爲大輿。偶畫成章，爲文。偶畫成群，爲衆。柄者，生物之根。黑者，純陰之色。

震爲雷，爲龍，爲玄黃，爲旉，爲大塗，爲長子，爲決躁，爲蒼筤竹，爲萑葦。其於馬也，爲善鳴，爲馵足，爲作足，爲的顙。其於稼也，爲反生。其究爲健，爲蕃鮮。

陽在下，陰壓之而不得出，則奮擊而爲雷。雷發聲，龍起蟄。玄黃合則青，東方之色也。旉者，敷也，陽氣始布也。大塗者，一奇甫動，而兩偶開通，如塗然。性動而不靜，爲決躁。節在下而中虛，初出艮土，向東南行，爲蒼筤竹，陸農師曰"幼竹也"。萑葦亦竹類，皆本末孤生，無附梔者，震之怒生類似之。上偶開口爲善鳴者，雷之聲。羿足，足之被壓者。作足，足之騰上者。額上白曰的，白，陽之色，其性善動。反生，謂萌芽自下而生，反勾向上，宋衷云：即菽豆之屬，帶甲生者。究者，物有始、有壯、有究，言究極也。乾父震長子，父退位西北，長子又爲父，故其究爲健。蕃鮮者，萬物蕃盛而鮮明，一變潔齊也。

爲龍，虞翻作"駹"，蒼色。

巽爲木，爲風，爲長女，爲繩直，爲工，爲白，爲長，爲高，爲進退，爲不果，爲臭。其於人也，爲寡髮，爲廣顙，爲多白眼，爲近利市三倍。其究爲躁卦。

陰在內，陽入而能散之。木无土不穿，風有罅斯透，皆善入者也。木曰曲直，引繩取直，工則操之，故曰"巽者德之制也"。爲長、爲高者，地中生木之理。進退不果者，入而善疑之性。臭者氣也，風所發也。寡髮者，陰血不上行也。廣顙者，陽氣上盛，日角開朗也。眼以白爲陽，黑爲陰，離目上下白而黑居中，巽上中白而黑掩在下，是白眼多也。陰主利欲，爭利者於市，故曰"利市"；言利者以三倍爲率，《詩》"如賈三倍"是也。徐仲山曰：巽與震皆初得陰陽之氣，而賁奮以生，故震曰"決躁"，而巽爲躁卦。

坎爲水，爲溝瀆，爲隱伏，爲矯輮，爲弓輪。其於人也，爲加憂，爲心病，爲耳痛，爲血卦，爲赤。其於馬也，爲美脊，爲亟心，爲下首，爲薄蹄，爲曳。其於輿也，爲多眚。爲通，爲月，爲盜。其於木也，爲堅多心。

陽在中，爲陰所蓄，則化而爲水。溝瀆，水之不清者，被陷則污也。隱伏者，被陷之象。矯曲使直，輮直使曲，水流似之。弓輪，則矯輮所成也。陽陷陰中，心危慮深，爲加憂。心、耳，皆以虛爲體，中寔爲病痛。水者，地之血；血者，人身之水。爲赤者，得乾中色，但不大耳。剛見於中，爲美脊；伏於中，爲亟心。上柔，首不昂；下柔，蹄不厚。曳者，蹄之眚；眚者，輿之曳；皆下柔之故。通者，水之性。月者，水之精。盗者，行險之類。堅多心，剛在内也。

離爲火，爲日，爲電，爲中女，爲甲胄，爲戈兵。其於人也，爲大腹。爲乾卦，爲鼈，爲蟹，爲蠃，爲蚌，爲龜。其於木也，爲科上槁。

陰在中，陽附而發則爲火。日者，火之精。電者，火之光。甲胄外堅，象離之形。戈兵上鋭，象離之性。大腹者，中虛也。乾者，燥也，乾非性情器物，故屬之於卦，鼈蟹蠃蚌，剛在外也。科上槁者，木之方長，其心必虛，其末易槁。

艮爲山，爲徑路，爲小石，爲門闕，爲果蓏，爲閽寺，爲指，爲狗，爲鼠，爲黔喙之屬。其於木也，爲堅多節。

陽直上，陰承而止之，則爲山。艮者震之反，故易大塗爲徑路。一剛止於上，爲小石。上畫連，下雙峙而虛，爲門闕。木實曰果，草實曰蓏，皆一剛橫於上，二柔垂於下之象也。門闕以别内外，不應入而入則止之，以人止之者，閽寺也；以手止之者，指也；以物止之者，狗也。鼠之齧以齒，鳥之啄以喙，剛在前也。木堅多節，剛在外也。

爲狗，虞翻作"拘"，云"指屈伸制物爲拘"。

兑爲澤，爲少女，爲巫，爲口舌，爲毁折，爲附決。其於地也，爲剛鹵。爲妾，爲羊。

陰在外，陽表而散之，則爲澤。拆而在上，爲口。巫以口説神人，或以口取禍，所謂"尚口乃窮"者也。兑秋殺物，故毁折。一陰上升，行將決去，兑乾之所以得《夬》也，夬者決也。毁折謂草木，附決謂果蓏之附於草木者，皆落也。乾陽在下爲剛，澤水潤下取鹹，西方曰鹵。女之少賤者，爲妾。内狠外説，爲羊。

《荀九家》有"爲常",陸德明引舊注云:"常,西方神也。"爲羊,虞翻作"羔","女使"。

右第十章,廣八卦之象。

盈天地間皆象,不可盡述,此亦一隅之舉也。神而明之,可以義推。"閔元年"《傳》及《晉語》皆以震爲車,一陽載二陰也。"宣十二年"《傳》以坎爲律,爲衆。律者,水平律亦平。衆者,水之干派萬支也。此皆以義推者也。謝梅莊曰:"有此象取於彼象者,觀彼益以知此:如乾言龍,則震爲稚龍可知;坤言牝馬,則乾爲驚馬可知。有舍此又取他象者,舉一可以反三:如乾爲圓,則爲輻可知;爲金,則爲虎可知。"斯數言者,深得孔子《說卦》之微意矣。後儒死於句下,求之不得,則從而益之,若荀爽、虞翻、蜀才、盧氏、侯果、干寶、何妥、來知德之徒,紛紛妄增,增之不盡,亦終不合,皆得罪於聖人者也。無怪王輔嗣從而掃之,但輔嗣不言象,則又失之矣。

程氏迥曰:"荀爽於《說卦》添物象,以足卦爻所載。查元章謂不須添,添亦不盡。"

卷十四

序卦傳

孔穎達曰："六十四卦，非覆即變。"斯言盡之矣！孔子《序卦》，爲聯屬之説，以理相從，明乎卦卦相遇，皆有可通，既以見《易》之无方，亦使後之學者，觸類而長。占筮之用，即在其中矣。

有天地（變），然後萬物生焉。盈天地之間者惟萬物，故受之以《屯》（變）；屯者，盈也；屯者，物之始生也。

盈，《彖傳》所謂"雷雨之動滿盈"。屯爲乾、坤始交，故曰"始生"。

物生必蒙，故受之以《蒙》（覆）；蒙者，蒙也，物之穉也。

蒙，蒙昧未明。穉者，童也，兼人、物而言。

物穉不可不養也，故受之以《需》（變）；需者，飲食之道也。

需者，待也。酒食宴樂，所以待時，故曰"飲食之道"。此以義起，于象無涉。

飲食必有訟，故受之以《訟》（覆）。

飲食，人之大欲，争所由起。

訟必有衆起，故受之以《師》（變）；師者，衆也。

争端不起自一人，故有衆起。

衆必有所比，故受之以《比》（覆）；比者，比也。

郭氏京曰："比者，親比也。"

比必有所畜，故受之以《小畜》（變）。

畜者，制田里，教樹畜，厚生之政也。

物畜然後有禮，故受之以《履》（覆）。

生養既遂，則禮教可興。

履而泰（《本義》引晁氏云：鄭無"而泰"二字），然後安，故受之以《泰》（變）；泰者，通也。

履以辨上下，定民志，分相維，情相得，故安。

物不可以終通，故受之以《否》（覆）。

通者，氣化。人事交相浹洽，然治極必亂，豈能終于通哉？

物不可以終否，故受之以《同人》（變）。

否塞之時，不但天地不交，人類亦相隔絕，受以《同人》，雖不若天地交泰，而人類則通矣。

與人同者，物必歸焉，故受之以《大有》（覆）。

公好公惡，不拂人心，故人歸之。

有大者不可以盈，故受之以《謙》（變）。

功彌高而心彌下。

有大而能謙必豫，故受之以《豫》（覆）。

高而不危，滿而不溢，豫大之休，可長保矣。

豫必有隨，故受之以《隨》（變）。

韓康伯曰："順以動者，眾之所隨也。"

以喜隨人者，必有事，故受之以《蠱》（覆）；蠱者，事也。

沈艮思曰："事生于己者恒少，事生于人者恒多。物來隨我，而滋事者少；我往隨人，而滋事者多。"

有事而後可大，故受之以《臨》（變）；臨者，大也。

荀慈明曰："陽稱大，謂二陽動升，故曰大也。"項平甫曰："以大臨小曰大，凡稱臨，皆大者之事。"

物大然後可觀，故受之以《觀》(覆)。

事業大，則有以新天下之耳目，故次以《觀》。

可觀而後有所合，故受之以《噬嗑》(變)；嗑者，合也。

下觀而化，則衆志率從，故有所合。

物不可以苟合而已，故受之以《賁》(覆)；賁者，飾也。

苟合則瀆，瀆則離，故須品節度數以文之。

致飾然後亨則盡矣，故受之以《剥》(變)；剥者，剥也。

亨盡者，質之不存也。

物不可以終盡剥，窮上反下，故受之以《復》(覆)。

陽窮于上，則生于下。震爲反生，即此理也。

復則不妄矣，故受之以《无妄》(變)。

道心爲主，人心退聽，故曰"无妄"。

有无妄然後可畜，故受之以《大畜》(覆)。

《无妄》，天德也。《大畜》者，積德之厚。

物畜然後可養，故受之以《頤》(變)；頤者，養也。

畜積既厚，則從容涵養，以俟其化。

不養則不可動，故受之以《大過》(變)。

靜養之素，然後可以動而當大事。

物不可以終過，故受之以《坎》(變)；坎者，陷也。

大過必橈，故有傾陷之象。

陷必有所麗，故受之以《離》(變)；離者，麗也。

既陷于險，必附陽剛以求濟，故次以《離》。

右上篇。

有天地，然後有萬物；有萬物，然後有男女；有男女，然後有夫婦；有夫婦，然後有父子；有父子，然後有君臣；有君臣，然後有上下；有上下，然後禮義有所錯。夫婦之道，不可以不久也，故受之以《恒》（覆）；**恒者，久也。**

少男少女之配，於卦爲《咸》，於象爲夫婦。

物不可以久居其所，故受之以《遯》（變）；**遯者，退也。**

四時之序，成功者退，不可久之義也。

物不可以終遯，故受之以《大壯》（覆）。

屈極必伸，衰極必壯。

物不可以終壯，故受之以《晉》（變）；**晉者，進也。**

既壯則必進而有爲。沈艮思曰："物非徒麗然也，必兼有昭明之體乃善。"

進必有所傷，故受之以《明夷》（覆）；**夷者，傷也。**

進當知退，進極不已，必致傷害。

傷於外者，必反其家，故受之以《家人》（變）。

此論進止之理，《詩》所謂"兄弟鬩於墻，外禦其侮"。

家道窮必乖，故受之以《睽》（覆）；**睽**[①]**者，乖也。**

窮者信有不孚，威有不振也。

乖必有難，故受之以《蹇》（變）；**蹇者，難也。**

人情乖離，必相戕而難作。

物不可以終難，故受之以《解》（覆）；**解者，緩也。**

難極有必散之理。

緩必有所失，故受之以《損》（變）。

---

① 睽：諸本皆誤作"暌"，據宋本《周易》改。

敏則有功，緩者敏之反，失者无功也。

損而不已必益，故受之以《益》（覆）。

沈艮思曰："損則損矣，益從何來？夫子於此，却就學問性情上講，如忿與慾，損得一分，即吾心之德必增一分。至於懲窒之盡，即動而巽，日進无疆，豈非益乎？"

益而不已必决，故受之以《夬》（變）；夬者，决也。

盈則必潰，故决。

决必有所遇，故受之以《姤》（覆）；姤者，遇也。

去必復來，故遇。

物相遇而後聚，故受之以《萃》（變）；萃者，聚也。

君子相遇，則同道爲朋，而聚于朝。

聚而上者謂之升，故受之以《升》（覆）。

精誠聚則上格。《詩》曰："其香始升，上帝居歆。"

升而不已必困，故受之以《困》（變）。

知進而不知退，取困必矣。

困乎上者必反下，故受之以《井》（覆）。

困不必其在上，顧因升而困，則困之在上有因，而反下亦有所自來矣。井居其所，故曰下。

井道不可不革，故受之以《革》（變）。

韓康伯曰："井久則穢濁，宜易其故。"

革物者莫若鼎，故受之以《鼎》（覆）。

韓康伯曰："鼎所以合齊生物，成新之器也。"

主器者莫若長子，故受之以《震》（變）；震者，動也。

崔憬曰："鼎所烹飪，享于上帝。主此器者，莫若冢嫡，以其爲主也。"

物不可以終動，止之，故受之以《艮》（覆）；艮者，止也。
動極而静。
物不可以終止，故受之以《漸》（變）；漸者，進也。
静極復動。
進必有所歸，故受之以《歸妹》（覆）。
學問進境，必有歸宿。
得其所歸者必大，故受之以《豐》（變）；豐者，大也。
學有歸宿，則德必盛，業必大。
窮大者必失其居，故受之以《旅》（覆）。
好高務遠，則忽于淺近，失者多矣。
旅而無所容，故受之以《巽》（變）；巽者，入也。
既無所容，行將安入？必先之以巽順，而後有能容之地，能容則斯能入矣。
入而後説之，故受之以《兑》（覆）；兑者，説也。
學問不能沉潛體會，不知理義之悦心。
悦而後散之，故受之以《渙》（變）；渙者，離也。
張敬夫曰："説於道而後推及於人。"
物不可以終離，故受之以《節》（覆）。
離即散也、渙也，王者行慶施惠，必有限制。
節而信之，故受之以《中孚》（變）。
事无定節，即不足以取信。
有其信①者必行之，故受之以《小過》（變）。
韓康伯曰："守其信者，則失貞而不諒之道，而以信爲過也，故

---

① 信：諸本皆誤作"事"，據宋本《周易》改。

曰'小過'。"

有過物者必濟，故受之以《既濟》（變）。

韓康伯曰："行過乎恭，禮過乎儉，可以矯世厲俗，有所濟也。"

物不可窮也，故受之以《未濟》終焉（覆）。

未濟，故反覆其道而不窮。

右下篇。

上經首《乾》《坤》，天地定位；下經首《咸》《恒》①，山澤通氣，雷風相薄。上經終《坎》《離》，下經終《既》《未濟》，水火不相射也。

上經三十卦，下經三十四，其數似有多寡，然上經覆者十二卦，變者六卦（覆者倒轉也，如《屯》卦倒看爲《蒙》，《需》卦倒看爲《訟》之類。變者陰變陽，陽變陰也，如《乾》《坤》《頤》《大過》《坎》《離》六卦，倒看亦是如此，則《乾》之陽變爲《坤》之陰，《坎》之內陽變爲《離》之內陰之類），合之止十八卦，下經覆者十六卦，變者二卦，合之亦十八卦，其數適相等也。

上經以《乾》《坤》《坎》《離》爲主，他卦多此四卦之交。下經以《震》《艮》《巽》《兌》爲主，他卦亦多此四卦之交。上經首《乾》《坤》，閱十卦，則《乾》《坤》交而爲《否》《泰》；下經首雷、風、山、澤，閱十卦，則雷、風、山、澤交而爲《損》《益》。此皆自然之理，非有所勉強而有條如此，信非聖人不能作也。

---

① 恒：諸本皆作"亨"，據文義改。

卷十五

雜卦傳

舊説皆以此明反對之理。夫反對即覆也,《序卦》已有之矣。蓋雜者,錯雜之謂,不拘卦次,亦无聯絡,偶舉一卦,皆有至理,正以見无方无體,在人之神而明之也。第自《乾》、《坤》至《需》、《訟》,皆對舉而言,恐人泥此爲訓,故自《大過》以下,變其格以亂之,後儒不解,以爲錯簡。夫果通篇反對,井然不亂,又何以謂之雜?觀"閔元年"《傳》辛廖曰:"《屯》固《比》入。"則孔子以前,固有以一字解卦者矣,其體正與此同,豈亦以明反對耶?可以憬然思矣。

《乾》剛《坤》柔,《比》樂《師》憂。

《乾》健,故剛;《坤》順,故柔。剛中而上下應,故樂;行險以毒天下,故憂。

《臨》《觀》之義,或與或求。

《臨》以二陽臨四陰,教思无窮,有推恩之義,故曰與。《觀》以二陽爲衆陰所觀,下觀而化,有瞻仰之心,故曰求。

《屯》見而不失其居,《蒙》雜而著。

動以靜爲本,雖有爲,而所居不失。昏者明之機,雖晦昧,而本心自著。

《震》，起也；《艮》，止也。《損》《益》，盛衰之始也。

起止者，陽也。損上益下，盛之始；損下益上，衰之始。

《大畜》，時也；《无妄》，灾也。

所畜者大，則行止由時；省己无妄，則灾自外來。惟《大畜》乃可言時，唯《无妄》乃可言灾。

《萃》聚而《升》不來也。

李厚庵曰："惟聚於下者可以素畜，至于上升則不來矣。學優而後仕，信友以事君，義皆如此。"

《謙》輕而《豫》怠也。

謙者，謙己而下人；豫者，自尊而慢人。

《噬嗑》，食也；《賁》，无色也。

噬之而合，飲食之正；反于无色，文質之中。

《兑》見而《巽》伏也。

見、伏以陰言，然見者陽出而散之，伏者陽入而散之，一是和順之氣，積中而發外；一是沉潛之思，退藏而淵密。

《隨》，无故也；《蠱》則飭也。

无故不妨隨，有事則當飭。

《剥》，爛也；《復》，反也。

《剥》者，生意潰爛而消盡；《復》者，生意復反而日新。

《晉》，晝也；《明夷》，誅也。

明出地上，晝之明也；明入地中，明見傷也。

《井》通而《困》相遇也。

井之爲道，常通不窮。或值其困，時所遇爾。

《咸》，速也；《恒》，久也。

感人在于俄傾之間，化成在于必世之後。

《渙》，離也；《節》，止也。《解》，緩也；《蹇》，難也。

風行水上，去而不止。水潴澤中，止而不去。《解》，已出險不急而緩；《蹇》，在難中急可知矣。

《睽》，外也；《家人》，內也。《否》《泰》，反其類也。

外疏內親，類謂大小，反謂往來。

《大壯》則止，《遯》則退也。

陽長不輕進，陰長即勇退，難進易退之義也。

《大有》，眾也；《同人》，親也。

一陰居尊，上下皆應，是歸附者眾。一陰居下，上同九五，是彼此親厚。

《革》，去故也；《鼎》，取新也。

《革》當積弊之後，《鼎》值更新之初。

《小過》，過也；《中孚》，信也。

過者，外違其則。信者，內守其正。行有時而或過，心无時而不實。

《豐》，多故也；親寡，《旅》也。

故，事也。席豐則多事，親寡則羈旅。

《離》上，而《坎》下也。

火炎上，而水潤下。

《小畜》，寡也；《履》，不處也。

一陰畜五陽，則為力寡；一陰履五陽，則不敢寧處。

《需》，不進也；《訟》，不親也。

待時而動，故不進；越理求勝，故不親。

《大過》，顛也。《姤》，遇也，柔遇剛也。《漸》，女歸待男行也。《頤》，養正也。《既濟》，定也。《歸妹》，女之終也。《未濟》，男之窮也。《夬》，決也，剛決柔也。君子道長，小人道憂也。

《大過》，兩巽相背，顛倒皆木；兩兌上下，亦顛倒相背。蓋陽太過，則傾橈而顛矣。過必與陰遇，飲食男女，生人之大欲，皆陰也。如《漸》之待歸，《頤》之養正，則陽得陰助，如水火之既濟。若《歸妹》，女先于男，《未濟》，三陽失位，則陽不得陰之助矣。然陽道既不可窮，故必決去陰柔，使君子之類常勝，乃聖人贊化育、扶世變之大義也。《大過》以下，《本義》以爲錯簡，節齋蔡氏妄爲改正。來矣鮮、謝梅莊皆從之。來、謝每譏宋儒改經，茲又蹈之，余所不解。毛氏錫齡謂："故亂之以使之雜，其名《雜卦》者以此。"蓋既非反對，義仍可次，所以示觀玩之法，聖人覺世之深心也。李逢期《易經隨筆》曰："《大過》與《頤》，一爲四陽在內，二陰在外，一爲四陰在內，二陽在外，與《中孚》《小過》同，皆兩卦對待而相反者，其義則一顛一正，亦相反也。《姤》與《夬》，《漸》與《歸妹》，《既濟》與《未濟》，皆以一卦反覆而成兩卦者，其義則柔遇剛與剛決柔反，女之終與女之待、定與窮反，蓋此八卦雖不反對，而反對之義未嘗不存。"

雜者，錯雜也。《序卦》秩然有條，恐人之執而不化也，故錯之使亂。下經之《震》《艮》《損》《益》，可引之而前，上經之《同人》《大有》，可退之而後，正以見秩然有序者，亦復變動不居也。然錯雜之中，仍具不易之理。《周易》自《乾》《坤》至《泰》《否》十二卦，自《咸》《恒》至《損》《益》十二卦。此除《乾》《坤》外，自《比》《師》至《損》《益》十卦，自《咸》《恒》至《否》《泰》十卦，自《乾》《坤》至《井》《困》三十卦，正與上經之數相當。而下經亦以《咸》《恒》爲始，以此見卦雖以雜名，而《乾》《坤》《咸》《恒》，上下經之首，則未嘗雜，蓋與《序卦》互相發也。

卷十六

左氏筮法

揲蓍求卦之法，詳見《本義》前之筮儀，茲不復述。唯求爻之法，《左氏》與《啓蒙》不合，今特詳之。

六爻不變，則占本卦《彖》辭，以內卦爲貞，外卦爲悔。

董因筮《泰》之八，曰"小往大來"；孔成子筮《屯》，曰"利建侯"；秦伯伐晉筮《蠱》，曰"貞，風也；悔，山也"；晉侯伐鄭筮《復》，曰"南國蹙，射其元王，中厥目"；皆是也。

一爻變，則以本卦變爻占。

程沙隨曰："畢萬遇《屯》之《比》，初九變也。蔡墨遇《乾》之《同人》，九二變也。晉文公遇《大有》之《睽》，九三變也。陳敬仲遇《觀》之《否》，六四變也。南蒯遇《坤》之《比》，六五變也。晉獻公遇《歸妹》之《睽》，上九變也。"

胡雙湖曰："《啓蒙》謂一爻變，則以本卦變爻辭占，其下引畢萬所筮，以今觀之，未嘗不取之卦，且不特論一爻，兼取貞、悔卦體，似可爲占者法。觀陳宣公筮子完之生，尤可見矣。"

二爻變，則以本卦二變爻占，仍以上爻爲主。

胡雙湖曰："按陳摶爲宋太祖占，亦旁及諸爻與卦體。"

按："襄九年"《傳》疏曰："《易》筮皆以變者爲占，若一爻獨變，則得指論此爻。遇一爻變以上，或二爻、三爻皆變，則每爻義異，不知所從，則當總論《象》辭。"可見漢、唐以來，遇二爻變，即論《象》辭也。但與三爻變者更無區別，當從《啓蒙》。

三爻變，則占本卦及之卦之《象》辭，本卦爲貞，之卦爲悔。

程沙隨曰："晉公子筮得國，遇貞《屯》悔《豫》皆八，蓋初與四、五，凡三爻變也。司空季子占之曰：'皆利建侯。'"

胡雙湖曰："《啓蒙》但云占本卦、之卦《象》辭，然以晉侯《屯》《豫》之占，則并及卦體可見。"

按：《啓蒙》有前十卦、後十卦之説，經傳所無，乃朱子以義起者也。

四爻變，則占之卦之《象》辭，兼占本卦之《象》辭。

李厚庵曰："朱子謂四爻、五爻變，則以之卦不變爻占，審若是，則卦辭之用有所不周矣。又審若是，則爻之用，半用九、六而半用七、八矣。且考之《春秋》内外《傳》諸書，不論動靜及變爻之多少，皆先論卦之體象及其辭以立説，意此其本法也。"

五爻變，占與四爻變同。

穆姜筮遇《艮》之《隨》，五爻變也。史以之卦《象》辭爲占。《啓蒙》謂占之卦不變爻者，經、傳實無其法，惟卜書五爻動一爻不動謂之獨靜，即以獨靜一爻爲斷。

《啓蒙》又謂："穆姜筮遇《艮》之八，史曰'是謂《艮》之《隨》'，蓋五爻皆變，惟二得八，故不變也。法宜以'係小子，失丈夫'爲占，而史妄引《隨》之《象》辭以對。"夫姜雖婦人，觀下文"體仁""長人"數語，豈可以妄對溷之？杜注：《連山》《歸藏》易用七、八，亦鑿而無據。李厚庵謂："當時用爻辭者，以九、六爲標識，因揲蓍之法，爻以九、六變也。用卦辭者，則以八爲標識，因畫象之法，卦以八成也。凡此者，於法皆當占卦。"今以《艮》之八、司空季子論貞《屯》悔《豫》皆八、董因論《泰》之八，三卦推之，皆符合而可信。

六爻變，占與五爻變同。

《折中》曰："爻詞雖所以發明乎卦之理，而實所以爲占筮之用，故以九、六取爻者，取用也。爻詞動則用，不動則不用，卦詞則不論動不動而皆用也。但不動者以本卦之《象》詞占，其動者則合本卦、變卦之《象》詞占。如《乾》之六爻全變則《坤》，《坤》之六爻全變則《乾》也。先儒之說，以爲全變則棄本卦而觀變卦，而《乾》《坤》者，天地之大義，《乾》雖變《坤》，未可純用《坤》詞也，《坤》雖變《乾》，未可純用《乾》詞也，故別立'用九'、'用六'以爲皆變之占詞。此其說亦善矣。以理揆之，則凡卦雖全變，亦無盡棄本卦而不觀之理，不獨《乾》《坤》也，故須合本卦、變卦而占之者近是。如此，則《乾》變《坤》者，合觀《乾》詞與《坤》辭而已；《坤》變《乾》者，合觀《坤》辭與《乾》辭而已。然自《乾》而《坤》，則陽而根陰之義也；自《坤》而《乾》，則順而體健之義也。合觀卦辭者，宜知此意。"

斷占。

劉雲莊曰："筮法占卦爻之辭，然其事與辭應者，吉凶固自可見；有不相應者，吉凶何自而決？蓋人於辭上會者淺，象上會者深。伏羲教人卜筮，亦有卦而已，隨其所遇，求之卦體、卦象、卦變，無不應矣。文王、周公之辭，雖以明卦，然辭之所該，終屬有限，故有時而不應。必如《左傳》《國語》所載，占卦體、卦象、卦變，又推互卦，始足以齊辭之所不及，而爲吉凶之前知耳。讀《易》者不可不察也。"

汪氏深曰："聖人用《易》以明民，托之卜筮，或所得之辭，闊然不相對者何哉？古人非有大事，不疑不卜也。若誠有兩可之疑而合筮之，必誠敬專一，以達于神明，故神明亦以正告之。倘有一毫不誠、不敬、不一，則問此而答彼，實神明之所不至而不告者也。文王於《蒙》，特發'不告'之例。夫揲蓍必成一卦，卦爻必皆有辭，何以言其不告也？蓋誠意專一，則神占之詞，皆應所問，否則問此而答彼，是則不告也。若是而意度遷就，曲推强取以定吉凶，惑之甚矣。"

劉氏之説，乃《左傳》占法。汪氏之説，乃朱子占法。余自學《易》以來，占決不下百次，大抵皆以辭應，始信朱子立法占辭之不可易也。即以《左傳》論之，其占卦體、卦象、卦變，亦必合所遇之詞而決之，未有舍辭而專論體象者。蓋文、周以後，辭之爲用大矣。

陳侯遇《觀》之《否》（莊公二十二年）

陳厲公，蔡出也，故蔡人殺五父而立之。生敬仲，其少也，周史有以《周易》見陳侯者，陳侯使筮之，遇☷☴《觀》之☷☰《否》。

姊妹之子曰出。五父，陳陀也。敬仲，即陳公子完。周史，周太史善筮者。遇者，不期而會之名。

曰："是謂'觀國之光，利用賓于王。'

先述明象辭。

"此其代陳有國乎？不在此，其在異國。非此其身，在其子孫。

先述明象辭，隨下數斷語，然後次第發明之。

"光遠而自他有曜者也。

言光在此處，遠照于他物，從他物之上而有明曜者也，故下云"照之以天光"。

"坤，土也。巽，風也。乾，天也。風爲天于土上，山也。

杜注："巽變爲乾，故曰'風爲天'，自二至四，有艮象，艮爲山。"

"有山之材，而照之以天光，于是乎居土上。"

杜注："山則材之所生，上有乾，下有坤，故言'居土上'，'照之以天光。'"

"故曰'觀國之光，利用賓于王。'"

孔疏："山則材之所生，此人有山之材，言其必大富也。四爲諸侯，變而爲乾，乾爲天子，是有國朝王之象。"

"庭實旅百，奉之以玉帛，天地之美具焉。故曰'利用賓于王。'"

乾爲金、爲玉，坤爲布，故有此象。"庭實"二句，大概説享王之禮，天地之美具，言《觀》之《否》也。假令《觀》未變《否》，則有地无天，有布帛无金玉，不能具美矣。今則天地之物，既美且備，故曰"利用賓王"。

"猶有觀焉，故曰'其在後乎？'"

孔疏："觀者，視他之詞。若所爲筮者，身自當有，則不應觀他。"

"風行而著于土，故曰'其在異國乎？'"

服虔曰："巽在坤上，故爲著土。"一曰：巽爲風，復爲木，風吹木實落去，更生他土而長育，是爲在異國。

"若在異國，必姜姓也。姜，太嶽之後也，山嶽則配天。"

孔疏："六四爻變爲九四，與二共爲艮象，艮爲山，故知興于太岳之國。且乾在上，艮在下，亦是山岳配天之象。"

"物莫能兩大，陳衰，此其昌乎？"

大者山也。《觀》卦一山，《否》卦一山，一卦不能兼二山，故知物莫能兩大，必陳衰而後此國昌也。

"及陳之初亡也，陳桓子始大于齊。其後亡也，成子得政。"

初亡，謂昭八年楚滅陳。桓子，敬仲五世孫哀。後亡，謂昭十七年楚復滅陳。成子，陳常也，敬仲八世孫。

畢萬遇《屯》之《比》（閔公元年）

初，畢萬筮仕于晉，遇䷂《屯》之䷇《比》。

畢萬，畢公高之後，仕晉爲大夫，晉侯初作二軍，萬爲車右以滅魏，遂賜萬以魏，其後分晉有國。此筮仕晉之始也。

辛廖占之，曰："吉。《屯》固《比》入，吉孰大焉？其必蕃昌。

《屯》"利居貞"，貞者，固也。《比》"有孚"，孚者，入也。蕃昌，指其後言。

"震爲土，

震變爲坤也。

"車從馬。

杜注："震爲車，坤爲馬。"按，《晉語》司空季子亦云："震，車也。"從馬者，震變爲坤，若馬之駕車，車隨之而行也。

"足居之，

震爲足，而居于車中。

"兄長之，

震爲長男，若兄之任事。

"母覆之，

坤爲母，若母之字育。

"衆歸之，

坤爲衆。

"六體不易，

杜注："初一爻變，有此六義，不可易也。"

"合而能固，安而能殺，公侯之卦也。

杜注："《比》合《屯》固，《坤》安《震》殺，故曰'公侯之卦'。"孔疏："昭二十五年《傳》云：'爲刑罰威獄，以類其震曜殺戮。'是震爲威武殺戮之意，故震爲殺也。"

"公侯之子孫，必復其始。"

萬爲畢公高之後，前既爲侯，則後必以侯復之。

《朱子語類》：魯可幾曰："古之卜筮，恐不如今日《火珠林》之類否？"曰："以某觀之，恐亦自有這法。如《左氏》所載，則支干納音配合之意，似亦不廢。如云得《屯》之《比》，既不用《屯》之辭，亦不用《比》之辭，却自別推一法，恐亦不廢這理。"今考辛廖之占，全以象變爲斷，初非別推一法，亦非用支干配合，《左氏》筮法，朱子蓋未留心。

成季將生，遇《大有》之《乾》（閔公二年）

成季之將生也，桓公使卜楚邱之父卜之，曰："男也。其名曰'友'，在公之右。間于兩社，爲公室輔。季氏亡則魯不昌。"

成季，即季友也，謚曰"成"。在公之右，言用事也。兩社，周社、亳社。兩社之間，朝廷執政所在。

又筮之，遇☰☲《大有》之☰☰《乾》，曰："同復于父，敬如君所。"

孔疏："《離》是《乾》子，遷①變爲《乾》，故云'同復于父'，言其尊與父同也。國人敬之，其敬如君之處所，言其貴與君同也。"

按：季友爲魯桓第四子，長莊公，次慶父，次叔牙，季其少也。季與莊公，皆嫡母文姜所生，仲叔兩家，均屬長庶。此卦《離》之中爻動者，明季爲女君之次生，變《乾》者爲男也。莊公嗣桓，季嫡爲大宗，仲叔庶爲小宗，合爲三桓，故曰"同復于父"。所者，位也。《大有》日居天上，駸駸有凌所之勢，及一變而六五爲九五，九五君位，誰敢不敬？所以季孫之後，專國政而卑公室，儼然君也。特變自《大有》，離位南方，終守北面，則其敬君所者，非真君所也，如之而已。

---

① 遷：諸本皆誤作"還"，據《春秋左傳正義》改。

及生，有文在其手，曰"友"，遂以命之。

秦伯伐晉遇《蠱》（僖公十五年）

秦伯伐晉，卜徒父筮之，吉，涉河，侯車敗。詰之，對曰："乃大吉也。三敗必獲晉君。

秦伯，秦穆。晉侯，晉惠也。秦納晉侯而不報德，故伐之。自"吉"以下六字，乃徒父之言，秦伯恐車敗在己，故詰之。徒父乃曰："我大吉，晉車三敗，我獲其君。"涉河者，秦伐晉，必逾黃河。

"其卦遇☶☴《蠱》，曰：'千乘三去，

千乘，諸侯，震象也。三去，即三敗。

毛西河云："《蠱》上有艮，艮爲倒震，震一倒而車箱盡傾，向之所謂仰盂者，今覆盌矣，故曰'侯車敗'。"又曰："三去"者，三往也，"《蠱》之爲卦，實從《泰》與《恒》《損》三陽合聚者往來而成，然無陽來，止有陽去。一從《泰》之三陽，初往上來；一從《恒》之三陽，四往上來；一從《損》所環聚之三陽，初往三來。凡此三推，皆以我所聚之陽，往而移彼，謂之三去。'去'與'驅'通，即'三驅'也。"三陽遞進，無非勁卒，而皆足以制其險。一曰"三去"，一曰"三敗"，皆推易之法也。

"'三去之餘，獲其雄狐。'夫狐蠱，必其君也。

杜注："狐蠱，以喻晉惠公，其象未聞。"按《荀九家》，艮爲狐。

"《蠱》之貞，風也；其悔，山也。

內卦爲貞，外卦爲悔。

"歲云秋矣，我落其實而取其材，所以克也。

杜注："周九月，夏之七月，孟秋也。艮爲山，山有木，今歲已秋，風吹落山木之實，則材爲人所取。"

"實落材亡，不敗何待？"

"《蠱》之貞"以下，別解內外象，以備餘意。

三敗及韓。戰于韓原，晉戎馬還，濘而止。秦獲晉侯以歸。

韓，即韓原。戎者，晉侯之車。還者，盤旋也。濘者，泥濘。止者，拘也。此車敗之驗。

晉獻公嫁伯姬遇《歸妹》之《睽》（僖公十五年）

初，晉獻公筮嫁伯姬于秦，遇☳☱《歸妹》之☲☱《睽》。史蘇占之曰："不吉。其繇（音宙）曰：'士刲羊，亦無衁也。女承筐，亦无貺也。'

杜注："離爲中女，震爲長男，故稱士、女。"孔疏："服虔以離爲戈兵，兌爲羊，震變爲離，是用兵刺羊之象也。三至五有坎象，坎爲血，血在羊上，故刲无血也。震爲竹，竹爲筐，震變爲離，離爲火，火動而上，其施不下，故筐无實也。"

此爻所稱，蓋新娶謁廟禮，男以特羊告廟，女以棗、栗、脯脩承筐進獻者，而皆无之，故不成其爲夫婦。

"'西鄰責言，不可償也。'

孔疏："服虔以三至五互坎，坎爲月，月生西方，故爲西鄰。坎爲水，兌爲澤，澤聚水，故坎責之澤，澤償水則竭，故責言不可償。"

"'《歸妹》之《睽》，猶無相也。'

服虔云："兌爲金，離爲火，金火相遇而相害，故无助也。"

"震之離，亦離之震，爲雷爲火，爲嬴敗姬，

杜注："二卦變而氣相通。嬴，秦姓。姬，晉姓。震爲雷，離爲火，火動熾而害其母，女嫁反害其家之象。"服虔云："離爲火，爲日。秦嬴姓，水位，三至五有坎象，水勝火，故爲嬴敗姬。"

"車脫其輹，火焚其旗，不利行師，敗于宗邱（讀欺）。

震爲車，車上變而下輹脫矣。服虔云："震爲龍，龍爲諸侯旗，震木上動，則變爲火，而旗上焚矣。"雖離爲戈兵、甲冑，有行師之象，而轍亂旗靡，何利之有？震爲長子，主器者也。宗器藏于宗廟，震變而器失，故曰"敗于宗邱"。

"《歸妹》《睽》孤，寇張之弧，

坎爲盜，爲弓，故曰"寇張之弧"。猶是弧也，而寇張之，寇忽脱之，乃獲晉侯而歸晉侯之象。

"姪其從姑，

以嫁女言，離火爲震木之女；以歸妹言，則離火又震兄之子。母女爲姑，而兄子即爲姪，則同此一離，而姑姪并居，有似乎從之者然。

"六年其逋，逃歸其國，而棄其家（讀孤），明年，其死于高梁之墟。"

家，謂子圉婦懷嬴。惠公死之明年，文公入，殺懷公於高梁。高梁，晉邑。

晉文公遇《大有》之《睽》（僖公二十五年）

秦伯師于河上，將納王。狐偃言于晉侯曰："求諸侯，莫如勤王。諸侯信之，且大義也。繼文之業而信宣于諸侯，今爲可矣。"使卜偃卜之，曰："吉。遇黄帝戰于阪泉之兆。"公曰："吾不堪也。"對曰："周禮未改，今之王，古之帝也。"

繼文之業，文謂晉文侯，有功平王，見《書·文侯之命》。

公曰："筮之。"遇☰☲《大有》之☲☱《睽》，曰："吉。遇'公用享于天子'之卦。戰克而王享，吉孰大焉。

杜注："《大有》九三爻辭也。三爲三公而得位，變而爲兑，兑爲説，得位而説，故能爲王所宴享。"毛西河曰："兑口，離腹，加之夏離秋兑，值時物長養之候，可行臙享，故即用其詞，以爲戰克而王享，吉孰大焉。其云戰克者，以勤王必戰也。"

"且是卦也，

此句合本卦之卦而論之。

"天爲澤以當日，天子降心以逆公，不亦可乎？

"天爲澤以當日"者，乾變澤以延日影，如迎日然。日之在天，垂曜在澤，天子在上，説心在下，是降心逆公之象。

"《大有》去《睽》而復，亦其所也。"

《大有》本卦，《睽》爲之卦，舍之卦而專論本卦，亦有天子降心之象。蓋乾尊離卑，《大有》乾在下，離在上，所謂降心之象。

晉侯辭秦師而下。三月甲辰，次于陽樊。右師圍溫，左師逆王。

晉侯筮《復》（成公十六年）

晉侯伐鄭。楚子救鄭。苗賁皇言于晉侯曰："楚之良，在其中軍，王族而已。請分良以擊其左右，而三軍萃于王卒，必大敗之。"

此晉、楚戰鄢陵事。

公筮之。史曰："吉。其卦遇☷☷《復》，曰：'南國蹙，射其元王，中厥目。'

公，即晉侯。杜注曰："《復》，陽長之卦。陽氣起子，南行推陰，故曰'南國蹙'也。南國受蹙，則離受其咎。陽氣激南，飛矢之象。"

按：元王震象，目離象。服虔曰："陽氣觸地射出，爲射之象。"

"國蹙王傷，不敗何待？"及戰，射共王中目。

穆姜遇《艮》之八（襄公九年）

穆姜薨于東宮。始往而筮之，遇《艮》之八。

穆姜，成公母，淫于僑如，欲廢成公，故徙居太子宫。《艮》之八，五爻變而成《隨》，當占卦辭。卦以八成，故曰"八"。

史曰："是謂《艮》之《隨》。隨，其出也。君必速出。"

史就卦名略説，以慰姜氏之心。《隨》卦動而得説，有出之之象。君，小君也。

姜曰："亡。是于《周易》曰：'《隨》：元、亨、利、貞，无咎。'

亡，猶無也。孔疏曰："《易》筮皆以變者爲占，《傳》之諸筮皆是也。若一爻獨變，則得指論此爻。遇一爻變以上，或二爻、三爻皆變，則每爻義異，不知所從，則當總論《彖》辭，故姜亦以《彖》爲占。此'元亨利貞，无咎'，是《隨》卦之《彖》辭也。"

"元，體之長也；亨，嘉之會也；利，義之和也；貞，事之幹也。體仁足以長人，嘉德足以合禮，利物足以和義，貞固足以幹事。

古釋卦詞。

"然。固不可誣也，是以雖隨无咎。

姜自解筮詞，以爲四德不可假借，而後内剛外柔，雖隨无咎。

"今我婦人而與於亂，固在下位而有不仁，不可謂元；

今我不然，東宮本下位，以與亂而居此，有固然者。然東宮主仁，我以婦人而與于淫，一似人之無良，不可謂元。

"不靖國家，不可謂亨；

艮爲山，主静；五爻變則不靖矣。象成公季、孟二子之擾亂，不可謂亨。

"作而害身，不可謂利；

作而之震，震又隨兑，一舉足而蹈澤中，是害身也。

"弃位而姣，不可謂貞。

姣，淫也。《隨》卦長男幼女，顛倒配合，是姣也。

"有四德者，隨而无咎。我皆無之，豈隨也哉？我則取惡，能無咎乎？必死於此，弗得出矣。"

四德不備，不可爲隨。去德取惡，焉能无咎？故知其不得出也。

崔杼遇《困》之《大過》（襄公二十五年）

齊棠公之妻，東郭偃之姊也。東郭偃臣武子。棠公死，偃御武子以弔焉。見棠姜而美之，使偃取之。偃曰："男女辨姓，今君出自丁，臣出自桓，不可。"武子筮之，遇☰☷《困》之☱☰《大過》，史皆曰："吉。"

史阿崔子，故曰吉。

示陳文子，文子曰："夫從風，風隕，妻不可娶也。

坎爲中男，故曰"夫"。變而爲巽，故曰"從風"。風能隕落物者，變而隕落，故曰"妻不可娶"。

"且其繇曰：'困于石，據于蒺藜，入于其宮，不見其妻，凶。'

《困》六三爻辭。

"'困于石'，往不濟也。

前承九四之剛，如大石然，進無所行。

"'據于蒺藜'，所恃傷也。

後乘九二之剛，如蒺藜然，退不可依。

"'入于其宮，不見其妻，凶'，無所歸也。"

《程傳》以妻爲所安之主，明三位爲妻，六爲夫也。三陽位，不成其爲妻，非六之所安，故入宮不見而凶。

崔子曰："嫠也何害？先夫當之矣。"遂取之。

嫠，寡婦也。先夫，謂棠公。

莊公通焉。崔子弒之。二十七年，崔成、崔疆殺東郭偃。崔子御而出，見慶封。慶封曰："請爲子討之。"使盧蒲嫳帥甲以攻崔氏，遂滅崔氏，棠姜縊。崔子歸而亦縊。

莊叔遇《明夷》之《謙》（昭公五年）

初，穆子之生也，莊叔以《周易》筮之，

穆子，即叔孫豹。莊叔，穆子父也。成十六年，豹避僑如之難，奔齊，及庚宗，遇婦人宿焉。襄二年，召歸爲卿。婦携其子獻雉，號曰牛，有寵，讒殺長子，譖逐仲。豹病，私絕其食，餓死。至是昭子即位，殺牛，因追述穆子初生之筮。

遇☷☲《明夷》之☷☶《謙》，以示卜楚丘。曰："是將行，而歸爲子祀。以讒人入，其名曰牛，卒以餒死。

行，謂出奔。歸，謂召歸。此先驪括大意，以後逐節解之。

"《明夷》，日也。日之數十，故有十時，亦當十位。自王以下，其二爲公，其三爲卿。

杜注"日之數十"，甲至癸也。日中當王，食時當公，平旦爲卿，雞鳴爲士，夜半爲皂，人定爲輿，黃昏爲隸，日入爲僚，晡時爲僕，日昳爲臺，隅中、日出，闕不在第。尊王公，曠其位。

顧寧人曰："夜半者，子也；雞鳴者，丑也；平旦者，寅也；日出者，卯也；食時者，辰也；隅中者，巳也；日中者，午也；日昳者，未也；晡時者，申也；日入者，酉也；黃昏者，戌也；人定者，亥也。"

"日上其中，

日中盛明，故以當王。

"食日爲二，

公位。

"旦日爲三。

卿位。

"《明夷》之《謙》，明而未融，其當旦乎？故曰爲子祀。

莊叔本卿位，而當《明夷》之初旦，且變而之《謙》，謙又卑退，則雖已旦明而尚未融暢，恰是卿位。

"日之《謙》當鳥，故曰'明夷于飛'。

離爲雉，故曰"當鳥"。

"明之未融，故曰'垂其翼'。

離變爲艮，是離之兩剛相夾，如健翮者，而初剛下折，是垂其一翼也。

"象日之動，故曰'君子于行'。

日之運動無停晷。

"當三在旦，故曰'三日不食'。

旦位在三，象三日。離爲腹，初爻變則破其腹矣，故不食。

"離，火也。艮，山也。離爲火，火焚山，山敗。

火焚山，合本卦、之卦而總論之也。

"於人爲言，

艮之全卦，象人一身，故爲言。

"敗言爲讒。

艮爲閽寺。閽寺之言，則謬言也。

"故曰'有攸往，主人有言'。言必讒也。純離爲牛，世亂讒勝，勝將適離，故曰其名爲牛。

離得坤之中爻，故曰"純離爲牛"。離焚山則離勝，譬世亂則讒勝。山焚則離獨存，故知名牛也。

"謙不足，飛不翔，垂不峻，翼不廣，故曰其爲子後乎。

變《謙》則卑退，垂翼則飛不能回翔，不峻、不廣矣。峻，高。廣，遠。不高不遠，不能遠去之象，故曰"爲子後"。

"吾子，亞卿也，抑少不終。"

旦曰正卿之位，莊叔父子，位爲亞卿，不足終盡卦體。

毛西河曰："庚宗之婦，固下離之中女也。離者，別也。乃初變爲艮，而少男生焉。然且此艮一變，而《謙》之互震爲長男，二四互坎爲中男者，其二剛爻，總以一艮剛掩之，殺長孟而誅仲子，皆推之而瞭然者。"

孔成子遇《屯》之《比》（昭公七年）

衛襄公夫人姜氏無子，嬖人婤姶生孟縶。孔成子夢康叔謂己："立元，余使羈之孫圉與史苟相之。"史朝亦夢康叔謂己："余將命而子苟與孔烝鉏之曾孫圉相元。"史朝見成子，告之夢，夢協。晉韓宣子爲政，聘于諸侯之歲，婤姶生子，名之曰元。孟縶之足不良，弱行。孔成子以《周易》筮之，曰："元尚享衛侯，主其社稷。"遇《屯》。又曰："余尚立縶，尚克嘉之。"遇《屯》之《比》。以示史朝。史朝曰："元亨，又何疑焉。"

元亨，《屯》卦詞。

成子曰："非長之謂乎？"

以年不以名。

對曰："康叔名之，可謂長矣。

此長者之命，并不以名。

"孟非人也，將不列于宗，不可謂長。

跛非全人，不在宗長幼之列。

"且其繇曰'利建侯'，嗣吉何建？建非嗣也。

嗣子有常位，故無所建。建者，別立之義。

"二卦皆云，子其建之。

《屯》《比》二卦，皆有"建侯"之詞。

"康叔命之，二卦告之。筮襲于夢，武王所用也，弗從何爲？

《泰誓》曰："朕夢協朕卜。"引此以言夢與卜協，不可不從。

"弱足者居。侯主社稷，臨祭祀，奉民人，事鬼神，從朝會，又焉得居？各以所利，不亦可乎？" 故孔成子立靈公。

靈公，即元也。《屯》之爻詞有"利居貞，利建侯"之文，一居之而一建之，乃《易》詞之兩利也。

南蒯遇《坤》之《比》（昭公十二年）

南蒯之將叛也，其鄉人或知之，過之而歎，且言曰：＂恤乎恤乎，湫乎攸乎。深思而淺謀，邇身而遠志，家臣而君圖，有人矣哉！＂南蒯枚筮之，

南蒯，南遺之子，季氏費宰。枚筮者，蒯將叛，故不告以所筮之事，但下一空籌以筮之，謂之枚筮。

遇䷁《坤》之䷇《比》，曰：＂黃裳元吉。＂以爲大吉也。示子服惠伯曰：＂即欲有事，何如？＂惠伯曰：＂吾嘗學此矣，忠信之事則可，不然必敗。＂

此亦不告惠伯而泛問之。惠伯逆知其事，故陰以折之。

＂外強內溫，忠也。

杜注：＂坎險，故強；坤順，故溫。強而能溫，所以爲忠。＂

＂和以率貞，信也。

孔疏：＂坎爲水，水性和柔。坤爲土，土性安正。率，循也。貞，正也。用和柔之性，以循安正道，既和且正，信之本，故爲信也。＂

＂外強＂二節，合斷兩卦。＂故曰＂以下，專論《坤》卦。

＂故曰'黃裳元吉'。黃，中之色也。裳，下之飾也。元，善之長也。中不忠，不得其色。下不共，不得其飾。事不善，不得其極。外內倡和爲忠，率事以信爲共，供養三德爲善，非此三者弗當。

＂中不忠＂者，爲人臣而中無忠心也，即無以象黃之中色。＂下不共＂者，上無以率下，則下無所整飾，故費邑後亦叛蒯也。＂事不善＂者，事無忠信也。極者，終也。元善已失，安能終事？是必同事有忠者，豈若公子慭①、叔仲小之不忠？下有信者，豈若蒯臣司

---

① 慭：諸本皆誤作＂憖＂，據《春秋左傳正義》改。

徒①老祁之以盟信逐鯤？且合忠信與共爲三德，以統成元善，而後可以當之，非是則勿當也。

"且夫《易》不可以占險，將何事也，且可飾乎？中美能黃，上美爲元，下美則裳，參成可筮。猶有闕也，筮雖吉，未也。"

險，謂《坤》五動而外卦爲坎也。蓋言《易》之斷占，不可以《坤》變《坎》，第占本卦之動爻已也。所占何事，豈可以黃裳一飾，謂足掩蔽了事乎？蓋必合《比》象而觀之。夫"黃裳"之文在中，"顯比"之位在中，始可謂中美。《坤》五固居上位，然非如《比》之上使中，不可謂上美。《坤》五固得下飾，然非如《比》之"邑人不誡"，亦不可謂下美。三者合而後可以斷筮。今第論《坤》爻，闕而未備，不可以爲吉也。

陽虎遇《泰》之《需》（哀公九年）

宋皇瑗圍鄭師。晉趙鞅卜救鄭。陽虎以《周易》筮之，遇☷☰《泰》之☵☰《需》，曰："宋方吉，不可與也。

言不可與戰。

"微子啓，帝乙之元子也。宋、鄭，甥舅也。

宋、鄭爲婚姻，甥舅之國。宋爲微子之後，今卜得"帝乙歸妹"之卦，故以爲宋吉。

"祉，祿也。若帝乙之元子，歸妹而有吉祿，我安得吉焉？"乃止。

吉在彼，則我伐之爲不吉。又《需》六五爻詞曰："需于酒食，貞吉。"酒食爲祿，貞吉爲吉祿，故以"祉"字釋"祿"字，亦兼指之卦言。

---

① 司徒：諸本皆誤作"司空"，據《春秋左傳正義》改。

卷十七

左氏筮法

單襄公論《乾》之《否》（《周語》）

晉孫談之子周適周，事單襄公。襄公有疾，召頃公而告之曰："必善晉。

晉孫談，晉襄公之孫惠伯談也。周，談之子晉悼公也。頃公，單襄公之子。悼公在周，襄公服其爲人，知其必有晉國，故囑子與晉善。

"成公之歸也，吾聞晉之筮之也，遇☰《乾》之☷《否》，

成公，晉公子黑臀，奔周。趙穿弑靈公，迎歸。此述往日之筮，以斷周之宜有國也。

"曰：'配而不終，君三出焉。'一既往矣，後之不知，其次必此。"

君，乾象也。配者，上乾與下乾相配也。下乾三爻，忽變爲坤，是配而不終。三乾變，是君三出之象。但乾變坤，爲國、爲衆，出而後得國之象。此三君者，其一成公，則已往事矣；若後第三君，則吾不得知；以言其次，則舍周其誰。

及厲公之難，召周子而立之，是爲悼公。

此後驗也。

晉文公遇貞《屯》悔《豫》（《晉語》）

公子親筮之，曰："尚有晉國。"得貞《屯》悔《豫》，皆八也。

公子，晉文公也。"尚有晉國"，告筮之詞，所謂問焉以言也。貞爲本卦，悔爲之卦。"皆八"者，三爻變，當占卦辭，卦以八成，故曰八。卦辭即《彖》辭也。

筮史占之，曰："不吉。閉而不通，爻無爲也。"

屯者，屯邅不進之義，故曰"閉而不通"。三爻變，則每爻異義，不知所從，故曰"爻無爲"。

司空季子曰："吉。是在《易》，皆'利建侯'。不有晉國，以輔王室，安能建侯？我命筮曰'尚有晉國'，筮告我曰'利建侯'，得國之務也。吉孰大焉！

《屯》《豫》兩卦，皆有"利建侯"之詞。

"震，車也。坎，水也。坤，土也。屯，厚也。豫，樂也。

車行而有聲如雷，故震爲車。

"車班外內，

班，布也。《屯》之內有震，《豫》之外亦有震。

"順以訓之，

韋昭注："坤，順也。《豫》內爲坤，《屯》二至四亦爲坤。"

"泉源以資之，

韋昭注："資，財也。《屯》三至五，《豫》二至四，皆有艮象。《豫》三至五有坎象。艮山坎水。水在山上，爲泉源，流而不竭也。"

"土厚而樂其實。

重坤，故厚。豫，故樂。實者，國之所有也。

"不有晉國，何以當之？

自"震，車也"至此，合斷兩卦詞也。

"震，雷也，車也。坎，勞也，水也，衆也。"

車動而有聲，雷亦動而有聲，故雷有車象。水流萬壑，故坎有衆象。

"主雷與車，而尚水與衆。"

專就《屯》卦而言，雷在內，內爲主。尚，上也。坎在外，外爲上也。

"車有震，武也。衆而順，文也。文武具，厚之至也。故曰'屯'。其繇曰：'元亨利貞，勿用有攸往，利建侯。'主震雷，長也，故曰'元'。衆而順，嘉也，故曰'亨'。內有震雷，故'利貞'。車上水下，必伯。小事不濟，壅也，故曰'勿用有攸往'，一夫之行也。"

自"主雷與車"至此，專論《屯》卦。"車上水下"者，震雷在內，則每動而上；坎水在下，則每動而下。豈惟貞利，霸業于是興矣。若夫"勿用有攸往"者，則單震爲一足，單男爲一夫。一夫之足，安能有濟？今車上而衆且如水，則往必有濟。"勿用攸往"之詞，未可泥也。

"衆順而有武威，故曰'利建侯'。坤，母也。震，長男也。母老子強，故曰'豫'。其繇曰：'利建侯行師。'居樂出威之謂也。"

更以觀《豫》，則坎本衆順，坤亦衆順，而皆有震武，分處內外，雖坤爲老母，震爲長子，亦既老強，而養于坤而出乎震，遲暮得國之象也。"居樂"者坤在內，"出威"者震在外。居樂，故"利建侯"。出威，故"利行師"。

"是二者，得國之卦也。"

合本卦、之卦而總斷之。卦雖有二，得國則一，吉何疑焉。

董因筮《泰》之八（《晉語》）

十月，惠公卒。十二月，秦伯納公子。及河，董因迎公于河。公問焉,曰:"吾其濟乎?"對曰:"歲在大梁,將集天行。元年始受,實沈之星也。實沈之虛,晉人是居,所以興也。今君當之,無不濟矣。

大梁之次,酉方昴、畢二宿也。元年,晉文公元年。實沈之次,申方參、觜二宿,主晉分。

"君之行也,歲在大火。大火,閼伯之星也,是謂大辰。辰以成善,后稷是相,唐叔以封。瞽史記曰:嗣續其祖,如穀之滋,必有晉國。

大火之次,卯方。房、心二宿,主宋分。閼伯商後,故心爲商星大辰,即房、心也。此以天象爲斷。唐叔,晉祖。

"臣筮之,得☷☰《泰》之八。

《泰》卦六爻不變,得占卦詞。卦以八成,故曰八。

"曰:是謂天地配享①,小往大來。今及之矣,何不濟之有?

此以卦辭爲斷。

"且以辰出而以參入,皆晉祥也,而天之大紀也。濟且秉成,必霸諸侯。子孫賴之,君無懼矣!"

辰以成善,參主晉分,故曰"祥"。卯東酉西,合東西而兼之,故曰"大紀"。

知莊子論《臨》(宣公十二年)

夏六月,晉師救鄭。荀林父將中軍,先縠佐之。士會將上軍,郤克佐之。趙朔將下軍,欒書佐之。趙括、趙嬰齊爲中軍大夫,鞏朔、韓穿爲上軍大夫。荀首、趙同爲下軍大夫。韓厥爲司馬。及河,聞鄭既及楚平,桓子欲還。隨武子曰:"善。"彘子曰:"不可。"以中軍佐濟。知莊子曰:"此師殆哉。

此記晉楚戰于邲,而晉師敗績之事。桓子,即荀林父。彘子,

---

① 享:諸本同,《國語》作"亨"。

即先縠。知莊子，即荀首。

"《周易》有之，在☷《師》之☷《臨》，曰：'師出以律，否臧，凶。'執事順成爲臧，逆爲否，

此引《易》而亦占變者，先引遇卦爻詞論之。執事，執兵事也。坤爲順，順成則臧，逆則否。

"衆散爲弱，

杜注："坎爲衆，今變爲兌，兌柔弱。"

"川壅爲澤，

杜注："坎爲川，今變爲兌，兌爲澤，是川見壅。"

"有律以如己也，

《釋言》云："坎，律銓也。"樊光云："坎，水卦也。水性平，律亦平，銓亦平也。"杜注："如，從也。"言有律法，以使人從己。

"故曰'律，否臧'。且律竭也，

孔疏："竭是水涸之名，坎爲水爲法，水之竭似法之敗，故云'竭，敗也'。坎變爲兌，則爲水不流，則爲法不行，失爲坎之用，是法敗之象。"

"盈而以竭，夭且不整，所以凶也。

竭，敗也。川甚盈滿而竭涸不流，律甚嚴整而夭邪不整，以至敗壞，非凶而何？

"不行之謂臨，

坎變澤，止水之下流，故曰"不行"。

"有帥而不從，臨孰甚焉！此之謂矣。果遇必敗，衄子尸之。雖免而歸，必有大咎。"

俞玉吾曰："觀象玩辭，如蔡墨云'在《乾》之《姤》'，知莊子云'在《師》之《臨》'，謂之'在'者是也；觀變玩占，如陳侯遇

《觀》之《否》，晉侯遇《大有》之《睽》，謂之'遇'者是也。"

自此以下六條，皆非筮詞，然與斷占之法無異，故附載之。

子太叔論《復》（襄公二十八年）

蔡侯之如晉也，鄭伯使游吉如楚。歸復命，告子展曰："楚子將死矣！不修其政德，而貪昧於諸侯，以逞其願，欲久得乎？《周易》有之，在《復》䷗之䷚《頤》，曰：'迷復，凶。'其楚子之謂乎？"

《復》之《頤》，《復》卦上六爻也。《易》雖不筮，亦必以變者爲言。

醫和論《蠱》（昭公元年）

晉侯求醫于秦。秦伯使醫和視之，曰："疾不可爲也。是謂：'近女室，疾如蠱。非鬼非食，惑以喪志。良臣將死，天命不祐。'"趙孟曰："何謂蠱？"對曰："淫溺惑亂之所生也。於文，皿虫爲蠱，穀之飛亦爲蠱；在《周易》，女惑男，風落山，謂之《蠱》䷑。

巽爲長女，爲風；艮爲少男，爲山。少男悅長女，非其匹配，故曰"惑"，猶山木得風而落，故謂之"蠱"。蠱者，壞也。

"皆同物也。"

趙孟曰："是良醫也。"厚其禮而歸之。

史墨論《乾》（昭公二十九年）

秋，龍見于絳郊。魏獻子問于蔡墨曰："龍，水物也。水官失次[①]，故龍不生得。不然，《周易》有之，在䷀《乾》之䷫《姤》，曰：'潛龍勿用。'其䷌《同人》曰：'見龍在田。'其䷍《大有》曰：'飛龍在天。'其䷪《夬》曰：'亢龍有悔。'其䷁《坤》曰：'見群龍无首，吉。'《坤》之䷖《剝》曰：'龍戰于野。'若不朝夕見，誰能物之？"

[①] "水官失次"：《春秋左傳正義》作"水官棄矣"。

孔疏："《傳》例，上下雖不用'筮'，但指此卦某爻之義者，即以某爻之變，更別爲卦，即云此卦之某卦，則此《乾》之《姤》、宣十二年《師》之《臨》是也。"

史墨論《大壯》（昭公三十二年）

趙簡子問于史墨曰："季氏出其君，而民服焉，諸侯與之，君死於外，而莫之或罪也。"對曰："社稷無常奉，君臣無常位，自古已然。故《詩》曰：'高岸爲谷，深谷爲陵。'三后之姓，于今爲庶，主所知也。在《易》卦，雷乘乾曰☰《大壯》，天之道也。"

杜注："乾爲天子，震爲諸侯而在上，君臣易位，猶臣大强壯，若天上有雷。"

伯廖論《豐》

鄭公子曼滿與王子伯廖語，欲爲卿。伯廖告人曰："無德而貪，其在《周易》，☰《豐》之☰《離》，弗過之矣。"

杜注："《易》論變，故雖不筮，必以變言。"

歷代筮法

孔子筮《賁》

孔子筮得《賁》，曰："不吉。"子貢曰："何謂也？"曰："夫白而白，黑而黑，亦安吉乎？"（《呂氏春秋》）

《毛傳》云："賁，黄白色也。"鄭康成、王肅皆云黄白色，《家語》亦云"非正色"。然《賁》者，文明之象。孔子爲萬世師，其兆于此乎？

孔子筮《旅》

仲尼生不知《易》本，偶筮其命，得《旅》，請益于商瞿氏。

曰："子有聖知而無位。"孔子泣而曰："鳳鳥不來，河無圖至，天之命也。"(《乾鑿度》)

《漢書》：商瞿子木受《易》孔子，以授魯橋庇子庸，五傳至齊田何子莊。何爲漢儒傳《易》之始，則商瞿本孔子弟子也。此或別是一商瞿與？

孔子筮《豫》

孔子修《春秋》，九月而成，卜之得《豫陽》之卦。(《春秋緯·演孔圖》)

《豫》而曰陽者，五陰一陽，陽爲之主，故爲陽卦。《春秋》成而卜得此，此之《象》曰："作樂崇德。"其俎豆千秋之兆乎？

漢伐匈奴

武帝伐匈奴，筮之，得《大過》九五。太卜因謂匈奴不久當破，但取《象》詞"何可久也"一語。乃遣貳師伐匈奴。後巫蠱事發，貳師降匈奴。武帝咎卦兆反謬。(《漢書》)

九五，棟也。變陽爲陰，則棟橈矣。棟者，主帥之象，貳師所以降匈奴也。初勝者"枯楊生華"，一時之榮，詞象俱極明切。或疑四陽皆棟，何獨五陽爲主帥之象？五得位，將之專制者也，故他陽爻不得擬焉。

東漢立后

東漢永建三年，立大將軍梁商女爲貴人，筮之，得《坤》之《比》。當時解之者，但曰"元吉""正中"而已。其後進爲后。順帝崩，進爲皇太后。以無子，立他妃子臨朝，即冲帝也。冲帝崩，質帝立，又臨朝。及兄冀弑質帝，然後迎桓帝立之，於是有兄冀擅[①]

[①] 擅：諸本皆誤作"檀"，據《春秋占筮書》改。

權、宦官亂政之禍。今占之，則《坤》五，后也，之《比》而變剛，君也。臨朝者，所謂"顯比"者也。"三驅"，立三帝也。"失前禽"者，無子也，猶無前星也。"舍逆取順"者，信宦官殺忠良也。其最可異者，一推自《復》，以《震》初之剛而易《比》五，一推自《剝》，以《艮》上之剛而易《比》五。震爲長子、爲兄；艮爲門闕、爲閹寺。合兄冀與宦官，而皆與九五有參易之象，因之有弑帝亂政之禍。（《春秋占筮書》）

虞翻筮《節》

關羽既敗，權使翻筮之，得兌下坎上，《節》五爻變之《臨》。翻曰："不出二日，必當殞首。"果如翻言。（《三國志·虞翻傳》）

以水澤爲節，客受主制。變在外，不利于客。五爲主將，變陽爲陰，爲首項喪亡之象。三陽止留二，故不出二日。

郭璞論《豫》之《睽》

元帝爲晉王時，將渡江，使郭璞筮之，遇《豫》之《睽》。璞曰："會稽當出鍾，以告成功，上勒銘，應在人家井泥中得之，《繇》詞所謂'先王以作樂崇德，殷薦之上帝'是也。"及帝即位，太興初，會稽剡孫果于井中得一鍾，長七寸二分，口徑四寸半，上有古文奇書十八字，人罕識者。（《晉書》）

先仲氏以推易法衍之，《豫》上震下坤，震爲龍，爲首出之子，而下連坤土，此奮而出地之象也。悔爲《睽》，上離下兌，嚮明而治，而金以宣之，體離互亦離，此重明重光，中興之象也。震爲鳴，爲聲，故"先王以作樂崇德"。而合《睽》之兌金，以升于《睽》之離火，是坐明堂而向南離，而考擊鍾鏞以作樂之象也。祇兩卦皆有坎水以陷之，則尚在陷中，未經出土。而《豫》《坎》互坤，則當在水土之間，況《豫》之震爲東方，離爲南方，會稽者東南郡也。《豫》爲

互艮，艮爲萬物之所以成終者也，則非告成功乎？（《春秋占筮書》）

若曰鍾有勒銘、有古文，則《暌》離爲文，兌爲言，以文爲言，非勒銘乎？至若長七寸二分者，南北爲縱，縱即長也，南離之數天七地二，則七寸二分也。大數陽，小數陰也。徑四寸半者，東西爲衡，衡即徑①也。西兌之數，地四天九，則四寸半也。陰數四，折陽數之九而半分之，則四寸有五也。

郭璞筮《咸》之《井》

晉元帝初鎮建鄴，王導使郭璞筮之，遇《咸》之《井》。璞曰："東北郡縣有'武'名者，當出鐸，以著受命之符。西南郡縣有'陽'名者，其井當沸。"後晉陵武進人于田中得銅鐸六枚，歷陽縣中井沸，經日乃止。（《晉書·郭璞傳》）

嘗以此詢仲氏。仲氏曰："此最淺近者。銅鐸之出，以貞《咸》也；井之沸，以悔《井》也。《咸》内爲艮，艮東北之卦也。其名武者，以上兌在右，武位也。其出鐸者，兌爲金，與互乾金合，而乾數六，故得六鐸。然且互乾爲天，互巽爲命，此天命也，故曰此'受命之符'也。若夫《井》則二四互兌，三五互離，離、兌爲西南郡縣，而南爲陽方，故宜有'陽'名；乃以下巽與互兌爲金木之交，上坎與互離爲水火之際，木間金得火，而上承以水，此非薪在釜下得火而水乃沸乎？且四正相纏，乾麗坤域，非中興受命，何以得此？"（《春秋占筮書》）

郭璞論《遯》之《蠱》

晉渡江後，宣城太守殷祐以郭璞爲參軍。會有物如牛，足卑類象，大力而行遲，到城下。祐將伏取之，令璞作卦，遇《遯》之《蠱》。其辭曰："艮體連乾，其物壯巨。山潛之畜，非兕非虎。身與

---

① 徑：諸本皆誤作"經"，據文義改。

鬼并，精見二午，法當爲禽。兩翼不許，遂被一創，還其本墅。按卦名之，是爲驢鼠。"卜竟，伏者以戟刺之，深尺餘，遂去不見。郡綱紀上祠，巫云："廟神不悅，曰：'此郲亭驢山君鼠也。偶詣荊山，暫來過我，何容觸之？'"（《晉書》）

《遯》卦天與山皆巨物也，故云"其物壯巨"。"山潛之畜"者，互兌爲潛也。"非兕非虎"者，坤爲兕虎，以坤間二陽①，不成故也。"身與鬼并"者，三陰爲鬼，《蠱》三陽三陰合并成卦，又《乾鑿度》以艮爲鬼冥門也。"精見二午"者，離五月卦而建午，《蠱》三至上爲大離，則倍午矣；又《火珠林》二、四俱屬午也。"法當爲禽，兩翼不許"者，離爲雉，巽爲雞，而無兩翼也。"遂被一創"者，《遯》四陽，傷其一爲《蠱》也。"還其本墅"者，自《遯》之《蠱》，止傷乾一畫，而兩山如故也。"按卦名之，是爲驢鼠"者，乾爲馬，艮爲鼠，今《遯》乾一變而已失馬形，是驢鼠矣。（《春秋占筮書》）

梁武帝射覆

梁天監中，蜀闖四公謁武帝。帝命沈約作覆令射。時太史適獲一鼠，緘匣以獻。帝筮之，遇《蹇》之《噬嗑》。群臣占射無中者，唯帝謂："上坎下艮，坎爲盜而艮爲石，則似有盜物不得而反見拘者，此必鼠也。《噬嗑》六爻無大咎，而終曰'何校滅耳'，又似以噬齧獲戾，必死鼠也。"而闖公之占，則曰："處暗而適離，舍艮止而之震動，是必幽隱之物，不當晝見，失本性而受拘繫者，其爲鼠固也。"然而又曰："坎雖爲盜，而又爲隱伏，盜能隱伏，猶未死也。惟從坎變離，離爲南方之卦，日中則昃，日斂必死矣。且必有四鼠，金盛之

---

① 二陽：諸本皆誤作"二物"，據《春秋占筮書》改。

月，金數四，此必四矣。"及發而止一生鼠，帝與闞公皆失色。逮晚鼠死，剖之，則懷妊三焉。(隋《梁四公記》)

隋煬帝筮

隋煬帝幸江都，筮《離》之《賁》，後果驗。(《占法》)

此應"焚如死如"之辭。

李綱筮仕

唐李綱在隋，仕宦不進，筮之，得《鼎》。曰："君當爲卿輔（韻），然俟易姓爲如志（叶），仕不如退（叶），折足爲敗（叶）。"蓋取倒卦之《革》，俟革命也。遂稱疾，辭位去。後仕唐，果驗。然則筮法有直占倒卦者，亦一變也。(《春秋占筮書》)

按：《序卦》云："革物者莫如鼎。"《雜卦》云："《鼎》，取新也。"則是《鼎》之爲卦，原有棄舊從新之義，西河謂直占倒卦者，非也。

王諸筮

天寶十四年，王諸入解，筮遇《乾》之《觀》，謂己及賓王，而大人未見。遂遇祿山變而返。(《唐人定命錄》)

以賓興解賓王。所謂"大人未見"者，以《乾》五不動也。但乾變爲坤，乃天地倒置之象，坤又爲迷、爲衆，乃兵亂之象。向使周太史占之，則祿山之亂，早已判定，豈止以"大人未見"一語已哉？

路晏筮《夬》

唐明宗時，路晏夜如廁，有盜伏焉。晏心動，取燭照之。盜告晏："勿驚！某稟命雖有自來，然察公正直，不敢妄害。"匣劍而去。後召董賀筮，遇《夬》九二，曰："難已過矣。但守中正，請釋憂心。"晏亦終無患。(《五代史》)

斷曰"難已過"者，以《夬》變《革》六二，曰"已日乃革之"也。

晉筮《同人》

石晉高祖，以太原拒命，廢帝遣兵圍之，勢甚急，命馬重績筮之，遇《同人》。曰："乾健而離明，君德向明之象也。《同人》者，人所同也，此時將必有同我者焉。《易》曰：'戰乎乾，乾西北也。'又曰：'相見乎離，離南方也。'其同我者，北而南乎？《乾》，九、十月卦也，戰而勝，其九、十月之交乎？"是歲，契丹果助晉擊敗唐軍，晉遂有天下。(《五代史》)

　　宋筮《噬嗑》六二

　　宋政和末，平江入解者筮之，得此爻，曰："離爲戈兵，艮爲門闕，又以艮東北之卦而介乎南離，必東北敵人，南寇犯闕，且將不利乎君矣。鼻者，君祖也。"後徽宗果北狩。明正統間，魏文靖驥上封事，有云："藩籬既虛，寇得深入。以唇亡之羞，來滅鼻之禍。"(《仲氏易》)

　　王子獻筮《夬》

　　王子獻占，遇《夬》九二。占者曰："必夜有驚恐，後有兵權。"未幾，果夜遇寇，旋得洪帥。(《朱子語類》)

　　宋筮寇

　　宋時金主完顏亮入寇，筮《蠱》之《隨》。占者曰："我有震威，而外當毀折，敵敗之象也。"蓋《隨》自《否》來，又自《益》來，皆以上剛填下柔，而《蠱》之所變，亦復如是。艮上變柔，《隨》初變剛，乾元在上，下填坤初，斷金主之首而墜于地矣。且兩互爲《漸》，《漸》之詞曰"夫征不復"，其何能返？此仿漢魏諸家斷法而爲説者，其後果驗。(《春秋占筮書》)

　　六爻俱變

　　長慶中，成德民變，殺節度使田弘正，而擁立部將王庭湊。先有筮者得《乾》之《坤》，謂"坤，土也，地也，大位當臨，節旄不

遠，兼有土地山河之分"。(唐《耳目記》)

明筮土木之變

明土木之變，南冢宰魏驥將集同官上監國疏。會錢唐客陸時至，善《易》，請筮之，得《恒》之《解》。驥曰："帝出之不恒，而承之羞，固也。乃變而負乘，寇將復至，如之何？"對曰："既已負帝且乘矣，再至何害？所慮者，貞之則吝，惟恐徒守反吝耳！"驥曰："善。"乃易疏去。次日，客過驥。驥曰："昨筮無大凶乎？"曰："大吉。"曰："何謂？"曰："夫《恒》爲大坎，而三當坎中，所以陷也。然《恒》互爲乾，三以一乾而巍然居三乾之間，若無往而不爲君者。乃一變爲《解》，則已解矣。且《解》之詞曰：'利西南。'西南者，所狩地也。又曰：'其來復。'則還復也。夫恒者，久也。'日月得天而久照'，今《解》之互體，則正當兩坎互離之間，坎月離日，非日月幽而復明乎？大明，吾國號，非返國乎？衹《解》①有兩坎兩離，而上離未全，尚有待耳。"後寇再至，以戰得勝，而英宗卒返國復辟，若先見者。(《聽齋雜記》)

李空同論筮

明正德間，都御史張嵩敕巡撫保定，兼提督紫荊諸關，筮得《屯》之三爻。曰："行無虞官，何以即鹿？吾入林而已。"時提學李夢陽在座，曰："不然。三關，古鉅鹿地也，急即之。無虞者，不疑也。惟入林中，恐爲彬所中耳。"後武宗西狩，江彬索璧馬婦女，不應。駕言三關，迎駕軍不至，罷職。此臆斷倖中，然古占法原是有此。(《仲氏易》)

按：江彬，宦官用事者。

---

① 解：諸本及《春秋占筮書》皆誤作"坎"，據文義改。

卷十八

卜筮附論

《性理大全》所編《易學啓蒙·考變占》細注云："朱子曰：'《易》中先儒舊說，皆不可廢，但互體、五行、納甲、飛伏之類，未及致思耳。'"

按，朱子嘗謂程子不看雜書，故不知《未濟》三男失位出于《火珠林》。余亦謂朱子不留心方伎，故不知納甲、五行之無關于《易》。余少年時性僻好奇，每從方外游術數之學，頗能悉其原委，乃知漢儒混卜于筮，以致占驗不靈，講《易》滋蕪。今為指陳流別，以正其誤。

納甲直圖

乾坤艮兌坎離震巽乾坤

甲乙丙丁戊己庚辛壬癸

乾納甲壬，坤納乙癸，乾坤包括始終之義也。其餘六卦，則自下而上，法畫卦者之自下而上也。震巽陰陽起于下，故震納庚，巽納辛。坎離陰陽交于中，故坎納戊，離納己。艮兌陰陽極于上，故艮納丙，兌納丁。甲丙戊庚壬爲陽干，皆納陽卦。乙丁己辛癸爲陰干，皆納陰卦。

納甲圓圖

納甲圓圖 此以六卦應月候，而坎離爲日月之本體，居中不用也。震值生明者一陽始生，又生明之時，以初昏候之，月見庚方也。兌值上弦者，二陽浸盛，又上弦之時，以初昏候之，月見丁方也。乾值望者，三陽盛滿，又望時，以初昏候之，月見甲方也。巽值生魄，則一陰始生，又生魄之時，以平明候之，月見辛方也。艮值下弦，則二陰浸盛，又下弦之時，以平明候之，月見丙方也。坤值晦，則三陰盛滿，又晦時，以平明候之，月見乙方也。皆與納甲相應。

乾	艮	巽	坤
戌申午辰寅子	寅子戌申午辰	卯巳未酉亥丑	酉亥丑卯巳未

```
   坎            震            離            兄
━━  ━━      ━━━━━━      ━━━━━━      ━━━━━━
━━━━━━  子    ━━  ━━ 戌    ━━  ━━ 巳    ━━  ━━ 未
━━  ━━  戌    ━━  ━━ 申    ━━━━━━ 未    ━━━━━━ 酉
━━  ━━  申    ━━  ━━ 午    ━━━━━━ 酉    ━━━━━━ 亥
━━━━━━  午    ━━  ━━ 辰    ━━  ━━ 亥    ━━  ━━ 丑
━━  ━━  辰    ━━━━━━ 寅    ━━━━━━ 丑    ━━━━━━ 卯
        寅           子           卯           巳
```

納甲納十二支圖

納甲納十二支圖 此以八卦六畫分納六辰之法也。凡乾在內卦，則爲甲而納子、寅、辰，如初九爲甲子，九二爲甲寅，九三爲甲辰是也。乾在外卦，則爲壬而納午、申、戌，如九四爲壬午，九五爲壬申，上九爲壬戌是也。震之納辰與乾同，但初爻爲庚子，二爻爲庚寅，三爻爲庚辰，四爻爲庚午，五爻爲庚申，上爻爲庚戌耳。其餘諸卦，皆可按圖推之。

李厚庵曰："納甲之法，不知其所自起，因以其六卦直月候，明魄死生，陰陽消息，與先天圖有相似者，故道書《參同契》中所陳，本述納甲之說，而朱子以爲即先天之傳也。孔子之後，諸儒失之，而方外之流，密相付授，以爲丹竈之術耳。"今案，先天之圖，八卦具備，而納甲則除去坎、離以爲二用，則其法亦不盡合。或曰：《說卦》言"天地定位，山澤通氣，雷風相薄"，乃以三陽三陰至一陽一陰爲序，而其後方言"水火不相射"，蓋以六卦寓消息，或者古有此說也。至其參錯六辰之法，則陽皆順行，陰皆逆轉，陰陽之老、長、中、少，每差一位，惟震與乾同，長子繼父體也。坤不起于丑而起于未，尤與洛書偶數起未位、後天圖坤居西南、樂律林鍾爲地統而應未月之氣者相合。

納甲之法，專用于擲錢求爻者，揲蓍不用也。且亦不用干而用支,野鶴老人之言備矣。野鶴曰:"《鬼谷三財論》,舍爻辭,以五行而定禍福者,乃用地支。既用地支,不得不以天干爲配,未聞以天干而定吉凶。以天干配地支者,欲全用周天甲子。卦又止於四十八爻,不得不分晰焉。所以《乾》之內卦用甲,《坤》之內卦用乙,乃十干之首。《乾》之外卦用壬,《坤》之外卦用癸,皆十干之尾。《乾》之內卦用子,與《坤》之外卦相合;《坤》之內卦用未,與《乾》之外卦相合。二老上下相媾,陰陽磨蕩,中包六子。甲乙之次者丙丁,用之於少男少女,《艮》與《兌》也。戊己用之於中男中女,《坎》與《離》也。庚辛用之於長男長女,《震》與《巽》也。以全上下干支。此乃配偶之法也,故謂之渾天甲子。而禍福吉凶,皆地支生克制化、尅合刑冲以判之。"

納音

乾納甲子壬午。甲爲陽日之始,壬爲陽日之終。子爲陽辰之始,午爲陽辰之終。

坤納乙未癸丑。乙爲陰日之始,癸爲陰日之終。丑爲陰辰之始,未爲陰辰之終。

震納庚子庚午。震爲長男,乾初九,甲對于庚,故震納庚,以父授子,故納子午,與父同也。

巽納辛丑辛未。巽爲長女,坤納乙巳,與辛對,故巽主辛,以母授女,故主丑未,與母同也。

坎納戊寅戊申。坎爲中男,故主中干中辰。

離納己卯己酉。離爲中女,亦主中干中辰。

艮納丙辰丙戌。艮爲少男,乾上納壬,對丙,故納丙辰、丙戌,是第五配。

兌納丁巳丁亥。

兌爲少女①，坤上納癸，對丁，故納丁巳丁亥，是第六配。

假令求甲子所屬，則子屬庚，便從甲數至庚，得七，七言商，則甲子屬金矣。乙丑同屬者，陰從陽也。兩干兩支，相爲陰陽，而干支自各有陰陽，然後備也。求丙寅，則寅屬戊，從丙數至戊，得三，三言徵，故爲火。求戊辰，則辰屬丙，從戊數至丙，得九，九言角，故爲木。餘准此。

一言宮　三言徵　五言羽　七言商　九言角

甲子壬申甲午庚辰壬寅庚戌爲陽商

乙丑癸酉辛亥乙未辛巳癸卯爲陰商

丙寅戊子甲辰甲戌丙申戊午爲陽徵

丁卯己丑乙亥丁酉己未乙巳爲陰徵

戊辰庚寅壬午壬子戊戌庚申爲陽角

己巳辛卯癸未癸丑己亥辛酉爲陰角

庚午丙戌戊申戊寅庚子丙辰爲陽宮

辛未丁亥己卯己酉辛丑丁巳爲陰宮

甲申壬辰丙午甲寅丙子壬戌爲陽羽

乙酉癸巳丁未丁丑乙卯癸亥爲陰羽

按，《綱鑑大全》曰：“黃帝令大撓作六十甲子。”後戰國時鬼谷子王詡，加金木水火土謂之納音。納音之理，本于納甲，然卜筮俱不用納音也。

五行

以五行分屬八卦，漢唐諸儒皆襲用之。四象生八卦，疏云：“震木，離火，兌金，坎水，各主一時。”又巽同震木，乾同兌金，加以

---

① 少女：諸本皆誤作"少男"，據宋本《周易·說卦》改。

坤艮之土，爲八卦也。此皆承用京房之説，卜家所用，筮不用也。觀左氏筮法，無一語及于五行。

朱子于《易》，亦不言五行，惟"一變生水，六化成之"之説，承用《漢志》而誤。

"僖十五年"《傳》注曰："凡筮者，用《周易》，則其象可推。"此言《周易》之筮，唯用象而已。又曰："非此而往，臨時占者，或取于氣，或取于時日王相，若盡附以爻象，則搆虛而不經。"此言占法多端，取于氣者，卦氣直日也；取于時日王相者，五行之説也。其云"若盡附以爻象，則搆虛而不經"者，蓋言卜、筮不同法，不可以卜而混筮，可謂深明象數之學者矣。

飛伏

漢儒以飛伏取象，如乾爲飛神，則坤爲伏神；巽爲伏神，則震爲飛神。名飛伏匹對，若乾坤相交，如《泰》如《否》。名飛伏升降對，本卦有此象，而爲《説卦》所無者，則于飛伏求之，鑿而不可信也。

論《易林》

《折中》曰："《易林》之數，蓋古占筮之法。《洪範》占法，曰'貞'曰'悔'。夫以八卦變爲六十四言之，則八卦貞也，重卦悔也，《春秋傳》'貞風悔山'是也。以六十四卦變爲四千九十六言之，則六十四卦貞也，變卦悔也。《春秋傳》'貞《屯》悔《豫》'是也。因卦畫之生生無盡，故占筮之變化無窮。焦贛能知其法，而至各綴之以辭，則鑿矣。"

顧寧人曰："《易林》疑是東漢以後人撰，而託之焦延壽者。延壽在昭宣之世，其時《左氏》未立學官，今《易林》引《左氏》語甚多。又往往用《漢書》中事，如曰'彭離既東，遷之上庸'，事在武帝元鼎元年；曰'長城既立，四夷賓服。交和結好，昭君是福'，事在元帝竟寧元年；曰'火入井口，揚芒生角。犯歷天門，窺見太微，登上玉床'，似用《李尋傳》語；曰'新作初陵，逾陷難登'，似用成帝起昌陵事；又曰'劉季發怒，命滅子嬰'，又曰'大蛇當路，使季畏懼'，則又非漢人所宜言也。"

按，范史《許曼傳》："祖父峻，字季山，善卜占之術，多有顯驗，所著《易林》，至今行于世。"然則《易林》，果非焦贛之作。

論卦氣直日

《坎》初爻起冬至，四爻立春。

《震》初爻起春分，四爻立夏。

《離》初爻起夏至，四爻立秋。

《兌》初爻起秋分，四爻立冬。

以上四卦，分應八節，每一卦各管九十日，一爻十五日。

《頤》六四起冬至（蚯蚓結），《中孚》（麋角解），《復》（水泉動）；

《屯》初九起小寒（雁北鄉，鵲始巢），《謙》（雉始雊）；

《睽》九四起大寒（雞乳），《升》（征鳥厲疾），《臨》（水澤腹堅）；

《小過》初六起立春（東風解凍，蟄蟲始振），《蒙》（魚陟負冰）；

《益》六四起雨水（獺祭魚），《漸》（候雁北），《泰》（草木萌動）；

《需》初九起驚蟄（桃始華，倉庚鳴），《隨》（鷹化為鳩）；

《晉》九四起春分（元鳥至），《解》（雷乃發聲），《大壯》（始電）；

《豫》初六起清明（桐始華，田鼠化為鴽），《訟》（虹始見）；

《蠱》六四起穀雨（萍始生），《革》（鳴鳩拂其羽），《夬》（戴勝降于桑）；

《旅》初六起立夏（螻蟈鳴，蚯蚓出），《師》（王瓜生）；

《比》六四起小滿（苦菜秀），《小畜》（靡草死），《乾》（麥秋至）；

《大有》初九起芒種（螳螂生，鵙始鳴），《家人》（反舌無聲）；

《井》六四起夏至（鹿角解），《咸》（蜩始鳴），《姤》（半夏生）；

《鼎》初六起小暑（溫風至，蟋蟀居壁），《豐》（鷹始摯）；

《渙》六四起大暑（腐草爲螢），《履》（土①潤溽暑），《遯》（大雨時行）；

《恆》初六起立秋（涼風至，白露降），《節》（寒蟬鳴）；

《同人》九四起處暑（鷹乃祭鳥），《損》（天地始肅），《否》（禾乃登）；

《巽》初六起白露（鴻雁來，元鳥歸），《萃》（群鳥養羞）；

《大畜》六四起秋分（雷始收聲），《賁》（蟄蟲坯户），《觀》（水始涸）；

《歸妹》初九起寒露（鴻雁來賓，雀入大水爲蛤），《无妄》（菊有黄華）；

《明夷》六四起霜降（豺乃祭獸），《困》（草木黄落），《剥》（蟄蟲咸俯）；

《艮》初六起立冬（水始冰，地始凍），《既濟》（雉入大水爲蜃）；

《噬嗑》九四起小雪（虹藏不見），《大過》（天氣上升，地氣下降），《坤》（閉②塞而成冬）；

《未濟》初六起大雪（鶡旦不鳴，虎始交），《蹇》（荔挺生）。

以上六十卦，每一卦各管六日，如冬至是二十日，則本日《頤》四爻，二十一五爻，二十二上爻，二十三初爻，二十四二爻，二十五三爻。此京房分卦直日之法也。孟康曰："一爻主一日，六十

---

① 土：諸本皆誤作"上"，據《禮記》改。
② 閉：諸本皆誤作"開"，據《禮記》改。

卦爲三百六十日。餘四卦《震》《離》《兌》《坎》，爲方内監司之官。所以用《震》《離》《兌》《坎》者，是二至二分用事之日，又是四時各專主之氣，各卦主一日，各以其日觀善惡。"

徐善曰："京房以十二辟主十二月，而佐以公、侯、卿、大夫，除離南、坎北、震東、兌西，分主四季，餘六十卦，以五卦主一月。正月，侯《小過》，大夫《蒙》，卿《益》，公《漸》，辟《泰》；二月，侯《需》，大夫《隨》，卿《晉》，公《解》，辟《大壯》；三月，侯《豫》，大夫《訟》，卿《蠱》，公《革》，辟《夬》；四月，侯《旅》，大夫《師》，卿《比》，公《小畜》，辟《乾》；五月，侯《大有》，大夫《家人》，卿《井》，公《咸》，辟《姤》；六月，侯《鼎》，大夫《豐》，卿《渙》，公《履》，辟《遯》；七月，侯《恒》，大夫《節》，卿《同人》，公《損》，辟《否》；八月，侯《巽》，大夫《萃》，卿《大畜》，公《賁》，辟《觀》；九月，侯《歸妹》，大夫《无妄》，卿《明夷》，公《困》，辟《剝》；十月，侯《艮》，大夫《既濟》，卿《噬嗑》，公《大過》，辟《坤》；十一月，侯《未濟》，大夫《蹇》，卿《頤》，公《中孚》，辟《復》；十二月，侯《屯》，大夫《謙》，卿《睽》，公《升》，辟《臨》。其法每卦主六日又八十分日之七，三百六十爻，當一歲三百六十五日四分日之一，用《中孚》初爻起冬至。"

按：周天三百六十五度四分度之一，故一歲三百六十五日四分日之一，除《震》《離》《兌》《坎》，餘六十卦，卦有六爻，爻各主一日，一卦主六日，餘有五日四分日之一者，每日分爲八十分，五日分爲四百分，四分日之一又爲二十分（於四分之中，得其一分，故爲二十），是四百二十分也。以四百二十分，分派六十卦，六七四十二，是六十卦每卦六日，又各得七分也。六日七分之説，見《易緯·稽覽圖》，王弼以釋"七日來復"。《折中》附論，以歲策算之，非漢儒之意也，詞亦未明。又孟康謂"其占法各以其日觀善惡"者，即今錢卜之法，以月將日辰，視其生尅衝合，以斷吉凶。

附論卜法

《詩》曰："爰始爰謀，爰契我龜。"其法先傅以墨，以火鍥鑽龜，視其所上之烟氣。其璺拆形狀有五種，《洪範》"曰雨、曰霽、曰蒙、曰驛、曰尅"之類是也。雨者如雨，其兆爲水；霽者開霽，其兆爲火；蒙者蒙昧，其兆爲木；驛者落驛希疏而不屬，其兆爲金；尅者交錯有相勝之意，其兆爲土。此龜卜之法，專以五行言也。

晉卜救鄭（哀公九年）

宋皇瑗圍鄭師。晉趙鞅卜救鄭，遇水適火，

服虔云："兆南行適火。卜法：橫者爲土，立者爲木，邪向經者爲金，背經者爲火，因兆而細曲者爲水。"

按：此皆以璺拆形狀觀之。

占諸史趙①**、史墨、史龜。史龜曰："是謂沈陽，可以興兵。利以伐姜，不利子商。伐齊則可，敵宋不吉。"**

卜兆遇水適火，火得水而滅，故云"沉陽"。兵者，陰類，水者太陰之精，水盛故"可以興兵"，但不可與宋爲敵。

史墨曰："盈，水名也。子，水位也。名位敵，不可干也。炎帝爲火師，姜姓其後也。水勝火，伐姜則可。"

---

① 趙：諸本皆誤作"兆"，據《春秋左傳正義》改。

趙鞅姓盈，水盈坎乃行，故盈爲水名。宋姓子，子位北方爲水。二水俱盛，故曰"名位敵"，不可以相犯。"伐姜則可"者，彼爲火，我爲水也。

史趙曰："是謂如川之滿，不可游也。

杜注："既盈而得水位，故爲'如川之滿'，不可馮游。言其波流盛。"

"鄭方有罪，不可救也。

鄭以嬖寵伐人，故爲有罪。

"救鄭則不吉，不知其他。"

此古卜法也，專論五行而已。前所載之筮法，無一語及焉，益可信《易》不言五行矣。自京房布五行於六爻，別爲錢卜之法，漢儒不能窺其源流，但見房所言者五行，所用者六爻，遂謂卜筮同法，混而一之，易學自是荒矣。孰知《易》言陰陽而不及五行，卜言五行而不及陰陽哉？猶幸左氏存此一綫，庶使好學深思者，得以起而正之。然後卜、筮各得其所，而聖人之精義始著。

又按：《左傳》詳于筮而略于卜，惟此一段，詳言其法。若"莊二十二年"懿氏卜妻敬仲，"僖四年"晉獻公違卜從筮，"襄十年"定姜問繇，皆不詳其法，故不具錄。

《榕村語錄》曰："龜卜之法不傳，今以《周官》《書經》注疏，湊合想之，粗可言者，大概龜之體，猶筮之卦，龜之兆，猶筮之爻，龜之頌，猶筮之詞。卦有六，卜僅三：一五，二廿五，三一百廿五。五，五行也。廿五，五五也。一百廿五，五其廿五也。內除三同，如水水又水，火火又火之類，則去五行之純者，只得一百廿也。其頌千有二百者，如《火珠林》法，每一有甲、乙、丙、丁、戊、己、庚、辛、壬、癸日起，故有千二百也。此某臆度之説。龜灼，視其紋與其烟：紋曲者水，直者火，左斜者木，右斜者金，橫者土；烟之蒙者爲木，直上者爲火，交互者爲水，斷續者爲金，成片者爲土。荆乃灼龜之木，'爰契我龜'，契從鍥，竟是鉄鑽，用明火。未開視卜詞而即以爲襲吉者，蓋方灼而龜即火起，謂之焦龜；版上有墨塗之，墨乾，謂之食墨；若不乾，鑽火而滅，謂之不食墨。皆陰陽不和，大凶也，即不卜。若三卜總無焦、不食墨之狀，即謂之襲吉。"

錢卜法

此近世所用者。按《儀禮》疏云："古用木畫地，今則用錢。"又唐人詩云："暗擲金錢卜遠人。"則此法由來久矣。

項平庵曰："以京易考之，世所傳《火珠林》者，即其法也。以三錢擲之，兩背一面爲拆，即兩少一多，少陰爻也；兩面一背爲單，即兩多一少，少陽爻也；俱面爲交，交者拆之聚，即三多，老陰爻也；俱背爲重，重者單之積，即三少，老陽爻也。蓋以錢代蓍，一錢當一揲。此後人務捷徑以趨卜肆之便，而本意尚可考。其所異者，不以交、重爲占，自以世爲占，故其占止於六十四爻，而不能盡三百八十四爻之變爾。"

朱子曰："今人因《火珠林》起課者，但用其爻，而不用其詞。"又曰："《火珠林》起課，單看世、應，此京房之法也。"

按，錢卜固以世爻爲占，亦須看交、重所動之爻，與世爻生尅制化如何，又兼看用神。

《漢書》卜法

莽女納爲后，遣大司徒、大司空策告宗廟，雜加卜筮，皆曰："兆遇金水旺相，卦遇父母得位，所謂'康强'之占，'逢吉'之符也。"（《王莽傳》）

此雖不知所卜何卦，然以五行王相而論，必錢卜也。父母得位，以六親爲斷，正錢卜之法，《易》之所無。張晏以遇父母爲《泰》卦，非也。但占立后，宜妻財得位，而反遇父母得位，是帝與后俱不利，而莽篡位之象也。卜豈欺人哉？

《明史》卜法

仝寅，字景明，安邑人，年十二歲而瞽，乃從師學京房術，占禍福多奇中。父清，游大同，携之行塞上。石亨爲參將，頗信之，每事咨焉。英宗北狩，遣使問還期，筮得《乾》之初，曰："大吉。四爲初之應，初潛四躍，明年歲在午，其干庚。午，躍候也。庚，更新也。龍歲一躍，秋潛秋躍，明年仲秋，駕必復。但繇'勿用'，應在淵，還而復，必失位。然象龍也，數九也。四近五，躍近飛，龍在丑，丑曰赤奮若，復在午。午色赤，午奮于丑，若順也，天順之也。其于丁象，大明也，位于南方，火也。寅其生，午其王，壬其合也。至歲丁丑月寅日，午合于壬，帝其復辟乎？"已而悉驗。（《方伎傳》）

此亦錢卜之法。《傳》云筮者，誤也。占君以父爻爲用神，君父同尊故也。初爻子孫化父，正卜書所謂財持世，化出父而見父者，復辟之兆也。但子與丑合，有所羈絆而不能即復，午年衝去子水，則無所羈絆而得歸矣。丑年再登大寶，動而逢值之年也。《傳》云應在四，以午火斷躍候者，不惟錢卜無此占法，筮家亦未有動在初而占在四者，皆附會之說也。又以庚午丁丑，謂庚爲更新，丁與壬合，亦錢卜干化之說。

附錄一

劉紹攽傳

劉紹攽,字繼貢,陝西三原人。雍正十一年,拔貢生。時交河王蘭生以李光地高弟,視學關中,舉紹攽博學鴻詞,親老未就。蘭生謂:"關中人士,其刊落浮華,切實用力者,惟紹攽一人而已。"尋以朝考第一,出爲四川知縣,補什邡縣,調南充,以艱歸。服闋,授山西太原縣。大計,卓異引見,賜蟒衣内緞。調陽曲,告歸。紹攽博學通明,所至以經術飾吏治,遇灾振恤,全活無算。歸里,主蘭山書院,多所造就。嘗以陸、王之學,竊取佛似,陳建辨之而未得所徵。因讀周密《齊東野語》,知張子韶嘗參宗杲,陸子静又參杲之徒德光。因窮究源委,著《衛道編》二卷,上卷闢異學,下卷明正學。其論讀朱子書,謂:"世之叛朱者,非宗良知,則誦古注。然尊朱者守其一説,不知兼綜衆説,非善學朱子也。"乃舉黄勉齋《復葉味道書》,以爲學者法。後桐城方宗誠見其書,稱"其言潔浄精微,平湖陸隴其外,未有如此之純粹者,可謂真儒"。他著有《四書凝道録》十二卷、《周易詳説》十八卷、《書考辨》二卷、《春秋筆削微旨》二十六卷、《春秋通論》六卷、《九畹文集》十卷。

(《清史列傳》卷六十七《儒林傳》上二)

劉先生紹攽

劉紹攽,字繼貢,號九畹,三原人。雍正壬子拔貢生,以朝考第一,出爲四川知縣,補什邡,調南充。丁憂回籍,服闋,授山西太原縣,調陽曲,卓異引見,拜文綺之賜,後因病告歸。先生博學通明,所至以經術飾吏治。既歸里,主蘭山書院,多所造就。嘗以陸、王之學,竊取佛似,明陳建曾辨之而未得所徵,因讀周密《齊東野語》,知張子韶嘗參宗杲,陸子静又參杲之徒德光,因窮究源委,著《衛道編》二卷,上卷闢異學,下卷明正學。其論讀朱子書,謂"世之攻朱者,非宗良知,即誦古注;然尊朱者,守其一説,不知兼綜衆説,非善學朱子也"。乃舉黄勉齋《復葉味道書》,以爲學者法。後桐城方宗誠見其書,稱"其言潔净精微,平湖陸清獻外,未有如此之純粹"。他所著有《周易詳説》十九卷、《書考辨》二卷、《春秋筆削微旨》二十六卷、《春秋通論》五卷、《四書凝道錄》十二卷、《九畹文集》十卷,并輯關中人詩,爲《二南遺音》四卷。参史傳。

(《清儒学案》卷二百六之"諸儒学案"十二)

劉紹攽傳

劉紹攽,字繼貢,號九畹,漨之曾孫。雍正乙卯,學使王蘭生拔貢成均,應博學宏詞,奉旨以知縣用,宰四川什邡。調南充,巡撫碩色保舉御史。辭,擢成都縣,艱歸。服闋,授福建甯洋。碩又以經學薦,入京免考,部銓湖北石首。奉旨以御史經學,二次改要缺,調山西太原。大計,卓薦引見,賜蟒衣内叚,遷陽曲,又擢解州。未赴任,以病告歸。紹攽博學通明,所至以經術飾治,政績卓然。一切簿書、錢穀，皆躬任之，獄訟必反復研究，雖小事必務求真情。講學宗程、朱，工古文詞，著述甚富。所著有《周易詳説》《春秋通論》《春秋筆削微旨》《書考辨》《詩逆志》《四書凝道錄》《衛道編》《家禮補注》《九畹詩文集》，纂修縣志。

（清·焦雲龍修，賀瑞麟纂《三原縣新志》卷六中）

附録二

四庫全書《周易詳説》提要

《周易詳説》十八卷（陝西巡撫采進本），國朝劉紹攽撰。紹攽，三原人。是書大旨以程《傳》爲宗，與《本義》頗有同異，於邵子先天之説亦不謂盡然，不爲無見。惟於漢儒舊訓掊擊過當，頗近於慎。其議論縱橫，亦大抵隨文生義，故往往自相矛盾。如卷首《論玩辭》一條，駁諸儒之失，曰"甚有釋《傳》與《彖傳》不合，釋《象》與爻不合，無以自解，則藉口有伏羲之《易》，有文、周之《易》，有孔子之《易》"云云。至開卷"元亨利貞"一條，又主"大通而利正固"之説，謂"王弼泥於穆姜之言，以元、亨、利、貞爲四德，後多宗之，殊不知文王有文王之《易》，孔子有孔子之《易》，《彖辭》《象傳》不相牽合者甚多"云云。是二説者，使後人何所從乎？

（《四庫全書總目提要·經部十》）

續修四庫全書《周易詳説》提要

《周易詳説》十八卷，清劉紹攽撰。紹攽字九畹，陝西三原人。拔貢生，舉博學鴻詞及經學，俱不遇。官四川南充縣知縣。其書第一卷論漢宋易學諸家之得失，及朱子《易本義》之九圖，大致主李光地"前有四聖，後有四賢"之說，謂周子之太極、程子之義理、邵子之先天、朱子之卜筮，爲能直探本原。第二卷論《本義》，博考諸家之說與《本義》異同者，以見朱子去取之審，然亦多所糾正，如《乾·彖傳》"九四重剛而不中"，《本義》爲九四非重剛，"重"字宜衍，紹汾引吳澄說"當重乾上下之際"，"重"字非衍文；"先迷後得主利"，《本義》先迷後得而主于利，紹汾引《周易折中》："後得主"當以孔子《文言》爲據；《坤》初六《象傳》，《本義》"《魏志》作'初六履霜'，今當從之"，紹汾謂：《魏志》所引乃省文，非《易》本文如是；"後得主而有常"，《本義》"主"下有"利"字，紹汾引余苞舒說：《彖傳》"後順得常"與"後得主而有常"意正一律，非闕文；"蓋言順也"，《本義》"古字'順'、'慎'通用"，紹汾謂：《蒙》六三《象傳》"行不順也"、《升·象傳》"君子以順德積小而高大"，《本義》皆曰"順"當作"慎"，《易》之言"順"者多，又皆不作"慎"解，則此三處亦不必改字；"比，吉也"，《本義》"此三字疑衍文"，《語類》"'也'字羨，當云'比吉比輔也'"，紹汾據《正義》，謂衍文、字羨、誤增者，皆不可信；"同人曰"，《本義》"'曰'字衍文"，紹汾據《正義》，稱："同人曰，猶言同人卦曰"；"公用亨于天子"，《本義》"'亨'，《春秋傳》作'享'，謂朝獻也"，紹汾謂：《隨》之"王用亨于西山"、《升》之"王用亨于岐山"，《本義》皆以"亨"爲通，此爻不應異解。今按：通于岐山、西山，皆桔鞠不辭。《本義》"公用亨于天子"，訓"亨"爲獻，得之。紹汾據彼駁此，亦未是。紹汾服膺朱子，然義所未安，未嘗曲徇，亦可謂實事求是者矣。第三卷至第十五卷，詮釋經文，貫通理數，其學派於李安溪爲近。惟從羅泌說，釋"易"字爲守宮，謂身色無恒，日十二變，易者從其變之義；從吾丘衍說，釋"彖"字爲大豕，謂行則俯首，一望而全體皆見，故統論一卦之體，取以喻之；釋"象"字，謂象有六牙，故六爻之義，取以喻之；則望文生義，穿鑿附會，實爲全書之玷。第十六十七兩卷，論左氏筮法，謂《啓蒙》求爻之法，不盡合於左氏。第十八卷爲卜筮餘論，考納甲、納音、飛伏、卦氣直日諸法，引朱子、先儒舊説，皆不可廢之語，皆能化門户之成見，非墨守一先生之説者所及。

（《續修四庫全書總目提要·經部》上册）

主要參考文獻

（漢）班固：《漢書》，北京：中華書局，1983 年。

（漢）孔安國傳，（唐）孔穎達等正義：《尚書正義》，影印阮刻《十三經注疏》本，北京：中華書局，2009 年。

（漢）司馬遷：《史記》，北京：中華書局，1985 年。

（漢）鄭玄注，（唐）孔穎達正義：《禮記正義》，影印阮刻《十三經注疏》本，北京：中華書局，2009 年。

（三國魏）王弼、（晉）韓康伯注，（唐）陸德明釋文：《宋本周易》，北京：國家圖書館出版社，2017 年。

（晉）杜預注，（唐）孔穎達等正義：《春秋左傳正義》，影印阮刻《十三經注疏》本，北京：中華書局，2009 年。

（晉）韋昭注：《國語》，上海：上海古籍出版社，1978 年。

（唐）孔穎達：《周易正義》（影印南宋官版），北京：北京大學出版社，2017 年。

（唐）李鼎祚撰，王豐先點校：《周易集解》，北京：中華書局，2016 年。

（宋）程頤撰，王孝魚點校：《周易程氏傳》，北京：中華書局，2016 年。

（宋）馮椅：《厚齋易學》，《文淵閣四庫全書》第 16 冊，台北：商務印書館，1986 年。

（宋）王應麟撰，欒保群、田青松校：《困學紀聞》，上海：上海古籍出版社，2015年。

（宋）王宗傳撰，張天傑點校：《童溪易傳》，上海：上海古籍出版社，2017年。

（宋）朱熹撰，廖名春點校：《周易本義》，北京：中華書局，2009年。

（元）胡炳文：《周易本義通釋》，《文淵閣四庫全書》第24冊，台北：商務印書館，1986年。

（明）來知德撰，王豐先點校：《周易集注》，北京：中華書局，2019年。

（清）李塨撰，陳山榜校注：《周易傳注》，《李塨集》上冊，北京：人民出版社，2014年。

（清）李光地撰，陳祖武點校：《榕村全書》，福州：福建人民出版社，2017年。

（清）李光地撰，劉大鈞點校：《周易折中》，成都：巴蜀書社，2008年。

（清）劉紹攽：《周易詳說》，乾隆間刻本（本衙藏板）、劉傳經堂刻本、《清麓叢書》外編本，陝西師範大學圖書館藏。

（清）毛奇齡：《春秋占筮書》，《文淵閣四庫全書》第41冊，台北：商務印書館，1986年。

（清）毛奇齡：《仲氏易》，《文淵閣四庫全書》第41冊，台北：商務印書館，1986年。

（清）朱軾：《周易傳義合訂》，《文淵閣四庫全書》第47冊，台北：商務印書館，1986年。

（清）朱彝尊撰，林慶彰等點校：《經義考新校》，上海：上海古籍出版社，2010年。

後　記

　　本書爲作者 2018 年承擔的陝西省社會科學基金項目研究成果，立項號：2018GJ05。對劉紹攽《周易詳説》的關注，緣於我承擔陝西省"十二五"古籍整理重大項目子課題"《古文周易參同契注》整理"（項目編號：SG13001.經001）。《古文周易參同契注》的作者袁仁林，與劉紹攽同爲清代陝西三原學者。在校勘整理《古文周易參同契注》的過程中，我陸續翻閲一些方志與目録文獻，從中發現有關劉紹攽的記録，於是找來其相關著作進行閲讀，不禁被其博學多識所吸引，遂産生整理其著作的想法。

　　2017 年 9 月至 2018 年 6 月，我在福建師範大學做訪問學者，合作導師張善文教授。張老師當時曾建議我尋訪、整理地方鄉賢的易學著作，尤其是辛亥革命以來至 1949 年期間産生的。因爲這一時期特殊的社會歷史原因，研《易》者的著作或未曾刊行而被湮没，如不及時尋訪整理，研《易》者一輩子的心血可能就白費了。張善文先生此議，於我心有戚戚焉。我的第一反應是想到了劉紹攽。劉紹攽的易學著作，雖産生於清代乾隆時期，且不乏刻本，但由於古書翻檢不易，流通更是不廣。因此，我當時就决心點校劉紹攽的《周易詳説》。

　　關中大地，人傑地靈。學者務實敦行，學風嚴謹低調。關中易學傳統，始于文王演《易》，見證於出土陶器與周原甲骨上的數字卦，秦火以後，綿延不絶。有清一代關中易學學者，或承繼張載，或祖述程朱，或旁及瞿唐來氏，有創見者不乏其人。傳經堂劉紹攽的《周易詳說》，就是清代關中易學中的翹楚。整理《周易詳說》，可以上鈎下連，有利於打通關中易學發展脈絡。

目標確定以後，就需要平心靜氣，像歷代前輩一樣耐住寂寞，在冷板凳上坐下來，認真錄入文字并反復比勘校對。其間的苦樂，唯親歷者可知。文獻整理，看起來容易，甚至被現在很多學者不屑，也不被許多高校的科研管理部門視爲科研成果，但好的整理成果作爲學術研究的文獻基礎，其嘉惠學林，功莫大焉。相較於淺俗的研究性成果，對基本文獻的整理，顯得格外重要。精確的整理成果，需要找到好的版本，需要細緻耐心的校勘，需要不厭其煩地錄入古文字句及生僻字，需要反復推敲句讀標點，其耗費精力、目力與神思，絕非一般著述可比。尤其令人痛苦的是，點校出來的成果，難以出版，致使很多整理成果或被存於電腦硬盤，或被束之高閣。感謝陝西師範大學社科處、文學院給予本書出版資助；感謝陝西師範大學圖書館古籍部給予方便查閱古籍；感謝商務印書館賀茹女史對本書的認真編輯；更要感謝我的母親和妻子，她們做家務、帶孩子減輕了我很多負擔。

以上因緣，促成了這本書。點校完此書，想起先祖父遺留下來的一方石硯。硯的底面刻有文字："光緒拾壹年二月廿五日保賢堂劉記"。保賢堂劉氏點校傳經堂劉氏的著作，也算是冥冥之中的一種緣分吧。書中紕漏難免，祈請大方之家，有以教我。

劉銀昌（劉偉民）寫於隱机齋
2020年10月30日